FOLIO BIOGRAPHIES

collection dirigée par

GÉRARD DE CORTANZE

Oscar Wilde

par

Daniel Salvatore Schiffer

Gallimard

Daniel Salvatore Schiffer, agrégé de philosophie, est titulaire d'un diplôme d'études approfondies en « esthétique et philosophie de l'art ». Il est l'auteur d'une quinzaine d'ouvrages, parmi lesquels *Umberto Eco. Le labyrinthe du monde* (Ramsay, 1998), *Grandeur et misère des intellectuels. Histoire critique de l'intelligentsia du xxᵉ siècle* (Éd. du Rocher, 1998), *La Philosophie d'Emmanuel Levinas. Métaphysique, esthétique, éthique* (PUF, 2007), *Philosophie du dandysme. Une esthétique de l'âme et du corps* (PUF, 2008), *Manifeste du dandysme contemporain* (Plon, 2009). Spécialisé dans la publication d'entretiens avec les grandes figures intellectuelles d'aujourd'hui, il est aussi l'auteur d'un livre intitulé *Bibliothèque du temps présent — 70 entretiens littéraires et philosophiques* (Éd. Le Phare, 2005), volume accompagné de portraits réalisés par la photographe Nadine Dewit. Ancien professeur de « littérature contemporaine » et de « civilisation moderne », dans le cadre des cours de l'université de Grenoble, au Centre culturel français de Milan (Italie), il est actuellement maître de conférences, pour la « philosophie de l'art », à l'École supérieure de l'Académie royale des Beaux-Arts de Liège (Belgique).

Je traitai l'Art comme la réalité suprême, et la vie comme une simple modalité de la fiction ; j'éveillai à tel point l'imagination de mon siècle qu'il créa autour de moi un mythe et une légende.

OSCAR WILDE,
De profundis [1]

Au lieu de chercher à cacher l'homme derrière son œuvre, il fallait montrer l'homme d'abord admirable (...) — puis l'œuvre même en devenant illuminée. — « J'ai mis tout mon génie dans ma vie ; je n'ai mis que mon talent dans mes œuvres », disait Wilde.

ANDRÉ GIDE,
Oscar Wilde [2]

L'homme avait tué l'être qu'il aimait, et pour cela devait mourir.

OSCAR WILDE,
La Ballade de la geôle de Reading [3]

Au nom du père
ou l'histoire d'un patronyme

> *Les dieux m'avaient presque tout donné. J'avais du génie,*
> *un nom éminent, une position sociale élevée [...].*
>
> Oscar Wilde, De profundis[1]*

L'enfant qui naquit le 16 octobre 1854 à Dublin au 21 Westland Row et que le monde allait bientôt connaître sous le glorieux nom d'Oscar Wilde, grâce à son génie littéraire tout autant qu'à ses exploits mondains, avait au départ un nom aux consonances encore bien plus prestigieuses : Oscar Fingal O'Flahertie Wills Wilde. Car c'est ainsi que ses parents, William Robert Wilde et Jane Francesca Elgee, tous deux issus de la vieille bourgeoisie irlandaise et protestante, appelèrent, en fervents nationalistes qu'ils étaient, leur deuxième fils, baptisé sous ce patronyme par le révérend Ralph Wilde, son oncle paternel, le 26 avril 1855.

Tout un programme que ce nom de baptême enraciné dans un contexte historique puissant : Oscar, dans la mythologie celtique, est le fils d'Ossian, roi

---

* Les notes bibliographiques sont regroupées en fin de volume, p. 404.

de Morven, en Écosse, tandis que Fingal, frère d'Ossian, est un héros du folklore irlandais autour duquel James Macpherson inventa, en 1760, son fablier gaélique avant que de composer, en 1762, sa suite de poèmes épiques au titre éponyme. O'Flahertie est le nom générique des rois pré-normands de la partie occidentale, dans le comté de Connaught, sur les rives du lac du Connemara, de cette île. Cette généalogie est attestée, dans un article tardif (1909) qu'il consacra à Wilde, par un autre célèbre écrivain irlandais : James Joyce[2]. Quant au quatrième prénom, Wills, il n'est autre que l'un des prénoms du propre père d'Oscar Wilde, descendant d'un illustre et redoutable guerrier batave. C'est dire que l'enchanteresse succession de ces quatre prénoms, sorte d'allitération poétique avant la lettre, résonnait déjà dans l'esprit du jeune Wilde tel un écho à ces légendes : celles-là mêmes, puisées dans la mémoire populaire et véhiculées par la tradition orale, dont s'est toujours enorgueilli l'Irlande.

Oscar Wilde, qui se montra souvent critique à l'égard des Anglais, se considéra toujours, lui qui ne cessa de faire du nationalisme parental la matrice patriotique de ses propres origines, comme un Celte. « Je suis celte et non pas anglais », déclarat-il, lors de la correction des épreuves du *Portrait de Dorian Gray*, à Coulson Kernahan, comme pour s'excuser de ses éventuelles fautes de grammaire. N'était-ce pas, du reste, en ce même *Portrait* que Wilde mit dans la bouche de Lord Henry ce jugement d'autant plus cinglant qu'il figurait dans ce qu'il considérait comme son principal manifeste en matière d'esthétique : « De tous les peuples de la terre, nul n'est plus dénué de tout sens de la beauté littéraire que le peuple anglais[3] » ! Et encore, de façon moins anecdotique mais plus virulente : « Nous autres Celtes, que nous soyons gallois, écossais ou irlandais, devrions [...] nous affirmer et montrer à ces Anglais [...] quelle race est la nôtre et combien nous sommes fiers de lui appartenir. » Le 13 avril 1889, dans les colonnes de la très officielle *Pall Mall Gazette*, il dénonçait « l'incapacité des Anglo-Saxons à gouverner les Celtes » et, pensant expliquer les motifs pour lesquels ses compatriotes s'étaient lancés jadis, fuyant le joug anglo-saxon, à la conquête de l'Amérique, écrivait : « L'intelligence celte a été contrainte de traverser l'Atlantique. L'exil a été pour les Irlandais ce que la captivité a été pour les Juifs. »

C'est sur ce même continent où il fit, en 1882, une longue tournée de conférences, qu'Oscar Wilde, qui n'était alors âgé que de vingt-huit ans, eut, à l'encontre des Anglais, les mots les plus durs. Et, tout particulièrement, en cette allocution prononcée, le 9 janvier 1882, à New York, où, parlant devant une salle comble de *La Renaissance anglaise de l'art*, il défendit avec une rare énergie les peintres préraphaélites.

Tout ignorer de ses grands hommes est un des principes fondamentaux de l'éducation anglaise. [...] En Angleterre, alors comme aujourd'hui, il suffisait à un homme d'essayer de produire quelque œuvre sérieuse et belle pour perdre tous ses droits de citoyen. La Confrérie préraphaélite [...] possédait trois choses que le public anglais ne pardonne jamais : la jeunesse, le talent et l'enthousiasme[4].

Et la presse américaine, le très populaire *New York Tribune* en tête, de s'emparer, dès le lendemain matin, de ces propos qui, pour fondés qu'ils fussent aux yeux du brillant dandy, n'en demeurèrent pas moins, au goût de l'*establishment* britannique, des plus insultants. Motif pour lequel, parmi bien d'autres prétextes tout aussi fallacieux, celui-ci, choqué, ne manquera pas, treize ans plus tard, de prendre son inique revanche, lors du procès de Wilde, pour enfin le clouer au pilori.

Mais si l'éloquente séquence de ces quatre prénoms magiques — Oscar, Fingal, O'Flahertie, Wills — explique, du point de vue psychologique, les raisons de cet attachement quasi viscéral à sa terre natale (l'Irlande) tout autant que ce mépris aussi ostensiblement affiché à l'égard de son pays d'adoption (l'Angleterre), c'est en son nom de famille — Wilde — que réside toutefois, sur le plan historique, l'intérêt le plus manifeste. Car, à en croire son fils cadet, Vyvyan Holland, c'est à une origine plus strictement hollandaise, et non point du tout celte, que remonte ce beau et désormais « anglicisé » patronyme.

Car ce que Vyvyan Holland révèle, c'est que son ancêtre le plus lointain, le premier qu'il put identifier formellement en terre irlandaise, était un mercenaire hollandais, le colonel De Wilde, qui se serait enrôlé dans l'armée du roi Guillaume III d'Angleterre. Mais le plus surprenant, en cette affaire, c'est que cet énigmatique mais intrépide soldat, aventurier sans le sou qui tenait cependant à soigner son anonymat pour d'évidentes raisons familiales, n'aurait été autre que le fils de Jan De Wilde, peintre hollandais du XVIIᵉ siècle.

Ainsi cet étrange colonel De Wilde aurait-il donc participé, le 1ᵉʳ juillet 1690, à la bataille de Drogheda, celle-là même qui anéantit toute possibilité pour les Stuarts d'accéder au trône d'Angleterre. C'est pour le remercier de sa bravoure que Guillaume III lui aurait légué, en guise de récompense pour services rendus à la royauté, une vaste étendue de terre dans le comté de Connaught, patrie des O'Flahertie. C'est alors que ce mercenaire ainsi anobli fit disparaître de son encombrant patronyme la particule « De », plutôt commune et en aucun cas de nature aristocratique chez les Hollandais, pour se faire appeler dorénavant, à l'instar de l'Irlandais qu'il entendait être, par le seul nom de « Wilde ». La différence de prononciation sur la voyelle « i » de faire, pour que ce changement de nationalité fût aussi complet que discret, le reste du travail.

Cette métamorphose identitaire, pour radicale qu'elle fût, n'aurait pas été suffisante, toutefois, si ce De Wilde, né protestant, n'avait épousé, par la suite, une fille du pays. De ce mariage prestement célébré naquirent trois fils, dont le troisième, Thomas Wilde, futur médecin, n'est autre que le grand-père d'Oscar, père, à son tour, de trois enfants mâles, dont le dernier, William Robert Wills Wilde, né en mars 1815 (la date exacte n'est pas connue), est le père d'Oscar.

La lente mais progressive modification de son nom, puisqu'il supprima d'abord le prénom de « Fingal », dont il ne voulait pas que ses amis étudiants eussent connaissance, avant que d'ôter ensuite celui d'« O'Flahertie », à ses yeux trop lourd de sens mythologique, connut une forte accélération après son fatidique procès puisque, au lendemain de sa condamnation le 26 mai 1895, on le contraignit à retirer purement et simplement son nom de ses affiches de théâtre bien que ses pièces, faisant toujours courir le Tout-Londres, continuaient d'être représentées ! Mais le coup fatal lui fut porté lorsque le régime pénitentiaire assigna au criminel qu'il était ainsi devenu l'anonyme matricule C.3.3, correspondant au numéro de la cellule qu'il occupait en prison et sous lequel, après sa libération, il signa encore, pour ne point heurter la sensibilité du public, les premières éditions de sa *Ballade de la geôle de Reading*, parue le 13 février 1898. Il n'avait pas encore quarante-quatre ans et restait confiné dans le dénuement d'un misérable hôtel parisien. Il lui restait un peu moins de deux ans à vivre.

Et là encore, comme pour venir corroborer cette tragique et inéluctable disparition de son identité, à défaut de sa personne, il fut contraint de s'affubler, dans son exil français, d'un étrange nom d'emprunt, « Sebastian Melmoth », qui n'était autre, par une étrange similitude, que le patronyme porté par l'énigmatique héros du roman de Charles Maturin, son grand-oncle par alliance, du côté maternel : *Melmoth ou l'Homme errant*.

Aussi sa propre femme, Constance, dut-elle subir en juin 1895, lors d'un séjour en Suisse, une humiliation non moins cruelle puisqu'elle y fut obligée, suite à l'un de ces affronts dus au scandale que provoquait alors l'encombrant nom de Wilde, de changer d'identité, redevenant ainsi, jusque dans les registres de l'état civil et bien qu'elle ne demandât jamais le divorce, la sage Constance Lloyd (tel était son nom de jeune fille) qu'elle était censée avoir été avant son désastreux mariage. Sa tombe même, érigée discrètement dans le petit cimetière protestant de Steglieno, à Gênes, où elle mourut le 7 avril 1898, ne mentionna jamais, si ce n'est beaucoup plus tard, lorsque l'écrivain fut enfin réhabilité, le nom de Wilde.

Quant à ses deux fils, Cyril et Vyvyan, on substitua à leur patronyme original le deuxième prénom du frère de leur mère (leur oncle) : Otho Holland Lloyd, être cultivé et délicat qui, pour protéger ses deux neveux d'autres probables malveillances, leur accorda de bonne grâce cette faveur… ce qui n'était somme toute là qu'un autre paradoxal coup du sort, puisque l'un de leurs plus vieux et glorieux ancêtres — le fameux colonel De Wilde — fut, comme si l'on avait ainsi bouclé la boucle, hollandais !

Est-ce à dire que la progéniture d'Oscar Wilde signifia vouloir retourner ainsi, via cette sorte de nominalisme maternel, à sa véritable origine ? Cet ironique clin d'œil de l'Histoire se révèle en tout cas, sur le plan existentiel, fascinant. Car, que les noms aient un sens, latent ou manifeste, c'est là une thèse que Lord Henry soutient dans *Le Portrait de Dorian Gray* lorsqu'il y affirme que « les noms sont tout ».

Ainsi n'est-ce qu'après sa mort, survenue le 30 novembre 1900, lorsque son nom fut à jamais gravé, indélébile, sur sa pierre tombale, que le génial Oscar Wilde, dont on sait qu'il était féru de paradoxes, retrouva enfin pour l'éternité son identité.

Revenons en arrière. En apparence, c'était donc sous les meilleurs auspices qu'était né Oscar Wilde. Son père, William Wilde, qui épousa, à Dublin, Jane Elgee, le 12 novembre 1851, était un médecin à la réputation bien établie dans tout le royaume. Spécialiste des maladies de l'œil et de l'oreille, il fut nommé, tant son savoir médical était apprécié, chirurgien oculiste de la reine Victoria. Aussi, le 28 janvier 1864, l'anoblit-elle, lui permettant de porter à titre personnel, sans que cet honneur fût pour autant héréditaire, la distinction de « Sir ». C'est ainsi que le père d'Oscar devint, au grand bonheur de sa femme comme de son fils aîné (Willie, né le 26 septembre 1852), Sir William.

Sir William ne fut cependant pas qu'un éminent chirurgien. Il fut aussi l'un des meilleurs experts de l'histoire celte. Ainsi est-ce lui qui rédigea, après d'intenses fouilles archéologiques, le *Catalogue of the Antiquities in the Museum of the Royal Irish Academy*. Être à l'intelligence polyvalente, brillant causeur en société et amateur des plaisirs de la chair, c'est encore à lui que le folklore irlandais doit l'un de ses joyaux littéraires : l'*Irish Popular Superstitions*, qu'il publia en 1852 et dont William Butler Yeats fit l'éloge.

C'est donc à lui, à ce père qui savait raconter des histoires aussi bien qu'il maniait le scalpel, qui excellait dans l'art oratoire comme il jouissait de ses découvertes scientifiques et qui exhumait ses fossiles avec la même joyeuse adresse que celle qu'il mettait à disséquer ses cadavres, qu'Oscar Wilde, qui ne fut certes jamais en reste tant sa dextérité mentale comme sa verve jubilatoire étaient elles aussi prodigieuses, doit son goût immodéré, mélange de savoir-faire littéraire et de curiosité quasi enfantine, pour les contes fantastiques, tels *Le Prince heureux et autres contes* (1888) ou *Une maison de grenades* (1891).

Mais là où Sir William se montra d'une extraordinaire habileté, dans les choix de sa vie privée, c'est lorsqu'il racheta, fortune faite, une partie de ce lopin de terre que Guillaume III avait jadis concédé au colonel De Wilde, pour y construire la maison dont il avait toujours rêvé : la splendide demeure de Moytura (près de Cong, dans le Mayo), domaine familial et lieu de villégiature où le jeune Oscar prit l'habitude de passer le plus clair de ses vacances scolaires, heureux et insouciant, courant à l'air libre, contemplant la beauté du paysage, faisant du sport dans ses vastes prairies et pratiquant la pêche sur son lac adjacent (dénommé Lough Corrib).

Cependant, cette vie n'était pas aussi idyllique qu'elle le semblait. Et les jolies aquarelles qu'Oscar exécutait avec talent pour perfectionner ses dons innés de peintre, mais qu'il abandonna trop tôt pour s'y adonner avec sérieux, ne suffisaient pas toujours à embellir son existence quotidienne. Car c'est à un scandale aussi embarrassant qu'éprouvant pour la famille tout entière — le premier d'une longue série — que les Wilde eurent alors, par la faute de Sir William, à faire face.

Cette sordide histoire débuta en 1854, année où le père d'Oscar, William Wilde, dont la physionomie n'était guère avenante mais dont la notoriété exerçait quelque pouvoir de séduction sur la gent féminine, s'enticha d'une de ses patientes, la jeune Mary Travers. Bien que marié depuis près de trois ans avec Jane, il l'invita à plusieurs reprises dans sa maison, lui fit connaître sa famille et partager ses intérêts, lui offrit de nombreux livres et la combla de cadeaux. Cette émoustillante relation, mi-ouverte, mi-clandestine, finit cependant, tant elle devint compromettante au regard de sa carrière professionnelle, par le lasser, de sorte qu'il désira y mettre un terme. Ainsi proposa-t-il à Mary, afin de mieux s'en débarrasser, de lui offrir un voyage en Australie.

Marché alléchant pour une jeune femme désireuse de conquérir le beau monde ! Vexée, et surtout amourachée de son généreux Pygmalion, elle se rebiffa cependant et refusa donc, contre toute attente, la proposition. Pis : folle de rage et de jalousie, elle prit sa plume la plus venimeuse et se mit à écrire une série de lettres aussi injurieuses que vengeresses, qu'elle fit circuler dans les milieux les plus huppés de Dublin. Mais là où cette rocambolesque affaire devint fort embarrassante, c'est lorsque la jolie mais prude Mary insinua en des termes à peine voilés que William Wilde avait tenté de lui administrer, lors de l'une de ses consultations, du chloroforme afin de l'endormir et ainsi lui ravir sa virginité en toute impunité. Et la belle de se répandre alors, sur cet accablant sujet, en un pamphlet au titre parodique (*Dr and Mrs Quilp*), qu'elle signa effrontément « Speranza », nom d'auteur de Mme Wilde, elle-même écrivain apprécié dans les milieux littéraires irlandais.

L'accusation, pour infondée qu'elle fût, était

grave. En mai 1864, dix ans après le début de cette lamentable affaire, l'épouse de Sir William, qui était devenue entre-temps Lady Wilde, prit à son tour sa plus vigoureuse plume, persuadée qu'elle était de l'innocence de son mari, pour dire au père de Mary, et en des termes parfois peu aimables, que le torrent de calomnies que son indigne fille s'évertuait à déverser sur eux n'était que l'infamant produit de « monstrueuses affabulations », symptomatiques d'une femme frustrée. Le vieux Travers ne répondit pas. C'était mal évaluer la détermination de sa teigneuse de fille. Ayant malencontreusement eu vent de cette lettre, piquée au vif, elle décida alors, le 6 mai 1864, d'attaquer en justice, pour diffamation, Lady Wilde.

Le procès eut lieu du 12 au 17 décembre 1864, moins d'un an après que Sir William eût été anobli. L'ingrate Mary, pour charmante qu'elle fût, avait-elle la moindre chance, face à pareil dignitaire de Sa Majesté, de gagner son procès, d'autant qu'elle ne put jamais produire de preuve tangible susceptible d'étayer sa plainte ? Elle fut donc déboutée, et Sir William définitivement lavé de tout soupçon. Mais il n'empêche : l'honneur de Sir William ne sortit pas indemne de cette triste affaire. Celui-ci en fut, au contraire, profondément affecté. Et même s'il finit certes par s'en relever moralement, sa santé physique déclina rapidement en l'espace de trois ans. À sa mort le 19 avril 1876, il laissait à sa femme sept mille livres, en guise d'héritage, et quatre mille livres à chacun de ses fils. Oscar, qui n'avait que vingt et un ans à la mort de son père, dilapida cette somme pourtant rondelette lors de ses deux dernières années d'études à l'université d'Oxford *, emporté qu'il fut alors par ses frasques estudiantines, elles-mêmes liées à une tout aussi excitante ascension sociale.

Quelle fut au vu de cette histoire la réaction d'Oscar Wilde ? L'enfant qu'il était encore à l'époque de ce procès (il avait dix ans) ne crut jamais à la culpabilité de son père, cet « homme universel » auquel il rendit allusivement hommage, par la voix de Lady Bracknell, dans *L'Importance d'être constant*.

Mais pouvait-il alors seulement imaginer, lui qui commençait à peine à entrer dans l'existence, qu'il aura lui aussi à affronter un peu plus de trente ans après, quoique pour un motif bien plus bénin — l'homosexualité — qu'un prétendu viol, un tribunal du même ordre ? À cette importante différence près : il ne bénéficia jamais de la même clémence, de la part de ses juges, face au marquis de Queensberry !

Une similitude est toutefois à noter dans la dynamique de ces deux procès. Elle réside dans l'attitude, souvent hautaine et parfois arrogante, que manifestèrent, sûrs de leurs faits comme de leurs droits, Oscar et Lady Wilde au cours de leurs audiences respectives. Car si c'est effectivement de son père, être enjoué et débonnaire, quoique doté d'un humour caustique, qu'Oscar hérita son éloquence proverbiale, c'est de sa théâtrale et sentencieuse mère, dont la morgue tout autant que la témérité ne lui firent jamais défaut, qu'il reçut cette non moins fameuse propension à l'insolence. Cette dernière,

* Entré en 1874, il en sortit en 1878.

qui lui valut tant de légitimes succès dans ses comédies les plus brillantes, lui fut néanmoins fatale, tant il l'afficha dans son comportement comme dans ses reparties, lors de son propre procès.

Quant à dire que Wilde éprouva une réelle tristesse à la mort de son père, pour lequel il nourrissait du respect plus que de l'affection, à l'inverse de ce qu'il ressentit toujours à l'égard de sa mère, c'est là une chose que l'on ne saurait avancer sans forcer le trait. Ce n'est qu'avec une étonnante parcimonie, malgré l'abondance de son œuvre, qu'il parle de la figure paternelle, fût-ce de manière indirecte, dans ses textes. Ainsi n'est-ce que dans un seul de ses nombreux poèmes, intitulé *Le Véritable Savoir*, qu'il évoque clairement son souvenir, y louant l'étendue de sa science tout en regrettant ce décès inopiné.

Mais peut-être, à son corps défendant, préféra-t-il ne point s'attarder sur ce père dès lors que ces quelques aspects peu reluisants de sa personne le firent souffrir lorsqu'il eut à subir, lors de ses études à Trinity College, des quolibets au goût douteux puisque circulaient alors déjà à son sujet de populaires mais triviales ballades. C'est dire si le jeune Oscar, dont la sensibilité, si ce n'est la susceptibilité, était déjà à fleur de peau, se sentit là blessé, plus encore qu'humilié, ainsi qu'en témoignent ses quelques mémorables disputes, parfois à coups de pied et de poing, avec quelques-uns de ses camarades d'école.

Bien d'autres zones d'ombre entourent cependant cette intrigante figure paternelle, comme celles de trois enfants illégitimes dont la naissance serait antérieure à son mariage avec Jane. Mais ce ne sont là que supputations. Car l'on ne dispose d'aucune information crédible susceptible d'étayer ces rumeurs. La seule chose dont l'on soit certain, c'est que le premier de ces trois enfants fut un garçon : un fils prénommé Henry que William Wilde ne reconnut pas officiellement, de sorte qu'il ne porta jamais, victime des mêmes problèmes d'identité, le nom de « Wilde », mais bien celui de « Wilson », patronyme fabriqué de toutes pièces quoique reposant sur un spirituel jeu de mots puisque sa traduction française signifie littéralement, si on le dissèque en deux parties (*Wil-son*), « fils de William ». Sir William en prit cependant soin, avec une rare sollicitude, toute sa vie, en en faisant, au même titre que ses deux fils légitimes, l'un de ses héritiers.

Un événement extrêmement douloureux vint toutefois assombrir, à ce moment précis, son existence. Il perdit, en des circonstances atroces, deux de ces trois enfants naturels : deux filles, Emily et Mary, qui, élevées par son frère aîné, le révérend Ralph Wilde, périrent brûlées vives des suites d'un accident survenu en 1871. Cette douleur, il la vécut d'autant plus intensément qu'il avait vu disparaître quatre ans plus tôt la seule fille qu'il eut lors de son mariage avec Jane : Isola, née le 2 avril 1857 et morte le 23 février 1867 (à l'âge de neuf ans) d'un épanchement au cerveau consécutif à une fièvre mal soignée.

Cette effroyable série de morts violentes, qui décima la moitié de sa descendance, n'affligea pas seulement le brave Sir William. Elle traumatisa également, jusqu'à instiller en lui une mélancolie qui ne le quitta jamais, le jeune Oscar, qui n'avait que onze ans lorsque sa jeune sœur Isola, de deux ans et demi sa cadette, mourut. Ainsi est-ce pour elle, à qui il était beaucoup plus attaché qu'à son frère Willie, de deux ans son aîné, qu'il composa, en 1877, son premier poème : *Requiescat*, qu'il ne fit toutefois publier qu'en 1881. Détail plus significatif encore relatif à cette profonde affection qu'il nourrissait pour elle : lorsqu'il mourut, trente-trois ans après, dans son misérable hôtel parisien, les rares amis présents dans ses derniers instants retrouvèrent, parmi ses maigres affaires, une petite mais précieuse enveloppe coloriée contenant, soigneusement découpée, une des mèches de cheveux de sa sœur adorée. C'était là, après tant de pérégrinations et de vicissitudes, après une vie aussi malmenée et une mort aussi solitaire, le seul souvenir tangible miraculeusement sauvegardé qu'il lui restait de son enfance !

Quant à la façon dont le jeune Oscar perçut cette fratrie pour le moins complexe puisqu'il eut très tôt ainsi, outre son frère (Willie) et sa sœur (Isola), un demi-frère (Henry) et deux demi-sœurs (Emily et Mary), c'est Pascal Aquien qui nous en donne la meilleure description : « Le père d'Oscar [...] avait [...] une double famille, l'une officielle, l'autre officieuse, organisée selon un principe symétrique : deux filles et un fils d'un côté, deux fils et une fille de l'autre. L'effet de symétrie était renforcé par la destinée tragique des trois filles, mortes très jeunes [5]. »

C'est en cette récurrente et quasi obsessionnelle problématique de l'identité, qu'il faut voir l'origine de l'un des thèmes majeurs de l'œuvre de Wilde : celui, via l'illégitimité filiale, du secret familial et, bien plus encore, de cette énigme vivante, inavouable pour la morale victorienne, que représentent ces naissances hors mariage. Richard Ellmann l'énonce clairement : « L'intérêt d'Oscar Wilde pour les enfants trouvés, les orphelins, les mystères de la naissance vient peut-être de l'expérience qu'il fit de l'accroissement de la famille paternelle lorsqu'ils passaient leurs vacances d'été tous ensemble, enfants légitimes et illégitimes [...][6]. »

Et de fait : c'est d'un père non identifié qu'est née, dans *Le Portrait de Dorian Gray*, Sybil Vane, cette belle jeune femme dont le frère, James Vane, ne cessera d'accabler leur mère de ce péché de jeunesse. De même le juge de paix John Worthing (surnommé Jack), dans *L'Importance d'être constant*, est-il, tout comme sa pupille Cecily Cardew, un enfant trouvé. Quant à ces autres personnages centraux que sont Lady Windermere, dans *L'Éventail de Lady Windermere*, et Gerald Arbuthnot, dans *Une femme sans importance*, ils sont eux aussi nés de mère inconnue et orphelins.

Dans sa pièce, *Un mari idéal*, Wilde fustige l'attitude parfois irresponsable des pères à l'égard de leurs enfants : « Un père ne devrait ni se faire voir, ni se faire entendre. C'est le seul fondement convenable de la vie de famille. Une mère, c'est différent. Une mère, on la chérit toujours[7]. » Jack, dans *L'Importance d'être constant* à nouveau, ne dit pas autre chose dans la même veine sarcastique :

« Après tout, quelle importance qu'un homme ait ou non un père et une mère ? Une mère, bien sûr, c'est très bien. [...] Un père, lui, vous embête [...]. Je ne connais personne au club qui parle à son père[8]. » Ce à quoi le tout aussi cynique Algernon réplique, comme si la réputation longtemps ternie de Sir William eût été évoquée là : « Oui, en ce moment, les pères ne sont pas en odeur de sainteté[9]. » À moins que ce soit un reproche adressé de manière tacite, et comme par anticipation, à lui-même puisque Oscar Wilde, bien que père aimant et attentionné à l'égard de ses deux fils, Cyril et Vyvyan, fut injustement déchu, après son procès, de ses droits paternels. Ainsi, de son premier jour d'emprisonnement jusqu'à son dernier souffle de vie, dut-il encore subir, comme si ces deux années terribles n'avaient pas suffi à le punir de son hypothétique délit, ce châtiment suprême : l'interdiction de revoir ses enfants.

Mais, pour en revenir à ces embrouillaminis familiaux et autres carences généalogiques, à cet art du secret que des essais comme *Le Déclin du mensonge* ou *La Vérité des masques* tentèrent de circonscrire avec davantage de précision conceptuelle, c'est là une performance littéraire que Wilde s'appliqua encore à concrétiser en ses deux textes majeurs ou, du moins, les plus appréciés par le public : sa pièce de théâtre, sur le mode comique, *L'Importance d'être constant*, et son roman, sur le mode tragique, *Le Portrait de Dorian Gray*. Bien plus : c'est cette ambivalence existentielle, prérogative du dandysme, qu'un esprit aussi foncièrement épris de transgression qu'Oscar Wilde, paradigme vivant de l'insondable profondeur de l'âme, exprima, la cultivant à chaque instant de sa propre vie, au plus haut degré de sa perfection en en faisant l'un des beaux-arts ! C'est ainsi que s'éclaire, prenant tout son sens, cette réflexion clé de Wilde en son *De profundis*, rédigé alors qu'il croupissait en prison : « Les dieux m'avaient presque tout donné. J'avais du génie, un nom éminent, une position sociale élevée, du brillant, un esprit audacieux. Je fis de l'art une philosophie et de la philosophie un art [10]. »

Ce « nom éminent » qu'il dit avoir reçu des « dieux », Wilde, conscient du gâchis, regretta de l'avoir « à tout jamais déshonoré », plus encore que perdu, ainsi qu'il le reconnut, comme acquiesçant à un éclair de lucidité dans *De profundis* :

Ma mère [...] et mon père m'avaient légué un nom auquel ils avaient donné honneur et noblesse non seulement en art, en littérature, en archéologie et en science, mais aussi dans l'histoire officielle de mon pays, dans son évolution en tant que nation. J'avais à tout jamais déshonoré ce nom. J'en avais fait un bas quolibet pour le bas peuple. Je l'avais traîné jusque dans la fange. Je l'avais donné à des brutes [...] et à des sots [...]. Ce que je souffris alors, et que je souffre encore, il n'est pas de plume pour l'écrire, ni de papier pour l'y consigner [11].

Mère Courage
et son enfant Oscar

> *Toutes les femmes deviennent comme leur mère. Tel est leur drame. Les hommes ne le deviennent jamais. Tel est le leur.*
>
> OSCAR WILDE,
> L'Importance d'être constant[1]

De tous les êtres qui peuplèrent l'enfance d'Oscar Wilde, c'est sa mère qui exerça sur lui l'influence la plus déterminante.

Née le 27 décembre 1821, Jane Frances Elgee n'était pas, tant par son caractère que par ses qualités, une femme commune. Un défaut majeur la caractérisa cependant toute sa vie : une absurde propension à la mégalomanie, laquelle, teintée d'un snobisme de mauvais aloi, ne faisait qu'accroître son narcissisme. Ainsi, s'étant échinée à faire croire à son entourage qu'elle avait de prestigieuses ascendances toscanes, et même florentines, ne tarda-t-elle pas à transformer, obsédée elle aussi par l'importance des noms, son prénom de « Frances » en celui de « Francesca », qu'elle trouvait plus chic. Quant à « Elgee », son nom de famille, elle prétendait qu'il venait d'« Algiati », déformation phoné-

29

tique d'« Alighieri », celui-là même de Dante, dont il n'était rien moins que la forme celtique !

Car, toute passionnée qu'elle était par l'Italie, il n'en restait pas moins vrai qu'elle tenait à conserver, à l'instar de son mari Sir William, ses origines irlandaises. Et pour cause : c'est un nationalisme aux connotations indépendantistes que la militante qu'elle fut, toute sa vie, revendiqua toujours avec une rare force de conviction, allant même jusqu'à haranguer les foules pour défendre ses idées révolutionnaires.

En guise de nom de plume, elle s'inventa un pseudonyme aux tout aussi fières allures de *pasionaria* latine, Speranza, qu'elle intégra dans la devise gravée sur son papier à lettres. C'est de ce beau nom inventé qu'elle signa, inspirée par les hymnes patriotiques et autres chants guerriers de l'épique James Macpherson, ses premiers poèmes, tous axés sur ce qu'elle imaginait être les prémices d'une révolution qui n'attendait plus que son talent pour se mettre en marche !

Ces poèmes enflammés aux accents fiévreusement héroïques, elle les envoya donc à Charles Gavan Duffy, rédacteur en chef de *The Nation*, revue politico-littéraire fondée en 1842, qui prônait, au grand dam des autorités britanniques, l'indépendance de son pays. C'est lui, Duffy, qui, ayant apprécié le contenu de ces textes, en fut le premier éditeur. Avec, toutefois, une autre curiosité, encore plus révélatrice quant à ce brouillage sur les noms dans lequel les Wilde se complurent toujours : la très exaltée Speranza, jeune fille dont « le port majestueux, les yeux noirs étincelants, les traits héroïques, semblaient appartenir au génie de la poésie ou à l'esprit révolutionnaire [2] » lui fit parvenir ses écrits accompagnés d'une lettre d'introduction qu'elle signa, préférant se cantonner à un anonymat masculin, John Fanshaw Ellis, écho linguistique de Jane Francesca Elgee.

Cette grande jeune femme, qui mesurait plus d'un mètre quatre-vingts et qui aimait à parader dans le salon de sa maison comme une diva trônant sur les planches d'un théâtre, avait le goût, qu'elle inculquera à son fils Oscar, de la mise en scène. L'inénarrable et emphatique Speranza adorait « faire sensation », ainsi qu'elle le confia, grandiloquente et sans gêne, au mathématicien William Hamilton.

Mais là où Lady Wilde se montra la plus décisive quant à cette influence qu'elle ne cessa d'exercer sur le jeune Oscar, c'est lorsqu'elle devint, fût-ce de manière indirecte, l'héroïne de l'un des premiers grands procès politiques de l'histoire de l'indépendance irlandaise.

Cet événement retentissant, capital puisqu'il orienta toute l'attitude d'Oscar Wilde durant son propre procès, se déroula en deux temps.

Le premier épisode eut lieu lorsque Duffy fut emprisonné par les autorités anglaises, pour activités sécessionnistes. Car Speranza, emportée par l'élan d'une fougue qui la rendait parfois encore plus écervelée, ne trouva alors rien de mieux, pour défendre son mentor, que de rédiger en son absence dans deux numéros successifs de son journal, des éditoriaux énonçant clairement ce qu'il n'avait osé exprimer jusque-là que très prudemment. Ainsi, dans *The Hour of Destiny*, article publié le 22 juin 1848, proclamait-elle « que la guerre avec l'Angleterre était commencée ». Et, une semaine plus tard, de récidiver en un papier intitulé *Alea Jacta Est*. Bien qu'il se trouvât en prison, ces deux appels à la sédition furent imputés à Duffy lui-même par le gouvernement anglais. Vexée que son talent ne fût pas immédiatement reconnu, Speranza prit alors son courage à deux mains et s'en alla dire au procureur de la Couronne qu'elle était l'auteur de ces lignes, exigeant que ce chef d'inculpation fût retiré du réquisitoire prononcé à l'encontre de Duffy. Face à tant de pugnacité de la part de Speranza, la Cour acquitta le rédacteur en chef !

Morale de l'histoire ? C'est cette efficace et salutaire intervention publique de Speranza, seul acte positif relatif aux trois grandes affaires judiciaires auxquelles furent mêlés les Wilde, qui poussera Lady Wilde, quarante-sept ans plus tard, à persuader son fils, confiante qu'elle avait toujours été en la justice de son pays, de ne point fuir, tandis qu'il en avait encore le loisir, ce procès que le marquis de Queensberry lui intentait. Forte de sa propre expérience de jeune révolutionnaire en mal d'idéalisme, elle pensait alors sincèrement qu'il allait pouvoir lui aussi, prenant exemple sur elle, triompher de l'adversité. L'hisoire lui prouva le contraire.

Mortifiée, sa mère ne se le pardonna jamais. Sachant qu'elle ne reverrait plus son fils lorsqu'on vint lui annoncer un beau matin, sans autre forme de ménagement pour son cœur éreinté par les épreuves (au premier rang desquelles figure la mort de sa fille Isola), le refus définitif de l'administration pénitentiaire de le libérer sous caution, elle se retourna, malade et alitée, presque moribonde, vers le mur de sa chambre pour s'y éteindre, les yeux emplis de larmes et la tête brûlante de désespoir, le 3 février 1896, à l'âge de soixante-quinze ans.

C'est donc ici, au sommet de cette tragédie humaine, que prend tout son sens dramatique cette réflexion qu'Oscar Wilde, pensant à sa mère tout en lui rendant hommage, adressa, du fin fond de sa geôle à Bosie :

Ma mère à moi, qui peut se comparer intellectuellement à Elizabeth Barrett Browning, et historiquement à Madame Roland, mourut le cœur brisé parce que le fils dont l'art et le génie l'avaient rendue si fière, et qu'elle avait toujours considéré comme le digne continuateur d'un nom éminent, avait été condamné à deux ans de travaux forcés [3].

Mais quelles étaient donc, dès lors qu'il lui prête là aussi, y invoquant son chaleureux mais tourmenté souvenir, un « nom éminent », les véritables origines, en dehors de sa mythomanie, de la mère d'Oscar Wilde ?

Cette dame, Lady Wilde, à la stature imposante et au port altier, au ton péremptoire et à la voix haut perchée, au tempérament exubérant et aux tenues extravagantes, aux propos enfiévrés et aux idées subversives, à l'accent tranchant, qui avait l'habitude d'appeler son fils « Âscar » et non Oscar, était la fille d'un modeste avocat irlandais, Charles Elgee, qui naquit en 1783 et mourut en 1821, l'année où elle vint au monde. Quant à sa mère, Sarah

Kingsbury, sa seule place dans la vie était de s'afficher comme la fille d'un pasteur au puritanisme rigoureux : un certain Thomas Kingsbury, lequel veillait sur ses ouailles de Kildare, et occupait le poste séculier de « commissaire des faillites ».

Rien de bien remarquable en somme dans ce contexte familial très éloigné de ses prétendues origines toscanes. Le seul être intéressant que Lady Wilde pût honnêtement se vanter de compter parmi ses aïeux fut, du côté maternel (et encore n'y était-il qu'un oncle par alliance), le révérend Charles Robert Maturin, membre influent du clergé anglican, dont le roman, publié en 1820, *Melmoth ou l'Homme errant*, fascina tant Oscar Wilde qu'il emprunta, dès sa libération de prison, tout au long de son exil, et jusqu'à sa mort, le nom de Sebastian Melmoth, personnage mystérieux du fameux livre.

C'est à cette militante qui joua un rôle central dans le mouvement séparatiste « Jeune Irlande » des années 1840, mais surtout à cette mère qu'il vénéra durant toute sa vie, que le jeune Oscar, qui allait avoir bientôt quatorze ans, adressa la première lettre qu'on ait conservée de lui. Elle est datée du 8 septembre 1868 et rédigée depuis la Portora Royal School d'Enniskillen (école dont il fut l'élève assidu de 1864 à 1871). En voici, tant elle est révélatrice du caractère déjà bien trempé de Wilde, et en particulier de son goût prononcé pour les beaux et chatoyants vêtements (ceux-là mêmes qui feront plus tard de lui le dandy le plus en vogue, sinon toujours le plus élégant, du Tout-Londres), le contenu complet :

Maman chérie,

La bourriche est arrivée aujourd'hui, je n'ai jamais eu d'aussi joyeuse surprise ; je vous en remercie mille fois, c'est plus que bon de votre part d'avoir eu cette pensée. N'oubliez pas, je vous en prie, de m'envoyer la *National Review*. Les chemises en flanelle que vous m'avez fait parvenir dans la malle appartiennent à Willie — les miennes (pesantes pour la chaleur actuelle) sont en couleur, l'une écarlate, l'autre lilas. Vous ne m'avez jamais rien dit de l'éditeur de Glasgow, que répond-il ? Et avez-vous écrit à tante Warren sur le papier à lettres vert[4] ?

Lady Wilde, derrière ses airs d'opéra et son aspect inutilement dédaigneux, malgré cette impertinence avec laquelle elle interpellait ses adversaires idéologiques et apostrophait les autorités politiques, était, non seulement une dame au grand cœur* mais une mère tendre et affectueuse, toujours prête à en découdre avec la société pour protéger, au péril parfois de sa renommée, ces enfants qu'elle aimait par-dessus tout.

Ainsi est-ce elle qui, soucieuse du bien-être des siens, insista auprès de son mari pour que la famille déménageât de la petite quoique jolie maison du 21 Westland Row où naquit Oscar, pour aller s'installer dans cette superbe villa que Sir William fit restaurer pour elle, à l'adresse nettement plus prestigieuse, située dans le très chic quartier résidentiel de Dublin, du 1 Merrion Square North.

C'est là, au cœur même de la société bourgeoise irlandaise, mais à l'abri de son austère puritanisme

---

* Tout comme son fils prodigue se montra un homme généreux.

protestant, qu'Oscar Wilde, qui fut toujours très conscient de son fabuleux destin, passa le plus clair de son enfance, puis, les années y défilant comme un astre file dans le ciel étoilé, de son adolescence.

Car Lady Wilde, dont l'un des plus grands plaisirs consistait à se pavaner devant un public acquis d'avance et qui, toujours prompte à enjoliver le décor, poussait la coquetterie jusqu'à tricher sur son âge réel puisqu'elle se rajeunissait constamment de cinq ans *, y fut pendant de longues années, jusqu'à la mort de son mari, l'habile hôtesse du salon littéraire le plus couru de Dublin. Elle recevait chaque samedi après-midi, le plus souvent à l'heure du thé et toujours sous une lumière tamisée, les artistes et intellectuels les plus célèbres d'Irlande et parfois même, pour ceux qui adhéraient à ses idées révolutionnaires, d'Angleterre.

Frank Harris, ami et éditeur de Wilde, la voyant pour la première fois, trônant en ce salon comme une reine au milieu de sa cour, en donne la description suivante : « Lady Wilde trônait derrière la table à thé, comme une sorte de Bouddha féminin enveloppé de châles, une femme très grande au visage lourd et au nez proéminent. [...] Elle était fardée comme une actrice et préférait [...] une pénombre artificielle à la lumière du soleil. Son idéalisme se manifestait dès qu'elle prenait la parole. Être enthousiaste était pour elle une nécessité naturelle. Des critiques peu amènes employaient le mot "hystérique". Je préférerais le

* Travers dans lequel son fils Oscar ne put lui-même s'empêcher parfois de tomber, comme lors de son procès.

terme "ampoulée" pour la décrire[5]. » Mais c'est Pascal Aquien qui nous en dresse le plus éloquent des tableaux : « D'autres témoins, comme [...] Gertrude Atherton [...], furent impressionnés par l'étrange personnage qu'elle composait, statue vivante et impératrice improbable : "on aurait dit une souveraine donnant gracieusement une audience privée". Il est vrai qu'elle était vêtue d'une robe à crinoline, démodée depuis vingt ans, et qu'une mantille de dentelle noire attachée à un grand peigne espagnol lui encadrait le visage. Lorsque Miss Atherton s'approcha d'elle pour la saluer, la reine fantomatique lui tendit une main noueuse dont la visiteuse se demanda si elle était censée la baiser[6]. » Portrait que corrobore, le fignolant jusqu'en ses moindres détails, Vyvyan Holland puisque, y évoquant là le souvenir personnel de sa grand-mère paternelle, il écrit, dans ses Mémoires, parues en 1954 sous le titre de *Son of Oscar Wilde*, qu'elle était souvent habillée « comme une reine de tragédie, avec son corsage orné de broches et de camées[7] ».

Rien d'étonnant donc à ce que Wilde affuble quelques-uns de ses personnages féminins les plus emblématiques des traits les plus saillants de cette image maternelle. Ainsi cette scène d'*Un mari idéal*, où Mrs Cheveley ordonne à Phipps, le domestique, de disposer dans la pièce où elle s'apprête à rencontrer Lord Goring une série de chandelles munies d'abat-jour afin d'atténuer ainsi sur son visage, tout en en embellissant le teint, ces rides que lui ont infligées les outrages du temps. Dans un registre plus politique, Véra, l'héroïne de *Véra ou les nihilistes*, mélodrame dans lequel cette révolutionnaire russe, mi-idéaliste mi-terroriste, projette d'assassiner le tsar afin d'instaurer dans son pays un régime démocratique, n'est pas sans rappeler sa *pasionaria* de mère.

Quant à une tragédie aussi sexuellement violente que *Salomé*, que Wilde écrivit en 1893, c'est, sinon dans ce délirant imaginaire maternel, du moins dans l'un de ses livres les plus énigmatiques, *Sidonia la Sorcière* (1849), traduction libre de la démoniaque *Sidonia von Bork* de Wilhelm Meinhold, qu'elle trouve sa source première puisqu'il prétendit que la terrifiante histoire de cette sorcière qui jouissait en dansant sur des cercueils, sadique et nécrophile, était l'une de ses lectures préférées lorsqu'il était enfant.

Bien plus : c'est dans le salon littéraire de son ambitieuse mais estimable mère que Wilde, qui y évoluait toujours avec une parfaite aisance, fit, dès le sortir de son adolescence, ses premières et importantes rencontres sur le plan intellectuel, puisqu'il y fréquenta des esprits aussi éminents que George Bernard Shaw ou William Butler Yeats, tous deux futurs Prix Nobel de littérature.

À n'en pas douter, c'est bien un rôle décisif que Lady Wilde, femme de combat et d'idées, joua, tant dans la formation philosophique et artistique que dans l'éducation morale et sociale du jeune Oscar.

Que nous enseigne encore cette fameuse lettre du 8 septembre 1868, rédigée par un fils en pleine période de puberté ? De bien édifiantes choses au sujet de sa future existence d'adulte.

Ainsi, si l'on y voit apparaître cet intérêt que le

jeune Wilde manifesta très tôt pour l'engagement politique de sa mère, c'est surtout en matière d'esthétique que se révèlent clairement déjà ses goûts personnels et, surtout, ce soin qu'il mit toujours, avec toute la méticulosité dont un vrai dandy est capable, dans l'entretien de son apparence physique. Ainsi demande-t-il à sa mère de lui envoyer des chemises aux couleurs aussi éclatantes qu'excentriques (l'écarlate et le lilas), et d'une originalité qui le distingue déjà très nettement de son frère Willie.

Et de fait : c'est au rouge, et à ses nombreuses nuances, qu'alla toujours sa préférence. N'est-ce pas, du reste, de cette très symbolique « tunique écarlate », la même que celle dont fut drapé le Christ durant le martyre que lui infligèrent les Romains avant sa crucifixion, que le condamné de *La Ballade de la geôle de Reading* (un officier des Royal Horse Guards) se voit tout d'abord vêtu, à l'image de cet uniforme d'apparat qu'il portait en pleine gloire, avant que ses bourreaux ne le recouvrent, dans les derniers instants de son supplice, d'un ordinaire et terne « habit d'un gris râpé » ? Car c'est ainsi que commencent ses premiers vers :

> Il n'avait plus sa tunique écarlate
> [...].

> Il marchait au milieu des prévenus
> Dans son habit d'un gris râpé,
> Coiffé d'une casquette de cricket
> [...] [8].

Mais plus remarquable encore dans ce poème : le condamné est coiffé, bravant tout sens du ridicule, d'une « casquette de cricket ». Que mentionnait encore cette lettre du jeune Wilde dont on a malheureusement perdu le second fragment ? Son intérêt, précisément, pour le cricket ! C'est dire l'extraordinaire continuité qu'il y a dans l'œuvre d'Oscar Wilde puisqu'on a affaire là, avec ces deux textes, à deux écrits ponctuant en filigrane, l'un en son tout début (à l'époque de Portora School) et l'autre en sa toute fin (dans la période de Reading), le sens même, à travers les joies de l'enfance puis et à travers les malheurs de l'adulte, de son existence tout entière.

Cette autre couleur, le vert, pour laquelle le jeune Oscar affichait déjà tant de curiosité dans cette lettre, n'était-elle pas celle de l'œillet qu'avaient alors coutume d'arborer à leur boutonnière, en signe de ralliement plus encore que de distinction, les homosexuels (parisiens, surtout), couleur qui sera, bien des années plus tard, une des préférées de Wilde.

Faudra-t-il toutefois voir là, en cet amour inconditionnel pour les vêtements les plus extravagants tout comme dans cette prédilection pour les couleurs les plus vives, les signes avant-coureurs d'une homosexualité latente ? Pas nécessairement. Comme rien n'autorise à penser, contrairement à ce qu'affirme Robert Merle, que cette homosexualité dériverait du fait que sa mère désirât ardemment, après la naissance de son premier fils, Willie, une fille et que, déçue d'avoir eu à enfanter un second garçon, elle l'habillât, dès son plus jeune âge, avec des vêtements féminins ainsi qu'en témoigne la toute première photo, alors qu'il n'avait que deux ans, dont on dispose de lui. Car il était coutumier en ce temps-là, dans les hautes sphères de la société victorienne, d'habiller les très jeunes enfants de robes décolletées et de jupons bouffants, le tout agrémenté de souliers vernis et d'une chevelure bouclée.

Pour compléter ce tableau familial, il nous faut parler de Willie, le frère aîné d'Oscar. Car, à lire attentivement la lettre datée du 8 septembre 1868, un autre élément d'une importance non négligeable apparaît : l'empressement avec lequel le jeune Oscar tient à se démarquer de son frère. Ainsi reproche-t-il à sa mère de lui avoir fait parvenir de simples « chemises en flanelle » — « celles de Willie ». Cette différence devant absolument exister entre lui et son frère, tant au niveau intellectuel qu'humain, Oscar Wilde ne cessera, par la suite, de la souligner, la cultivant même, parfois jusqu'au mépris, outrageusement.

Rien d'étonnant, dès lors, à ce que les relations entre les deux frères n'aient jamais été au beau fixe, qu'elles n'aient cessé de se détériorer, et de manière irrémédiable notamment lorsque Oscar connut, à partir du 20 février 1892, le triomphe que l'on sait avec les premières représentations, au St James's Theatre de Londres, de *L'Éventail de Lady Windermere*. Willie, jaloux et lâche à la fois, écrivant alors anonymement (quoique Oscar ne fût pas dupe) dans un numéro de *Vanity Fair* une critique extrêmement virulente contre la pièce.

À cet acte ignoble s'ajoutèrent bientôt, le temps faisant son œuvre, d'autres graves défauts chez Willie, dont cette vilaine manie d'aller quémander de l'argent, lui qui était toujours sans le sou tant il était fainéant, à sa vieille mère (ce qui irritait prodigieusement Oscar) pour aller ensuite le boire, accompagné d'amis souvent peu recommandables, dans de sordides tripots, avant que de retourner chez lui, ivre mort, et de battre sa femme (Miriam Folline, qu'il épousa en 1891 et dont il divorça en 1893) à coups de trique, tout en vociférant des insanités.

Il se remaria toutefois, en 1894, avec Sophie Lees, surnommée Lily, avec qui il eut un an plus tard une fille prénommée Dolly laquelle, devenue adulte, écumerait les bars du mythique Paris de l'entre-deux-guerres, en se faisant remarquer en compagnie de Natalie Clifford Barney, dont elle fut l'amante. Mais, alcoolique et suicidaire comme son père, elle fut bientôt atteinte d'un cancer qui la fit rentrer à Londres, où elle s'éteignit, en 1941, à l'âge de quarante-six ans. Quant à Willie, il disparut, rongé par la drogue et miné par l'alcool, le 13 mars 1899.

Être peu reluisant, donc, que ce William Robert Kingsbury Wilde, dit Willie, qui ne prit même pas la peine d'aller accueillir son jeune frère, tant il s'intéressait peu à lui, à sa sortie de prison le 19 mai 1897 ! Si bien qu'Oscar, qui ne le porta jamais dans son cœur, s'empara quelquefois de son fantôme pour le faire mourir, symboliquement, dans quelques-unes de ses œuvres majeures, dont *L'Importance d'être constant*, où John Worthing s'applique à faire périr son frère fictif, tandis que, dans *Le Portrait de Dorian Gray*, Lord Henry prononce cette phrase terrible : « Bah, les frères ! Je ne tiens guère aux frères. Mon frère aîné refuse de mourir et mes frères cadets semblent ne faire que cela [9]. » Aussi, lorsque son ami Robert Ross lui apprit le décès de son frère, Oscar n'eut-il, indifférent et à peine surpris, qu'un commentaire laconique, au ton aussi dédaigneux que celui qu'il lui manifestait déjà lorsqu'il était enfant : « J'imagine qu'on s'y attendait depuis quelque temps. Comme tu le sais, entre lui et moi il y avait depuis des années un gouffre béant. *Requiescat in pace* [10]. »

Cela n'empêcha pas toutefois la veuve de Willie, l'étourdie mais bonne Lily, qui sembla n'avoir guère ressenti beaucoup de peine à sa mort puisqu'elle se remaria assez vite avec Alexander Teixeira de Mattos, de venir à Paris le 17 octobre 1900, pour, sans éprouver la moindre rancune, rendre visite à son ex-beau-frère, Oscar.

Ainsi, au vu d'une famille aussi éclatée, des nombreux différends dont elle fut sans cesse traversée et des multiples tensions qui la minèrent, est-on en droit de se demander si cette cruelle réflexion que fit, fût-ce sous forme de plaisanterie, Lord Henry, dans *Le Portrait de Dorian Gray*, n'était pas loin d'être partagée par Wilde lui-même. Et, dans la foulée, de justifier, songeant là à l'infidélité extra-conjugale de son père tout comme aux mœurs dissolues de son frère, cette sentence peu charitable à l'égard de cette même famille * : « Sans doute cela vient-il de ce qu'aucun d'entre nous ne supporte que d'autres aient les mêmes défauts que lui [11]. »

---

* Exception faite des intenses et nobles sentiments filiaux qu'il éprouva toujours envers sa mère : « Je ne peux pas m'empêcher de détester l'ensemble de ma famille », avoue-t-il dans *Le Portrait de Dorian Gray*.

Et pourtant : c'est un couple aussi soudé qu'intéressant, malgré leurs différences de caractère et de taille, que formaient, unis dans la félicité comme dans l'adversité, Sir William et Lady Wilde. À tel point qu'ils furent la cible privilégiée des journaux satiriques de la capitale irlandaise. Ainsi, si de vulgaires gazettes à ragots en firent parfois leurs choux gras, ce sont les caricaturistes les plus drôles de Dublin qui, donnant libre cours à leur fantaisie, en brossèrent souvent de merveilleux portraits. Le jeune Oscar, amusé de voir ses parents ainsi croqués, ne s'en formalisa toutefois jamais. Bien au contraire, prompt à ironiser sur les qualités comme sur les défauts du genre humain, c'est avec un plaisir non dissimulé, parfois même avec ce rire saccadé qui le caractérisait lorsqu'il s'esclaffait devant une scène comique, qu'il les accueillit toujours. Aussi est-ce pour cette raison qu'il ne se montra jamais froissé face aux nombreuses caricatures dont il fut lui-même, tout au long de son existence, l'objet. Toulouse-Lautrec, que Wilde, à la fin de sa vie, croisa dans les cabarets de Montmartre et bordels de Pigalle, ne fut pas lui non plus toujours tendre envers celui qui se révéla être, lorsqu'il daignait poser, un aimable et distingué modèle, quoique déjà bouffi par l'alcool et empâté par le désœuvrement. Pourtant Wilde, qui aimait à être envers et contre tout au centre de l'attention, et de celle des plus grands artistes de son temps en particulier, s'en dit, comédien comme à son habitude, « flatté » et même, à défaut de s'y reconnaître, « reconnaissant » ! De même, bon prince et toujours aussi indulgent, ne se décontenança-t-il pas lorsqu'il eut à subir à plusieurs reprises, pendant cette période où il sillonna l'Amérique pour y prononcer ses conférences sur l'esthétisme, et où il porta alors une série de tenues si extravagantes qu'elles le rendirent parfois risible, les sarcasmes de *Punch*, l'un des plus grands journaux londoniens de son temps.

Il est vrai que Wilde avait été, en matière de tragi-comédie, à bonne école puisque c'est tout petit déjà, à l'âge de quatre ans à peine, qu'il eut à affronter sans mot dire la première de ces scènes bouffonnes : un baptême catholique qui ne fut jamais enregistré de manière officielle, que lui administra clandestinement, par la volonté de son autoritaire mère, mais à l'insu de son père, un curé appelé Fox, aumônier qu'elle avait rencontré en juin 1855, date de l'installation de la famille au 1 Merrion Square.

Aussi est-ce à cet événement cocasse, advenu relativement tôt dans la vie d'Oscar *, que remonte l'épisode le plus burlesque de cette pièce pourtant déjà désopilante en soi qu'est *L'Importance d'être constant* : un baptême exécuté à la va-vite, sous la pression conjointe de Jack et Algernon, par le révérend Chasuble, leur permettant de changer aussitôt leurs prénoms respectifs en celui de Constant afin de pouvoir épouser Cecily et Gwendolen.

Une question : était-ce donc là, par-delà le comique de situation, une critique, fût-elle voilée et somme toute complaisante, que Wilde adressait

* Comme de son frère Willie, qui en fut aussi, le même jour et à la même heure, l'innocente victime.

ainsi, implicitement, à sa mère, laquelle sembla se révéler, en la circonstance, plus sensible à la beauté du rite catholique qu'à l'austérité de la foi protestante, vidant du même coup, en bonne et saine pragmatique qu'elle était, cet acte sacré de son sens théologique ? Peut-être ! Toujours est-il que c'est ce même catholicisme qui, dès son plus jeune âge, séduisit toujours, plus qu'il ne l'attira réellement, l'esthète qu'était Wilde, né et baptisé pourtant dans le protestantisme. Au point que, oscillant perpétuellement entre ces deux Églises, l'une tout en pompe théâtrale et l'autre tout en rigueur ascétique, il ne cessera, lors de ses études à l'université d'Oxford et sous l'influence de John Ruskin, dont on connaît la philosophie théocentrique, de se rapprocher, jusqu'à envisager sa conversion, de la « sainte Église romaine ».

Ce baptême catholique, Wilde n'osa toutefois jamais le demander explicitement. Mais pour un motif pécuniaire plus que doctrinal : Sir William, homme respecté par la société britannique de son temps, menaçait, au cas où il se serait converti au catholicisme, de le déshériter.

C'est donc officiellement protestant, malgré les stratagèmes parfois loufoques de Lady Wilde en matière de religion, qu'Oscar entra, en 1864, alors qu'il n'avait pas dix ans, à la très renommée Portora School d'Enniskillen, et qu'il sortit, en 1878, alors qu'il était âgé d'un peu moins de vingt-quatre ans, du prestigieux Magdalen College d'Oxford, le tout en passant, de 1871 à 1874, par le non moins réputé Trinity College de Dublin.

Fantastique parcours scolaire et tout aussi solide

formation intellectuelle, donc, puisque c'est de manière brillante, malgré ses frasques estudiantines et ses insolences en classe, qu'Oscar Wilde, soutenu par sa mère et conseillé par son père, effectua des riches et prometteuses études, se préparant ainsi, pensait-on avec raison, à un avenir professionnel des plus radieux.

L'archéologie du savoir :
Portora School et Trinity College

> *Je fus un enfant si typique de mon époque que, dans ma*
> *perversité et pour satisfaire cette perversité, je changeai*
> *en mal les aspects purs de ma vie, et en bien les aspects*
> *impurs.*
>
> OSCAR WILDE, De profundis[1]

C'est en élève modèle et pensionnaire exemplaire, malgré quelques bagarres avec ses camarades, qu'Oscar Wilde fréquenta, de février 1864 à juin 1871, sur une période s'étalant de ses neuf à seize ans, l'internat de la Portora Royal School d'Enniskillen, petite ville irlandaise située à une centaine de milles au nord de Dublin, dans le comté de Fermanagh.

Cadre idyllique que celui dans lequel s'inscrivait avec harmonie cette royale école de Portora, que la haute bourgeoisie des lieux considérait comme l'équivalent irlandais du collège anglais d'Eton. En somme, une vie que tout, en cet écrin de verdure, laissait supposer de rêve ! D'autant que le jeune Oscar n'y était pas seul puisque son frère Willie, qui jouait assez bien du piano, s'y trouvait déjà depuis deux ans.

Oscar, lui, préférait la littérature à la musique et, de manière plus spécifique les lettres classiques dont, maîtrisant à la perfection le grec et le latin, il connaissait les principaux textes. Ainsi le jeune Wilde, dont la culture antique était aussi vaste que précise, était-il capable, dès Portora, de traduire instantanément, à haute voix, Homère, Hésiode, Sophocle, Euripide, Aristophane, Virgile, Ovide, Sénèque et Eschyle dont il considérait l'*Agamemnon* comme « la plus belle de ses pièces[2] ».

Ainsi n'est-il pas exagéré de dire que le jeune Oscar, dont l'un des passe-temps favoris consistait à réciter par cœur les poèmes de John Keats ou à lire, tout en batifolant dans les prés situés en bordure de l'Erne, les romans de Benjamin Disraeli, dépassa bien vite, dans la plupart des matières et dans les cours liés aux humanités tout spécialement, son frère Willie, qui, là où excellait son cadet, peinait honteusement. Et celui-ci, qui n'attendait que son heure pour pouvoir enfin battre son frère, de prendre sa revanche dans ces disciplines sportives qu'Oscar rechignait à pratiquer, si ce n'est, et à petite dose, ces activités plus nobles qu'étaient à ses yeux le tennis, le polo et l'équitation. Puis, comme en un cycle sans fin, fait de rivalité ininterrompue et de concurrence souvent déloyale, Oscar, tôt le lendemain matin, de l'emporter à nouveau dans l'âpre lecture des textes bibliques lors de ces offices religieux auxquels les pensionnaires de l'internat étaient obligés d'assister quotidiennement. Comme pour accentuer cette nette supériorité intellectuelle d'Oscar et, parallèlement, cet évident complexe de Willie, s'ajoutait, chez le cadet, un autre avantage : celui de posséder à merveille, déjà, cette belle langue française que la gouvernante du 1 Merrion Square avait pourtant tenté également d'enseigner, en vain, à l'aîné, décidément fort lent dans l'assimilation des choses de l'esprit.

Mais croire que Wilde n'aurait été, à Portora, qu'un élève monomaniaque plongé dans ses livres serait se méprendre sur la vraie nature de son caractère. Car, pour précoce qu'il fût sur le plan intellectuel, il savait aussi, comme tous les enfants de son âge, s'amuser, jouer et plaisanter avec ses compagnons. Ainsi, doté déjà d'un sens aigu du comique, sinon du ridicule, se plaisait-il à leur donner, à chacun d'entre eux, des sobriquets. Lui-même fut affublé, étant donné ses longs cheveux foncés et son allure chaloupée, son regard perçant et son nez aquilin, du surnom de « Corbeau gris ». De même, taquin et espiègle, trouvait-il amusant d'imiter en public, en mettant en valeur leurs principaux défauts, certains de ses professeurs, quand il ne mimait pas ostensiblement, prenant les poses les plus affectées, les personnages bibliques qui garnissaient, incrustés dans des vitraux, les murs de la chapelle.

C'est dire si le jeune Wilde aimait, déjà, le théâtre. Pas n'importe lequel, toutefois : celui où, prenant exemple sur ces mises en scène dont était friande sa mère, il aurait été lui-même le héros. C'est de cette époque, plus précisément de l'année 1870, alors qu'il n'avait que quinze ans, que date la fameuse phrase, prononcée lors d'une conversation portant sur un de ces procès religieux qui avait alors lieu en Irlande : fasciné par le cruel mais noble sort que la justice réserva à un prêtre condamné pour hérésie, il déclara souhaiter être un jour accusé du même forfait. Sentence rétrospectivement lourde de sens tragique, par sa portée prémonitoire, puisque, comme le rappelle Merlin Holland dans sa présentation du *Procès d'Oscar Wilde*, sa condamnation en 1895 à la réclusion ne fut, vingt-cinq ans plus tard, que le dramatique accomplissement d'un souhait d'écolier : être le héros, fût-ce à titre posthume, d'une cause célèbre.

Cette homosexualité pour laquelle il fut aussi durement châtié était pourtant déjà contenue implicitement, de manière encore latente à cet âge-là, en cette passion qu'il nourrissait alors, à travers les lettres classiques, pour la culture grecque dès lors que l'amour éprouvé entre hommes — par d'anciens sages à l'égard d'éphèbes qu'ils prétendaient ainsi éduquer aux plaisirs de l'esprit — y était chose plutôt commune et relativement tolérée par les lois de la Cité.

Un événement significatif, de ce point de vue, vint perturber en ces temps d'apprentissage la quiétude sentimentale du jeune Wilde. Cela se passa à la fin de sa dernière année scolaire, lorsque son meilleur ami d'alors, avec qui, doté déjà d'une sensibilité romantique, il aimait à se promener le long des berges du lac tout en bavardant seul à seul, l'accompagna, pour lui faire ses adieux, à la petite gare d'Enniskillen. Celui-ci, au moment où le train siffla pour s'ébranler, se précipita dans ses bras, lui prit fébrilement le visage entre les mains et l'embrassa furtivement sur les lèvres avant que de courir, gêné, vers la porte de sortie : geste qui troubla Oscar, lequel, désarçonné, fut alors saisi, lui aussi, de ce désarroi que provoquent, en secret, les premiers émois.

Car ce fut là, adressé par un garçon, le premier baiser amoureux, fût-il timoré et encore maladroit, qu'Oscar Wilde, alors âgé de seize ans, reçut. Ce qui ne put, par ce délicieux plaisir coupable qu'il ne manqua pas d'éprouver à l'idée d'avoir ainsi enfreint les portes de l'interdit, que marquer le jeune esprit pervers qu'il se disait déjà être. « Je fus un enfant si typique de mon époque que, dans ma perversité et pour satisfaire cette perversité, je changeai en mal les aspects purs de ma vie, et en bien les aspects impurs [3] », confesse-t-il dans *De profundis*, comme pour venir confirmer combien l'éveil croissant de ses sens face aux tabous enfin brisés, et ce désir toujours plus ardent d'aller alors cueillir ces fruits trop longtemps défendus, finirent par lui être fatals.

Pour en revenir à cette période où le goût du péché ne l'avait encore qu'effleuré et le souffle de la tentation à peine caressé, ajoutons qu'Oscar, studieux et appliqué, malgré sa vocation pour les farces théâtrales et ces timides approches homosexuelles, termina brillamment ses sept années d'études — celles-là mêmes qui ponctuèrent le passage de son enfance à son adolescence — à la Portora Royal School d'Enniskillen. Obtenant les plus hautes distinctions à la plupart de ses examens et un prix d'excellence (le prix Carpenter) pour sa maîtrise du grec ancien, il fut ainsi lauréat d'une substantielle bourse d'études lui permettant d'accéder à l'étape suivante de sa scolarisation : l'encore plus renommé, quoique plus sévère, Trinity College de Dublin. Il y entra, le 19 octobre 1871, trois jours après son dix-septième anniversaire.

Ce diplôme et cette bourse ne furent toutefois pas les seuls signes de considération dont le gratifia Portora. Car, suprême déférence, son nom fut aussi inscrit en lettres d'or sur le tableau d'honneur du vénérable établissement. Malheureusement, fin mai 1895, date du dernier procès de l'écrivain et de sa condamnation pour outrage aux mœurs, son nouveau directeur demanda, sans état d'âme, qu'on l'en effaçât au plus vite. Ces initiales, O.W., que le jeune Oscar Wilde avait gravées sur le mur de l'une de ses classes, y furent, sur ordre tout aussi intempestif, immédiatement grattées, elles aussi, afin qu'elles disparussent à jamais, suivant cette sorte de malédiction qui semblait peser depuis longtemps déjà sur son patronyme, de la vue des nouveaux élèves. Ce n'est que bien plus tard, lorsqu'il fut enfin réhabilité et que son blason fut ainsi définitivement redoré, dans les années 1930, que son nom retrouva, sur ce même tableau d'honneur, l'antique éclat de ses lettres d'or.

Tout, en ce cadre enchanteur d'Enniskillen et cette vie apparemment idyllique de Portora, faite de gloire et de succès, d'irrévérencieuses plaisanteries entre camarades et de gentils ébats amoureux, n'était cependant pas rose. Car c'est de ces années-là que date la première grande douleur d'Oscar Wilde : la mort, le 23 février 1867, de sa jeune sœur Isola. Oscar ne fut pas le seul membre de la famille à se montrer à ce point affecté par cette dramatique disparition puisque sa mère, d'habitude si pleine d'entrain, entra alors, effondrée, en une période de grande morosité. Elle ferma donc pendant trois ans, laps de temps durant lequel elle porta un interminable deuil, son salon littéraire et, dépressive, ne sortit que très rarement de chez elle, fût-elle accompagnée de son seul mari, lui-même trop attristé pour trouver la force de se distraire en société. Quant au chagrin d'Oscar, il fut si inconsolable que ses parents décidèrent de l'envoyer, à la fin de l'année scolaire et pendant trois semaines, à Paris afin qu'il pût y perfectionner son français et s'y changer les idées. Ce fut là, en août 1867, le premier de ses nombreux et fructueux séjours dans cette ville où il allait cependant, un peu plus de trente-trois ans après, finir de manière tragique sa propre vie.

C'est aussi de cette même époque que date le premier témoignage que l'on ait, sur le plan psychologique, concernant le caractère du jeune Wilde. Il est à mettre au crédit du médecin qui tenta de sauver sa sœur Isola, « l'enfant la plus douée et la plus adorable » qu'il eût jamais connue, comme il le déclara, tandis que le souvenir qu'il garda d'Oscar fut celui d'un « garçon affectueux, doux, réservé, rêveur, dont le chagrin solitaire et inconsolable était un peu apaisé par de longues et fréquentes visites sur la tombe de sa sœur, dans le cimetière du village, et par de touchantes et juvéniles effusions poétiques[4] ».

Mais le mauvais sort semblait s'acharner sur le jeune Wilde. Ainsi, trois semaines après avoir intégré Trinity College, et alors qu'il venait de fêter ses dix-sept ans, il apprit que ses deux demi-sœurs, Emily et Mary, sur lesquelles après la mort d'Isola il avait reporté une grande partie de son affection, venaient de périr accidentellement, brûlées vives par un feu de cheminée qui avait embrasé leur robe à crinoline lors d'un bal tragique.

C'est dire si l'enfance tout autant que l'adolescence d'Oscar Wilde furent lourdement endeuillées, comme si la mort eût inlassablement rôdé autour de lui, sournoise, avant que d'abattre sa faux sur ses plus chères et tendres amours !

Aussi est-ce en ces expériences douloureuses, d'autant plus traumatisantes qu'elles eurent lieu dans sa prime jeunesse, qu'il faut déceler la source des nombreuses morts violentes qui émailleront, un peu moins d'une vingtaine d'années plus tard, quelques-unes de ses plus belles pages et, singulièrement, chez leurs héros ainsi qu'en témoignent les divers meurtres puis le suicide final de Dorian Gray, sans compter ceux de ces textes tout aussi emplis de relents mortellement pervers que sont, sur le mode fantastique, *Le Crime de Lord Arthur Saville* ou *Le Fantôme de Canterville*, et sur le mode dramatique, *La Plume, le crayon, et le poison* ou *Salomé*.

Mais Wilde, heureusement pour lui, pour son équilibre psychique tout autant que son développement intellectuel, ne fut pas tout à fait seul, ni complètement livré à lui-même, lorsqu'il entra, sa *Royal School Scholarship* en poche, à Trinity College. Car il y retrouva, outre son frère Willie*, deux de ses condisciples de Portora : Louis Purser et Edward Sullivan. C'est auprès d'eux que Frank Harris et Robert Sherard recueilleront, dans leurs respectifs hommages à Oscar Wilde, les souvenirs les plus savoureux des époques bénies de Portora School et de Trinity College, par-delà de pénibles épisodes. Aussi, admiratifs face à cette virtuosité avec laquelle le jeune Oscar maniait déjà la langue, ce talent avec lequel il racontait déjà les histoires les plus farfelues et cette rapidité avec laquelle il assimilait les nombreux livres qu'il lisait, ne font-ils que venir y confirmer ce que Wilde, quelques années plus tard, reconnaîtra : « Quand j'étais à l'école, mes camarades me considéraient comme un prodige parce que, très souvent, je faisais le pari de lire un roman en trois volumes en une demi-heure, si minutieusement que j'aurais pu résumer fidèlement l'histoire ; après une heure de lecture, je pouvais raconter exactement les épisodes et les dialogues les plus pertinents [5]. » Et de préciser, quelque peu cabotin, qu'il était capable de lire simultanément les deux pages opposées d'un même livre, en en dénouant, en moins de trois minutes, l'intrigue.

Sont-ce là choses vraies, ou le fruit de sa seule vantardise plus encore que d'une imagination foisonnante ? Nul ne peut le dire avec certitude. Tou-

* Lequel quitta cependant dès l'année suivante, en 1872, Trinity pour aller faire ses études de droit à Londres.

jours est-il que l'enfant précoce quoique désinvolte qu'il fut à la Junior School reçut, en guise de prix pour sa stupéfiante connaissance des Saintes Écritures, un exemplaire de l'*Analogy* de Joseph Butler ; ce qui le dispensa de passer ses examens. Ce traité de Butler, que même les adultes férus de théologie jugent ardu, il le conserva pendant des années chez lui, de même qu'un exemplaire broché de l'*Agamemnon* d'Eschyle, qu'il reçut, à Portora School, en tant que lauréat du prix Carpenter. Absurde et cruel coup de la fatalité : il fut obligé de vendre à bas prix, en mai 1895, ces deux ouvrages, rares vestiges de son enfance, pour éponger les énormes dettes qu'il avait contractées lors de son fatidique procès... ce qui ne l'empêcha pas, ironie d'un sort plus atroce encore, d'être déclaré « failli », le 12 novembre de la même année, par le tribunal de Londres et de voir ainsi misérablement vendus aux enchères tous ses biens. Quant à sa médaille d'or Berkeley obtenue en 1874, à Trinity College, elle subit un destin identique puisque, arrivé alors à un extrême degré de gêne financière, Wilde fut contraint de s'en dessaisir également, la mettant en gage sans aucun espoir de pouvoir jamais la récupérer, la devise — « être toujours le meilleur » — gravée sur une de ses faces, apparaissant comme un vœu des plus paradoxaux pour le paria, fût-il de génie, qu'il était désormais devenu aux yeux de la société.

Car si Oscar Wilde, pour en revenir à ses études, fut un brillant élève à Portora School, il se révéla le meilleur des étudiants à Trinity College, où il eut d'excellents professeurs, dont Robert Yelverton

Tyrrell, titulaire de la chaire de latin, et John Pentland Mahaffy, titulaire de la chaire d'histoire
ancienne, lequel eut, sur lui, une influence prépon-
dérante. L'importance que revêtirent ces deux
grands esprits, en matière de lettres classiques, dans
l'épanouissement intellectuel du jeune Wilde, est
confirmée par Frank Harris : « J'ai acquis mon
amour de l'idéal grec et ma connaissance intime de
la langue à Trinity College, grâce à Mahaffy et à
Tyrrell, qui pour moi incarnaient cet établissement.
À l'époque, Mahaffy me fut particulièrement utile.
Certes, il n'était pas aussi érudit que Tyrrell, mais
il était allé en Grèce, il y avait vécu et s'était saturé
de la pensée et de la sensibilité grecques. En plus
de quoi, il adoptait délibérément, vis-à-vis de tout,
le point de vue artistique, et c'était de plus en plus
mon point de vue à moi aussi[6]. » Quant à ceux qui
douteraient de l'authenticité de ces propos, étant
donné l'aspect parfois approximatif des déclarations de ce confident, ils n'auront qu'à se reporter
à une lettre que Wilde, alors parvenu au sommet
de sa réussite théâtrale avec *Une femme sans
importance*, adressa en avril 1893 à Mahaffy. Car
ce que l'enseignement du révérend Mahaffy renforça, chez le jeune Wilde, fut, bien plus que la passion pour l'hellénisme, un sens aigu de la beauté et
un goût non moins prononcé pour les plaisirs les
plus raffinés, prémices de son futur dandysme : « Je
suis [...] heureux [...] que vous aimiez ma pièce, et
je vous remercie de votre charmante lettre, d'autant plus flatteuse pour moi qu'elle vient, non seulement d'un homme de culture haute et raffinée,
mais de celui à qui je dois tellement, de mon pre-

mier et meilleur maître, de l'érudit qui m'a appris à aimer les œuvres grecques. Permettez-moi de signer, en gage d'affection et d'admiration, votre ancien élève et vieil ami Oscar Wilde [7]. »

C'est dans le salon littéraire maternel que Wilde rencontra Mahaffy, homme corpulent d'un mètre quatre-vingt-neuf * dont l'esprit ne pouvait qu'épater, du haut de son inégalable prestige, la galerie. Aussi est-ce en cette demeure familiale qui voyait défiler le Tout-Dublin que Wilde put constater à quel point son futur mentor de Trinity, que son attentive mère cajolait avec un soin particulier, aimait goûter au bon vin et fumer d'excellents cigares tout en ne se lassant pas d'admirer l'argenterie des aïeux et les meubles polis par le temps. Lady Wilde fut toujours consciente de cet ascendant positif que Mahaffy, « l'homme le plus éminent de Trinity College » comme ce vaniteux se plaisait à dire de lui-même, eut sur son fils cadet. Plus tard, la mère attentive rappela à Oscar que ce fut ce cher Mahaffy qui avait « donné la première noble impulsion à [s]on intelligence » et l'avait « éloigné […] des plaisirs vulgaires [8] ».

Wilde partageait le culte que Mahaffy vouait à la Grèce antique, la préférant à la Rome impériale. Ainsi, quand Mahaffy écrit dans son ouvrage intitulé *La Vie sociale en Grèce de Homère à Ménandre*, « le contact de Rome a engourdi la Grèce et l'Égypte », Wilde avance dans son *Commonplace Book*, se référant là au paganisme reli-

* Taille qu'avait déjà atteinte, à l'âge de dix-sept ans, Oscar.

gieux, que les Romains « n'avaient pas l'imagination créatrice et le pouvoir que possédaient les Grecs de donner vie aux os desséchés de leurs abstractions ». Et d'ajouter, dans son essai *Le Critique comme artiste*, que « c'est bien des Grecs que nous vient tout ce qui est moderne [9] [...] ».

Restait, en cette vision idéalisée de l'antique civilisation grecque, le délicat mais crucial problème de l'homosexualité, que les esprits les plus éminents de la très stricte société victorienne qualifiaient de « suspecte », voire « malsaine ». C'est à cette critique que Mahaffy, auquel Wilde emboîta aussitôt le pas sur cette question qui le taraudait déjà, s'attela à répondre, non sans faire preuve sinon de hardiesse intellectuelle, du moins d'un certain courage moral, en cette étude. Ainsi, loin de s'en montrer choqué et y percevant même, à l'instar de Socrate, une affection idéale entre hommes, considérait-il l'homosexualité, archétype de l'amitié sentimentale, comme un type d'amour supérieur, par sa noblesse et sa pureté, à celui qu'éprouvent des individus de sexe opposé. Position, celle-ci, que Wilde, qui avait lu l'essai de Mahaffy, fit immédiatement sienne. Rien d'étonnant donc à ce que le nom d'Oscar Wilde figurât en bonne et due place parmi ceux auxquels les remerciements inclus dans la préface de cette *Vie sociale en Grèce* s'adressaient en termes plus que chaleureux : « À Mr Oscar Wilde, de Magdalen College », pour avoir « apporté des améliorations et des corrections d'un bout à l'autre du livre ». Mais c'est à Wilde, plus qu'à Mahaffy, qu'il convient d'attribuer cette audacieuse remarque, pour l'époque, concernant cet aspect supposé être « contre nature » de l'homo-sexualité : « Quant à l'expression contre nature, les Grecs répondraient [...] que toute civilisation est contre nature », est-il spécifié à la fin du *Commonplace Book*. Ce qui n'est pas sans rappeler cette tout aussi fondamentale distinction établie par Baudelaire dans les pages qu'il consacra au dandysme, et dans lesquelles il privilégie l'artifice au détriment de la nature.

C'est dire si c'est à une incompréhensible volte-face à laquelle Wilde dut faire face lorsque ce même Mahaffy, qui pourtant se vanta auparavant d'avoir « créé » Wilde, refusa de manière catégorique de signer la pétition que certains intellectuels de Londres et de Paris firent circuler en décembre 1895, pour l'adresser au ministre de l'Intérieur, en faveur de la libération de Wilde, alors en prison. Il alla même jusqu'à déclarer « ne plus vouloir prononcer un nom qui était l'unique tache sur [s]on préceptorat [10] » !

L'attitude peu estimable de Mahaffy trouve sans doute son explication dans le fait qu'il fut également le professeur de celui-là même qui, vingt ans plus tard, allait clouer Wilde au pilori lors de son procès : Edward Carson, avant de devenir ce redoutable avocat de la Couronne, avait été un des amis d'Oscar au Trinity College de Dublin.

Heureusement Wilde, trahi de tous côtés, conserva intactes, toute sa vie durant, l'estime et l'amitié de l'autre de ses deux maîtres spirituels de Trinity : Robert Tyrrell, humaniste notoire, qui, plus compatissant en la circonstance que son illustre mais veule confrère, signa sans broncher ladite pétition en faveur de sa remise de peine *.

Mais qui était Tyrrell, hormis un formidable professeur de latin et le principal rival de Mahaffy ? Homme de grande culture et à l'érudition infinie dans le domaine qui était le sien, il ne négligeait pas non plus, doté qu'il était d'un esprit vif et jovial, les matières plus spécifiquement littéraires. Aussi est-ce lui qui, ayant fondé une revue appelée *Kottabos*, publia les premiers poèmes de Wilde. Sa femme, qu'il épousa au cours de la dernière année qu'Oscar passa en cette université, éprouvait, quant à elle, une réelle sympathie pour le jeune prodige si bien qu'elle n'hésita pas à déclarer plus tard, même après sa condamnation, qu'elle et son mari le voyaient souvent chez eux, en privé, tant ils le trouvaient « amusant et charmant ».

C'est donc de la conjugaison de ces enseignements que lui dispensèrent, en latin et en grec, Mahaffy et Tyrrell, qu'Oscar Wilde tira, à l'époque, le meilleur de lui-même. Et si Portora School forma Wilde aux humanités (au point qu'il remporta, à Trinity, la médaille d'or de Berkeley grâce à l'excellente note qu'il obtint avec une dissertation portant sur les *Fragments des comiques grecs* de Meineke), c'est Trinity College qui en en revanche développa son penchant exacerbé pour ce qu'il appellera plus tard l'« esthétisme », nouveau courant philosophico-artistique qui fut à l'origine d'une mode fameuse.

* Bien que celle-ci, précisons-le, soit restée lettre morte.

Cet amour pour la philosophie de l'art, c'est à la « Société philosophique » de Trinity College, dont il était membre, que Wilde en acquit les bases conceptuelles. Deux écrivains ou artistes retenaient particulièrement son attention : Dante Gabriel Rossetti, le peintre préraphaélite, et Algernon Charles Swinburne, le poète décadent. Phase essentielle pour le jeune Wilde, tant au sein de son parcours philosophique que pour son avenir littéraire, que la lecture de Swinburne. Car c'est l'assidue fréquentation de ses textes qui l'amènera à découvrir tout naturellement, une dizaine d'années plus tard, l'œuvre des grands symbolistes français, qu'il lisait dans le texte, au premier rang desquels émergeront Baudelaire avec ses *Fleurs du Mal* (1857) et Huysmans avec son *À rebours* (1884).

Mais, pour l'heure, c'est sur une entreprise d'un tout autre ordre esthétique que se concentrent durant quelque temps encore ses efforts : sa volonté de concilier, sur le plan intellectuel, ses goûts en matière de littérature anglaise avec sa passion pour la culture grecque. D'où sa traduction, en 1876, d'un chœur d'Euripide dans le style de Swinburne, car, déplore Wilde, Euripide fut « critiqué par les conservateurs de son temps, comme Swinburne par les philistins du nôtre [11] ».

L'intérêt manifesté très tôt, dès l'âge de dix-sept ans, par Wilde envers un écrivain aussi hermétique que Swinburne ne s'arrêta cependant pas là puisqu'il demanda, alors qu'il n'avait pas vingt-six ans, à le rencontrer. Swinburne, au vu de la réputation elle aussi quelque peu sulfureuse que Wilde s'était alors déjà taillée avec ses propres poèmes licencieux, accepta de bonne grâce. Ainsi peut-on lire sur l'exemplaire des *Études du Chant* la flatteuse quoique laconique dédicace, écrite de la main du maître : « À Oscar Wilde, de la part d'Algernon Ch. Swinburne. Amitié et remerciements. »

L'enthousiasme, confinant à l'idolâtrie, que Wilde éprouvait pour l'œuvre de Swinburne ne résista toutefois pas à l'amertume qu'engendra plus tard, chez lui, la douloureuse épreuve de son incarcération. Dans un article, paru dans la *Pall Mall Gazette* du 27 juin 1889, Wilde parle en des termes peu flatteurs du troisième volume de ses *Poèmes et Ballades* : « Mr Swinburne mit jadis en feu ses contemporains par un volume de très parfaite et très vénéneuse poésie. [...] Il a toujours été un grand poète. Mais il a ses limites, dont la principale a ceci de [...] curieux qu'elle consiste dans l'absence totale de tout sentiment de la limite [12]. »

Ce « sentiment de la limite », invoqué par Wilde pour tempérer l'érotisme échevelé de Swinburne, c'est cet autre grand artiste à propos duquel la « Société philosophique » de Trinity aimait tant à disserter qui le lui fournira : Dante Gabriel Rossetti, dont le credo préraphaélite allait bientôt s'imposer, dans l'Angleterre de la seconde moitié du XIXe siècle, en matière d'esthétique.

Car ce qui caractérise l'esthétique préraphaélite, pour laquelle l'idéal féminin, comme toute représentation de la beauté, se situe aux confins d'une sensualité exacerbée et d'une spiritualité non moins profonde, n'est autre, via une sorte de sanctification de la chair, que la sublimation du désir sexuel et, partant, la sacralisation de l'*éros*. Reprenant les termes de Baudelaire en son *Cœur mis à nu* (les « deux postulations simultanées »), Wilde l'appellera, dans *De profundis*, la « spiritualisation du corps » et la « matérialisation de l'âme ». « La vérité en art est l'unité d'une chose avec elle-même ; l'extérieur devenu expressif de l'intérieur ; l'âme devenue chair ; le corps doué d'esprit[13] », ajoute Wilde, qui précise : « Ce que l'artiste recherche en permanence, c'est ce mode d'existence où l'âme et le corps font un tout indivisible[14]. »

Ce mélange de sainteté et de perversité au sein d'un même être, d'idéalisation et de profanation au sein de la sensibilité humaine, cet équilibre entre cette élévation à laquelle aspire l'esprit et cette dégradation vers laquelle tendent les sens, cette proximité entre hédonisme et ascétisme, c'est Gérard-Georges Lemaire qui les a le mieux illustrés dans l'anthologie, sous-titrée *Entre l'Enfer et le Ciel*, qu'il consacra aux préraphaélites :

Les préraphaélites se détachent de plus en plus des données concrètes pour s'enfermer dans un univers où [...] l'hédonisme a partie liée avec le mysticisme. [...] Tous ces modèles posent [...] dans l'ambiguïté d'un érotisme sanctifié. Cette mélancolie est l'image d'une transcendance déchue [...][15].

C'est un autre des artistes préraphaélites les plus complets de son temps qu'exalte Wilde dans son *Jardin d'Éros* : William Morris, dont il acquit dès sa sortie de presse, en 1872, lors de sa deuxième année d'études à Trinity, un texte, d'inspiration médiévale, intitulé *Love is Enough*. De même s'était-il procuré deux ans auparavant, en 1870, dès sa publication, le premier recueil de poèmes de Rossetti, auquel le critique d'art Robert Buchanan, soudain saisi d'un incurable prurit puritain, consacra un article incendiaire intitulé sardoniquement *L'École de la poésie charnelle*, que Wilde ne se priva pas de mettre en pièces !

La prédilection affichée par Wilde dès Trinity College pour l'esthétique préraphaélite ouvre la voie à l'affinité intellectuelle qu'il éprouvera par la suite, à l'université d'Oxford, où il entrera en 1874, pour deux de ses professeurs, Walter Pater, auteur des *Études sur l'histoire de la Renaissance* * et John Ruskin.

Car ce que ces deux grands esthètes expriment l'un et l'autre, à partir de leur propre système philosophique et leur respective vision du monde, ce sont les deux principaux versants, justement, du préraphaélisme : l'hédonisme, fortement matérialiste, pour Pater, et l'ascétisme, quasi religieux, pour Ruskin… ce qui était là, pour Wilde, une synthèse idéale quant à sa propre conception de l'esthétique.

Mais encore fallait-il, en attendant Oxford, que le jeune Wilde, qui avait alors un peu plus de dix-huit ans, terminât des études qui, bien qu'elles fussent brillantes, ne laissaient pas d'inquiéter Sir William. Car c'est en ces années-là qu'émergèrent, chez son fils, les signes avant-coureurs de ce prodigieux attrait que ne cessera jamais plus d'exer-

---

* « Ce livre qui a exercé sur toute [s]a vie une si étrange influence », comme Wilde le confiera dans *De profundis*.

cer, sur lui, ce que les dandys de son œuvre littéraire appellent, en accord avec ce goût du secret
développé dans des essais théoriques comme *Le
Déclin du mensonge* ou *La Vérité des masques*, la
« double vie ».

C'est ainsi que Wilde, pendant ses années de
Trinity College et alors qu'il jouissait toujours
de l'hospitalité de ses parents, loua dans cette
même ville de Dublin un appartement dans un
immeuble dénommé « Botany Bay » : logement
modeste, mais où il pouvait s'adonner, en toute
liberté, à ses passe-temps favoris, comme celui
d'y recevoir, habillé déjà très élégamment, ses
amis avec lesquels il conversait, plaisantait ou
buvait pendant de longues heures et même parfois, l'alcool aidant, une partie de la nuit. C'est
dans cette garçonnière qu'il fera les premiers pas
de sa vie d'artiste. Au milieu du salon était placé
un chevalet sur lequel il avait déposé un de
ses tableaux : un paysage (le *Lough Corrib*) peint
à l'huile qui, bien qu'inachevé, lui servait face
à ses invités de narcissique faire-valoir. Cette
aquarelle, offerte quelques années plus tard à
Florence Balcombe, son premier amour, Wilde
l'emportera avec lui jusqu'à Oxford, où elle trô-
nera, faisant l'objet des mêmes commentaires,
dans les divers studios qu'il occupera durant
cette période.

Mais c'est en marge de l'acquisition de ce petit
logement qu'apparurent, au grand dam de son
père, les premières manifestations de cet irrésistible
penchant pour cette double vie qui ne cessera plus
désormais d'être la sienne : l'idée, pour lui qui était

né protestant, de se convertir au catholicisme ainsi que l'y avait engagé sa mère lors de ce fictif baptême à l'âge de quatre ans en présence du père Fox. C'est durant ces années de Trinity qu'ont lieu les premières rencontres de Wilde avec quelques-uns des prêtres catholiques de sa ville natale, au premier rang desquels figure cet éminent prélat que fut le cardinal John Henry Newman, né anglican et cependant auteur de l'*Apologia pro vita sua* et de *La Grammaire de l'assentiment* ; ouvrages dont la prose éclatante et la pensée profonde ne pouvaient que séduire l'esprit encore tendre et malléable d'un esthète tel que Wilde.

Événement crucial dans la vie de Wilde que ce premier flirt avec le catholicisme ! Car c'est à cause de lui que son père, protestant convaincu, décida alors de l'éloigner de Dublin, sentant là un réel danger pour la foi de son fils. Il l'envoya ainsi, conseillé en cela par le révérend Mahaffy, en Angleterre : à Oxford, alors bastion intellectuel de l'anglicanisme.

Wilde, fort de ses succès à Trinity, fut autorisé à répondre à l'annonce de l'*Oxford University Gazette* du 17 mars 1874, selon laquelle le prestigieux Magdalen College offrait, lors d'un concours qui aurait eu lieu le 23 juin de la même année, deux bourses d'études, chacune étant dotée annuellement, et sur une durée de cinq ans, de quatre-vingt-quinze livres. Il s'y présenta donc, le jour indiqué, avec le certificat requis de bonne conduite et un document officiel de l'état civil attestant, comme l'exigeait le règlement, qu'il avait moins de vingt ans *. Cet examen était si difficile que seuls cinq candidats tentèrent de le passer. Wilde y fut néanmoins reçu premier, comme à son habitude ! Quant au deuxième, G. T. Atkinson, il se souvint, cinquante-quatre ans après, que Wilde demandait continuellement du papier au surveillant. Car son écriture étant « énorme et vautrée, un peu comme lui », il n'y écrivait que quatre ou cinq mots par ligne. Il fut également frappé, sur le plan physique, par « son visage pâle et lunaire, ses yeux lourds, ses lèvres épaisses, sa démarche chaloupée » : remarques que confirmera, vingt-six ans plus tard, Edith Cooper puisqu'elle observera elle aussi, dans une lettre datée du 30 novembre 1900 (le jour où Wilde mourut), qu'il avait des « yeux bleu porcelaine », des « dents saillantes » et un « visage qui ressemblait à un fruit riche mais disgracieux [16] ».

Son admission en poche, Oscar Wilde quitta Dublin pour se rendre à Londres, où il retrouva son frère Willie, chez qui était arrivée entre-temps, afin de l'aider à s'installer, sa chère mère. Ce fut là le premier séjour de Wilde dans la capitale anglaise, cette ville que Lady Wilde trouvait alors « grande et puissante », mais qui allait bientôt faire puis défaire, jusqu'à la briser, sa réputation d'homme tout autant que d'écrivain.

C'est lors de ce premier séjour londonien que Wilde fit la connaissance, grâce aux liens que sa mère avaient tissés avec eux, de quelques-uns des plus grands écrivains britanniques, dont Thomas

* Il les aurait quatre mois plus tard.

Carlyle, dont il racheta la table de travail après la mort : il placera ce meuble dans le bureau de sa maison du 16 Tite Street, où il emménagera le 1er janvier 1885 *. Cette rencontre avec Carlyle s'avéra très profitable, pour Wilde. Grâce à lui, il découvre Tennyson et, surtout, Goethe, dont la poésie constitua toujours, à ses yeux, comme une sorte de consolation face aux vicissitudes de l'existence.

Mais, pour l'heure, le jeune et fantasque Wilde, qui préférait fêter sa réussite et jouir de ses premiers succès oxfordiens, paradait en compagnie de sa mère dans les cénacles londoniens, restant près de trois semaines à savourer jusqu'à s'en étourdir parfois les premières lueurs de sa future célébrité. Le 9 juillet 1874, ils quittèrent Londres pour se rendre à Paris, où ils descendirent à l'hôtel Voltaire, situé rive gauche sur le quai du même nom. Ce fut donc là le deuxième séjour de Wilde dans la Ville lumière. C'est encore là, en ce même hôtel, que Wilde commença à composer les premières strophes de ce qui deviendra vingt ans plus tard son plus grand poème, le plus original et le plus abouti : *La Sphinge*, d'inspiration swinburnienne — ce qui, au vu de ses lectures du moment, n'est guère surprenant !

En cette année charnière qui le vit passer de Trinity à Magdalen, Wilde, au mépris de toute convention sociale, continua à lire quelques-uns de ces poètes modernes que la postérité, n'en déplût à

---

* À l'époque de son mariage avec Constance.

l'ordre établi, consacrera définitivement : Baudelaire, Keats, Wordsworth, Shelley, Byron, Blake et
Théophile Gautier, dont la préface à *Mademoiselle
de Maupin* constitue un véritable manifeste, non
seulement de la théorie wildienne de « l'Art pour
l'Art », mais aussi du dandysme en général.

C'est donc bien armé, sur le plan philoso-
phico-littéraire, qu'Oscar Wilde, dont l'ambition
sociale n'avait d'égale que la force intellectuelle,
quitta définitivement son Irlande natale pour,
après avoir embarqué à bord du *Kingstown*, aller
conquérir ce sanctuaire de la culture anglaise
qu'était alors Oxford et à travers lui, le monde
entier.

Étape décisive dans la vie de Wilde que ce départ
pour l'Angleterre, comme il le confiera dans *De
profundis*. À Oxford, il rompt définitivement avec
son enfance et son adolescence.

Oxford :
les lauriers de l'humanisme

Les deux tournants décisifs de ma vie se produisirent le jour où mon père m'envoya à Oxford, et le jour où la société m'envoya en prison.

Oscar Wilde, *De profundis*[1]

C'est donc auréolé de la médaille d'or de Berkeley, à laquelle l'avait préparé un autre de ses professeurs de Trinity, John Towsend Mills, et de la bourse d'études de Magdalen College, qu'Oscar Wilde fit son entrée à Oxford, où il s'inscrivit au lendemain de son vingtième anniversaire : le 17 octobre 1874. Cet étudiant eut, dès le départ, un net avantage sur ses condisciples par-delà ses qualités intellectuelles. Car la moyenne d'âge des nouveaux arrivants étant de dix-huit ans, il y fut, dès sa première année, le plus âgé, sinon le plus mûr. Ce qui lui assura d'emblée une certaine aisance, non seulement dans ses études ou dans les rapports privilégiés qu'il entretenait avec certains de ses enseignants mais, plus généralement, dans sa vie sociale.

Wilde, comme à son habitude, ne faisait rien pour passer inaperçu aux yeux de son entourage, quoique ce fût par sa haute et large stature, plus que par son extravagance vestimentaire qu'il impressionna la plupart de ses camarades dans un premier temps du moins ; Frank Benson se plaisait à rappeler « son extraordinaire force musculaire ». Cette particularité physique ne l'empêchera pas, comme à Portora School et à Trinity College, d'afficher un souverain mépris pour les activités sportives, pourtant considérées à Oxford comme de saines disciplines corporelles, nécessaires même, au dire de cette vénérable institution (laquelle ne faisait que perpétuer la *doxa* de l'Antiquité grecque) à l'épanouissement de l'intellect.

À ce peu d'intérêt que Wilde manifesta toujours à l'égard du sport, s'ajoutait une caractéristique tout aussi peu propice à ce genre d'exercice : une maladresse confinant à la gaucherie, ainsi qu'un autre de ses amis d'alors, John Bodley, le confirmera dans l'article qu'il donna au *New York Times*, en janvier 1882, lors de la tournée américaine de Wilde, et qui faisait de lui un nigaud plutôt gaffeur et emprunté, multipliant les impairs en société, doté d'un rire convulsif quasi hystérique* et d'un fort accent irlandais que venait souligner un léger zézaiement.

C'est à Oxford que Wilde fit tout, jusqu'à se payer des cours privés de diction auprès d'acteurs de théâtre, pour perdre cet accent plutôt prononcé : ce à quoi il parvint sans grande difficulté. « Mon accent irlandais fut l'une des nombreuses choses que j'oubliai à Oxford[2] », avoua-t-il quelques

* C'est ce même rire satanique qui, plus tard, effraiera tant André Gide !

années après au comédien Seymour Hicks, lequel confirma, parmi d'autres témoins, qu'il n'en resta aucune trace par la suite. Bien au contraire, c'est en un anglais extrêmement élégant et précis, fait de phrases toujours ciselées et de mots choisis, souvent raffinés et parfois rares, que Wilde s'exprimait avec une voix posée et une grande variété de tons, sachant fasciner ou charmer tour à tour un auditoire subjugué. Son ami Max Beerbohm se souvint longtemps de sa voix calme et séduisante ; une voix étudiée de « mezzo », disait-il. Quant à Yeats, il ne tarissait pas d'éloges, lui non plus, à propos de cette langue majestueuse, suave et lyrique : « Les phrases parfaites de Wilde avaient l'air d'avoir été écrites la veille avec le plus grand soin et malgré tout avec spontanéité[3]. » Sentiment que partagea Gide, quoi-qu'il se référât là au français, dans l'exposé qu'il fit de sa première rencontre avec Wilde lors de l'hommage posthume qu'il lui rendit en 1902 :

J'en entendis parler chez Mallarmé : on le peignit brillant causeur, et je souhaitai le connaître [...]. Wilde ne causait pas : il contait. [...] Il contait doucement, lentement ; sa voix même était merveilleuse. Il savait admirablement le français, mais feignait de chercher un peu les mots qu'il voulait faire attendre. Il n'avait presque pas d'accent, ou du moins que ce qu'il lui plaisait d'en garder, et qui pouvait donner aux mots un aspect parfois neuf et étrange[4].

Wilde connaissait d'autres langues étrangères que le français, dont, avec le grec ancien, il appré-ciait la précision des concepts et la richesse du vocabulaire. Déjà polyglotte, il possédait alors de bonnes bases en allemand et de sérieux rudiments d'italien * : ce qui s'avéra très utile lorsqu'il entreprit ses premiers grands voyages culturels en Grèce et en Italie.

Aussi est-ce comme d'une période particulièrement heureuse de sa vie, la plus sereine et féconde, qu'il se souvint toujours lorsqu'il évoqua par la suite ces années passées à Oxford. Cette description pleine de nostalgie livrée bien des années plus tard à Frank Harris en témoigne : « J'étais l'homme le plus heureux du monde lorsque je suis entré à Magdalen [...]. Oxford, ce nom même est pour moi rempli d'un charme ineffable. Le changement fut pour moi stupéfiant : Trinity était barbare, et grossier de surcroît. Sans la présence de deux ou trois personnes, je me serais senti plus mal à Trinity qu'à Portora. Mais Oxford était le paradis[5]. » Et, sur un ton plus badin, de poursuivre, y précisant, tout en y égratignant les rigidités du protestantisme luthérien, que ce fut en ce lieu qu'il apprit à devenir, par ses choix vestimentaires, le parfait dandy que l'on sait : « C'est à Oxford que j'ai porté pour la première fois des culottes et des bas de soie. J'ai presque réformé la mode et embelli le costume moderne. Quel dommage que Luther n'ait rien connu du costume et n'ait pas eu la moindre idée de ce qui est seyant[6]. » Deux ans avant sa mort, alors qu'il se trouvait déjà dans son misérable Hôtel d'Alsace, il dressa de ses années oxfordiennes à l'un de ses jeunes admirateurs d'alors, Louis Wilkinson, cet autre tableau idyllique : « Je vous envie d'aller à Oxford : c'est l'époque la plus fleurissante

* Quoique ce fût la langue de Molière qu'il dominât le mieux.

de ma vie[7]. » Enfin, Wilde écrit, dans *De profundis*, que l'un des « deux tournants décisifs de [s]a vie » fut celui, avec le jour où la société le jeta en prison, où son père l'envoya à Oxford[8] !

En effet, dès son premier trimestre à Oxford, ainsi qu'il le spécifie dans une confession épistolaire, il fait une découverte capitale : celle de Walter Pater, qu'il ne rencontra que lors de sa troisième année, mais dont le livre, *Études sur l'histoire de la Renaissance*, paru un an auparavant, exerça sur lui, comme sur tout le reste de sa vie, « une si étrange influence[9] ». « Je ne voyage jamais sans l'avoir avec moi, mais c'est véritablement là la fine fleur de la décadence[10] », confia-t-il à Yeats en septembre 1888.

Ces *Études sur l'histoire de la Renaissance*, livre fondamental au regard de la philosophie de l'art, Wilde les connaissait à merveille, surtout sa célèbre conclusion, laquelle fut perçue comme un véritable manifeste en matière d'esthétique, subversif à plus d'un titre, non sans provoquer quelque scandale au sein de la société victorienne. Qu'y préconisait Pater, alors fortement imprégné de l'empirisme sensualiste anglo-saxon ? Ceci : la vie n'étant, à l'image du temps, qu'une succession d'instants fugitifs et de situations éphémères, c'est chacun de ces précieux moments fugaces que tout être humain se doit de vivre le plus intensément possible, cherchant à cueillir ainsi, comme le prônait Horace en son *carpe diem*, « non pas les fruits de l'expérience, mais l'expérience elle-même » pour reprendre les mots de Lord Henry, lequel ne faisait, dans *Le Portrait de Dorian Gray*, qu'appliquer là ce programme. « Voilà à quoi se réduit la réalité de notre expérience : [...] la brève fulguration d'une impression, qui conserve à l'état de trace éphémère le sentiment des moments engloutis [11] », écrit Pater. Et de poursuivre : « L'essentiel n'est pas ce que récolte l'expérience, mais le goût qu'elle a. [...] Brûler perpétuellement de cette flamme [...], maintenir cette extase, voilà la réussite d'une vie [12]. » Avant de conclure : « Une telle sagesse est le privilège quasi exclusif de la passion poétique, du désir de la beauté, de l'amour de l'art pour l'art [13]. »

Cette conclusion de la *Renaissance* de Walter Pater est essentielle. Car c'est cet hédonisme épicurien, l'une des deux composantes majeures du préraphaélisme, qui est au cœur du *Portrait de Dorian Gray*. Preuve en est ce seul mais crucial extrait où Lord Henry Wotton, mentor de Dorian Gray comme Walter Pater fut celui d'Oscar Wilde, exhorte son disciple à ne vivre et jouir, conscient de cette valeur suprême que représente toute jeunesse face aux ravages du temps, que dans et pour l'instant présent :

Oui, Mr Gray, les dieux vous ont été propices. Mais ce que donnent les dieux, ils ont tôt fait de le reprendre. Vous ne disposez que de quelques années pour vivre [...] pleinement. Quand votre jeunesse s'en ira, votre beauté s'en ira avec elle [...]. Le temps est jaloux de vous, et guerroie contre vos lis et vos roses. Votre teint se plombera, vos joues se creuseront, vos yeux s'éteindront. Vous souffrirez atrocement... Ah ! réalisez votre jeunesse pendant que vous la détenez. Ne dilapidez pas l'or de vos jours [...]. Vivez ! Vivez la vie merveilleuse qui est en vous ! Ne laissez rien perdre. Recherchez inlassablement de nouvelles sensations. [...] Un nouvel hédonisme, voilà ce qu'il faut à notre siècle [14].

Extraordinaire éloge de la jeunesse tout autant que de la beauté, et qui n'a rien à envier au *Faust* de Goethe. C'est ce même précepte qui se trouve être à la base de la théorie wildienne de l'individualisme, cet autre pivot de sa pensée. Ainsi, dans *Le Portrait de Dorian Gray* toujours :

> Le but de la vie, c'est l'épanouissement de soi. Réaliser notre propre nature à la perfection, voilà notre raison de vivre en ce bas monde [15].

C'est de la conjonction du christianisme et du socialisme que cet individualisme devrait naître, dans *L'Âme de l'homme sous le socialisme*, court mais dense texte d'inspiration anarchiste que Wilde fit publier en 1891, seize ans après sa découverte de la *Renaissance* de Pater :

> Mais pour que la vie se développe pleinement et atteigne sa perfection [...], il faut quelque chose de plus. Ce qu'il faut, c'est l'individualisme. [...] Elle recevra pour son épanouissement l'aide du christianisme [...]. L'individualisme, voilà donc ce que le socialisme va nous permettre d'atteindre [16].

Et Wilde de parfaire son raisonnement dans le dernier paragraphe de cet essai, au faîte d'un idéalisme quelque peu naïf, puisqu'il y fera alors de l'hellénisme, cette culture philosophique pour laquelle il éprouvait depuis Trinity College une réelle passion, le socle idéologique de cette utopie socio-politique :

> Le nouvel individualisme, au service duquel [...] s'emploie le socialisme, sera l'harmonie parfaite. Il sera ce que recher-

chaient les Grecs, mais qu'ils ne pouvaient réaliser pleinement
que dans la sphère de la pensée [...]. Il sera ce que la Renaissance recherchait, mais qu'elle ne pouvait réaliser complètement que dans la sphère de l'art [...]. Il sera complet, et grâce à
lui tout homme atteindra sa propre perfection. Le nouvel individualisme, c'est le nouvel hellénisme[17].

C'est dire si cette « étrange influence » de Walter
Pater fut omniprésente dans l'œuvre d'Oscar
Wilde, ainsi que l'indique un texte tel que *De profundis*. D'autant que cette confession épistolaire,
écrite un peu moins de trois ans avant sa mort, n'y
échappa pas elle non plus, malgré ces revirements
dus à sa tardive mais effective conversion au christianisme lors de son emprisonnement. Cet individualisme mâtiné de socialisme, c'est la figure du
Christ, précurseur des poètes romantiques, qui,
selon lui, en incarna le symbole par excellence.
Ainsi : « Jésus ne fut pas seulement l'individualiste
suprême, il fut également le premier individualiste
de l'histoire[18]. » Paradoxe que vient aussitôt
« résorber » un éloge de l'altruisme.

Les choses, cependant, ne furent pas, comme
souvent chez Wilde, aussi simples, y compris dans
sa relation à Pater. Car ce que l'on voit poindre en
ce *De profundis*, c'est une certaine prise de distance, qui fut réciproque. En atteste le reproche
qu'il adressa au chef-d'œuvre de facture cyré-
naïque, mixte de paganisme stoïcien et de mysticisme ecclésiastique, que fut *Marius l'Épicurien*. De
fait, avance Wilde, non sans condescendance au vu
de son propre martyre carcéral : « Dans *Marius
l'Épicurien*, Pater cherche à concilier la vie artis-

79

tique avec la vie religieuse [...]. Mais Marius n'est guère plus qu'un spectateur[19]. » Mais c'est à l'enseignement d'une autre éminente figure oxfordienne, John Ruskin, être plus discret et tout en finesse, doté d'une grande élévation spirituelle et d'une sensibilité douée d'un goût réel pour l'esthétique, que Wilde demeura le plus fidèle.

Qu'Oscar Wilde considérât toujours John Ruskin, dont il dit qu'il était le « Platon anglais » en même temps que le « prophète du Bien, du Vrai et du Beau », comme un guide spirituel, c'est ce qu'atteste cette lettre dithyrambique qu'il lui adressa, lors de la parution de son *Prince heureux et autres contes*, en juin 1888 : « les souvenirs les plus chers de mon temps à Oxford sont ceux des promenades et causeries avec vous — et je n'ai reçu de vous que de bons enseignements. Comment aurait-il pu en être autrement ? Vous avez un peu du prophète, du prêtre, du poète et les dieux vous ont donné l'éloquence comme à nul autre [...][20] ». Lettre au contenu d'autant plus crédible que son condisciple G.T. Atkinson dit avoir été frappé, dès leur première année d'études à Magdalen College, par l'assiduité dont faisait preuve Wilde lorsque Ruskin, dont il admirait en effet l'éloquence, y dispensait ses leçons d'esthétique :

Wilde était toujours présent, appuyant son corps large et indolent contre la porte à notre droite. On le remarquait à quelque chose d'insolite dans ses vêtements, encore plus à sa tête splendide, sa masse de cheveux noirs, ses yeux vifs, son front de poète et une bouche évoquant celle d'un requin par son informité et son appétit[21].

Ruskin ne fut pas, toutefois, qu'un rhéteur, mais aussi, par certains côtés, un bâtisseur. Ainsi, une fois ses cours terminés, en cet automne, demanda-t-il à un groupe d'étudiants, dont Wilde s'empressa de faire partie, d'achever avec lui un projet qu'il avait commencé au printemps de la même année : la construction, non loin d'Oxford, à Ferry Hinksey, village que ne desservait qu'un étroit sentier boueux, d'une belle et large route champêtre. L'idée, pour saugrenue qu'elle fût, plut à Wilde, lequel, après avoir surmonté son aversion pour les efforts physiques et s'être même forcé à se lever à l'aube, se vanta plus tard, non sans une certaine dose d'autodérision, d'avoir eu ainsi l'honneur de remplir « la brouette spéciale » de M. Ruskin.

Car Wilde fut aussi à Oxford, comme à Portora et à Trinity, un étudiant facétieux, qui savait plaisanter et rire de lui-même quand il ne mettait pas sa bonne humeur au service des calembours les plus drôles ou des canulars les plus hardis. Ainsi fut-il le premier à s'amuser, lui que l'on disait volontiers prétentieux, du sobriquet dont ses compagnons d'alors l'avaient affublé : « Hosky » — habile assemblage phonétique de son prénom et de l'adjectif anglais *husky*, signifiant, par allusion à sa stature, « costaud » ! En retour, il avait surnommé son ami David Hunter-Blair, le premier à l'avoir encouragé à se convertir au catholicisme, « Dunskie », déformation linguistique, sous forme de diminutif, du substantif anglais *dunce*, dont la traduction française est « cancre ».

Mais, pour en revenir à des considérations moins superficielles, notons que la construction de cette route de Ruskin renforça une intime conviction de manière définitive dans son esprit : l'art a un rôle important à jouer tant sur le plan éthique que politique, dans le perfectionnement de la société. Bon nombre des discussions entre lui et ses camarades avaient pour objet le thème alors très en vogue de la renaissance sociale de l'Angleterre. Et ce n'est pas un hasard si les conférences prononcées lors de sa tournée en Amérique, durant l'année 1882, furent dictées par l'exemple de Ruskin, même si elles semblaient s'inspirer plus directement des leçons de Pater.

Cette fonction sociale de l'art, Wilde la réitérera dans ce texte programmatique qu'est *L'Âme de l'homme sous le socialisme*. « L'avenir, c'est ce que sont les artistes [22] », y proclamera-t-il, après avoir fait l'éloge, une fois encore, de l'individualisme et de l'anarchie. Wilde croyait alors tant au progrès humain qu'il en fit le sujet de l'un de ses premiers poèmes au titre révélateur : *Humanitad*.

À la fin du premier semestre 1874, Ruskin quitta quelque temps Oxford pour se rendre à Venise. C'est là, en cette ville où vécut Byron et où mourut Wagner, qu'il écrivit, entre 1845 et 1850, ce qui restera son chef-d'œuvre en matière de philosophie de l'art, *Les Pierres de Venise* (1851-1853), dont la version abrégée de 1879, dite du « voyageur », impressionna tant Wilde qu'elle fortifia en lui ce désir, déjà aiguisé par Pater et sa passion pour Florence, de visiter l'Italie.

Ruskin revint de Venise, au printemps 1875. À partir de cette date, il retrouve régulièrement Wilde, en dehors des heures de cours. Une certaine intimité se noue alors entre eux. Comme pour fêter leurs retrouvailles après cet interlude vénitien, Wilde écrit un beau poème bucolique intitulé *Dans les allées de Magdalen*.

Cette relation avec Ruskin ne fut toutefois pas aussi idyllique que ce que le ton de cette lettre précitée de juin 1888 le laisse supposer, Wilde reprochant à Ruskin sa vision par trop théocentrique du monde ainsi que son aspect moralisateur.

Aussi Wilde continua-t-il, tout au long de ses quatre années d'études à Magdalen College, à osciller inlassablement entre ses deux illustres mentors d'alors, donc entre ce qu'ils incarnaient, chacun à leur manière, tant sur le plan psychologique que philosophique : l'hédonisme épicurien de facture matérialiste cher à Walter Pater ; l'ascèse stoïcienne de matrice spirituelle défendue par John Ruskin.

Ainsi est-ce encore à Pater qu'Oscar Wilde doit, retournant là à ses premières amours, la découverte de l'œuvre de Flaubert, dont un récit aussi hérésiarque que *La Tentation de saint Antoine* (paru l'année même, 1874, où Wilde entra à Oxford), le marqua profondément. Treize ans plus tard, il ira jusqu'à mettre dans la bouche de Lord Henry, maître à penser de Dorian Gray, cet aphorisme resté fameux :

La seule façon de se débarrasser d'une tentation, c'est d'y céder. Résistez-y, et vous verrez votre âme infectée par le désir des choses qu'elle s'est interdites, par le désir de ce que ses lois monstrueuses ont rendu monstrueux et illicite[23].

Et, dans la foulée, d'ajouter, plus audacieux encore puisque c'est la notion même de « péché » qui s'y voit invalidée :

C'est [...] seulement dans notre tête que se produisent les grands péchés de ce monde [24].

C'est précisément ce genre de réflexion, jugée subversive par la société victorienne, que les censeurs de son temps lui feront cinq ans plus tard chèrement payer en l'envoyant en prison pendant deux longues et cruelles années.

Wilde, durant ces quatre années passées à Oxford, ne consacra pas tout son temps à l'étude de Pater et Ruskin. C'est même grâce à l'attentive et fertile lecture d'un autre grand penseur, l'un des philosophes majeurs du XIXe siècle, qu'il parvint, en une synthèse quasi idéale, à concilier leurs différentes théories en matière d'art. Hegel, dont il connaissait la *Phénoménologie de l'Esprit* et appréciait la vision classico-romantique de son *Esthétique*, lui permit grâce à sa fameuse dialectique de résorber ses apparentes contradictions. La culture philosophique d'Oscar Wilde était du reste assez vaste, ainsi qu'en témoigne un essai comme *Les Origines de la critique historique*, rédigé en 1879, dans lequel il brasse deux millénaires d'histoire de la philosophie, partant des Grecs et des Latins pour arriver aux Modernes.

Mais les plaisirs de Wilde, à Oxford, ne furent pas que cérébraux. Ils furent aussi, comme pour tout étudiant qui se respecte, plus matériels comme le rapporte dans son journal l'un de ses amis d'alors, John Bodley. Ainsi ce dernier s'y attarde-t-il sur les distractions qu'il partagea avec Wilde, comme ces repas qu'ils prenaient à la Mitre (le réfectoire de l'université), leurs chahuts dans les salles de théâtre, leurs chambards et leurs bamboches dès que l'occasion se présentait.

C'est lors de l'une de ces soirées épiques, toujours bien arrosées, que Wilde fit montre de sa force musculaire lorsque quatre de ses condisciples de Magdalen College eurent la malencontreuse idée de monter chez celui en qui ils ne voyaient qu'un charlatan, dans l'intention de l'y rosser et de dévaster son bel et luxueux appartement du 1 Kitchen Stair. Mal leur en prit. Ainsi que le raconte Frank Benson, le grand et fort Hosky, qui ne dédaignait pas d'aller à la castagne malgré ses airs supérieurs, sortit le premier à coups de pied dans les fesses, assena au deuxième un coup de poing qui lui fracassa le visage, fit dévaler le troisième sur toute la longueur de la cage d'escalier, et attrapa le quatrième par la peau du cou avant que d'aller le traîner jusqu'à l'étage inférieur. Satisfait, il remonta ensuite calmement chez lui où il se rassit, invitant ses amis, qui ne manquèrent pas de le féliciter, à poursuivre leur conversation tout en continuant à déguster les alcools qu'il leur avait servis sur un plateau d'argent dans des coupes en cristal de Bohême.

Mais là où le journal de Bodley s'avère le plus intéressant, c'est dans les pages qu'il consacre à l'initiation de Wilde à la franc-maçonnerie, à laquelle appartenait aussi Sir William, le père d'Oscar, puisqu'il y avait été lui-même promu « vénérable » de la loge de Shakespeare, la plus enviée de Dublin. Le 16 février 1875, lors de son premier semestre à Magdalen College, Oscar Wilde fut donc élu à la loge Apollon de l'université d'Oxford, avant que de s'y voir officiellement reçu en grande pompe, quoique par dispense spéciale *, une semaine après : le 23 février 1875.

La cérémonie, particulièrement somptueuse, ne laissa pas de fasciner le jeune Wilde, dont le sens esthétique, comme ce goût immodéré pour les rituels religieux, fut en cette circonstance comblé, ainsi que le note Bodley : « Wilde fut aussi frappé par son faste qu'il fut stupéfait du mystère qui planait sur notre conversation [25]. » Et pour cause : avec sa culotte et son frac, sa cravate blanche et ses tissus moirés, ses bas de soie et ses escarpins vernis, le costume maçonnique, quasi mozartien, faisait étalage d'une préciosité à laquelle Wilde ne pouvait être insensible.

Le plus cocasse, mais aussi le plus inquiétant quant à son avenir, devait encore arriver, cependant, ce jour-là. L'événement eut lieu lors du dîner donné en son honneur, et qui suivait cette cérémonie. Wilde y fut certes joyeux et, comme à son habitude, très en verve, plaisantant et discourant toujours fort à propos, mais il ne put s'empêcher de lancer à ses voisins de table, se montrant là quelque peu irrévérencieux à l'égard de cette noble société, cette phrase étrange, aussi spirituelle que prophétique : « J'ai entendu dire que saint Jean-

* Il n'avait pas encore vingt et un ans.

Baptiste a été le fondateur de cet ordre (hurlements de rire). J'espère que nous imiterons sa vie mais non sa mort — je veux dire que nous devons garder la tête sur les épaules[26]. » Ce fut là la première mais franche allusion, malgré son incongruité, de Wilde à sa *Salomé*, cette belle mais licencieuse pièce qui lui valut, après avoir été censurée par les responsables culturels anglais, ses premiers vrais déboires avec la justice.

Les membres de l'*Apollo Lodge*, séduits par la qualité de ses bons mots, ne se rendirent cependant pas compte, quelque peu étourdis face à tant de volubilité, de la gravité prémonitoire de cette remarque. Grimpant rapidement les échelons de la hiérarchie maçonnique, Wilde fut nommé, le 24 avril de cette même année, « compagnon » et, un mois plus tard, proclamé « maître ».

Ce terrible pressentiment quant à cette catastrophe finale qui, vingt ans après, jour pour jour, allait s'abattre sur lui, Bodley ne fut pas le seul à l'avoir eu durant ces quatre années passées à Oxford. C'est ainsi que David Hunter-Blair, un autre de ses meilleurs amis d'alors, qui sera ordonné prêtre et qui ne cessa de l'engager à emprunter les voies du catholicisme, lui tint un jour, tout en le frappant sur la tête tant son refus de se convertir l'exaspérait, ce langage qui, pour fanatique qu'il fût au niveau doctrinal, n'en demeurait pas moins réaliste sur le plan existentiel : « Tu seras damné ! Tu seras damné parce que tu vois la lumière et que tu ne veux pas la suivre[27] ! »

David Hunter-Blair ne fut pas, cependant, que cette abominable Cassandre, toujours prête à prédire, en ses funestes présages, les pires calamités. Ainsi est-ce lui qui, plus de soixante ans après, livra le plus juste et fidèle des tableaux quant à la manière dont Wilde passait, à Oxford, le plus clair de son temps en compagnie de ses camarades, dont Reginal Harding, dit « Kitten » (« Chaton »), et William Ward, surnommé « Bouncer » (« Vantard »). Les pages qu'il consacre à Oscar Wilde dans le livre qu'il publie en 1939, *Victorian Days*, sont particulièrement émouvantes :

Une fois le punch avalé et les pipes vides, les lumières éteintes, le piano fermé et les joyeux convives dispersés, à une heure qui restait encore fort raisonnable, nous passions quelques instants [...]. Autour de l'âtre se réunissaient Wilde, William Ward [...] et moi. Et nous parlions [...]. Oscar était toujours le protagoniste de ces conversations nocturnes, déversant un flot de paradoxes, d'axiomes impossibles à soutenir, de commentaires fantasques sur les hommes et les choses ; débitant même parfois des kilomètres de vers, tantôt de lui-même, tantôt d'autres poètes qu'il affectionnait, et les débitant extraordinairement bien. Nous écoutions, applaudissions et protestions contre certaines de ses plus folles élucubrations. « Tu parles beaucoup de toi, Oscar, dit Ward, et de tout ce que tu voudrais accomplir. Mais tu ne dis jamais ce que tu comptes faire de ta vie. Toi qui as deux fois plus de cervelle dans ta ridicule caboche que nous n'en avons à nous deux — que vas-tu donc en faire ? — Dieu seul le sait, répondit Oscar, reprenant un instant son sérieux. En tout cas, je ne serai pas un de ces vieux professeurs d'Oxford, desséchés. Je serai poète, écrivain, dramaturge. D'une façon ou d'une autre, je serai célèbre, quitte à avoir mauvaise réputation[28].

Prémonition saisissante ! Car Wilde réalisa effectivement, après Oxford et au fur et à mesure qu'il avançait en sa vie, toutes ces ambitions. Et qui plus est, dans l'ordre qu'il avait alors prédit, jusqu'à son futur désastre : celui-là même qui, en un maussade et venteux jour d'automne, l'emporta, après une lente mais inexorable agonie, dans sa tombe !

Ces Mémoires d'Hunter-Blair recèlent bien d'autres renseignements sur la vie de Wilde en ces années d'Oxford. Un épisode, qui sera à l'origine de l'une de ses plus célèbres boutades, y émerge notamment.

Wilde aimait décorer son appartement d'énormes bouquets de fleurs blanches : notamment des lys, symbole des préraphaélites. Ainsi Hunter-Blair l'accompagna-t-il un jour dans un magasin situé dans l'artère principale d'Oxford pour l'aider à y acheter deux grands vases où disposer ses fleurs. Mais pas n'importe lesquels : des vases de porcelaine bleue, provenant de la manufacture de Sèvres. Une fois rentré chez lui, Wilde leur trouva une place de choix, puis, après les avoir soigneusement garnis de ses bouquets, s'exclama tout en les admirant, affalé dans son divan : « Je trouve chaque jour plus difficile de vivre à la hauteur de ma porcelaine bleue »… phrase qui en dit long sur la façon dont Wilde avait déjà idéalisé l'esthétique, au détriment du réel.

Certes ne trouve-t-on, dans son œuvre comme dans sa correspondance, aucune trace écrite de cette remarque. Douter de son authenticité, et croire par conséquent qu'elle ne serait que le prodigieux effet de la seule légende wildienne serait faire preuve toutefois d'un scepticisme excessif. Car nombreux sont ceux à en avoir établi la véracité. Parmi eux, George Du Maurier, qui s'en

empara dans un des numéros du magazine *Punch* *
en l'illustrant par une vignette satirique. Quant au
très officiel *Oxford and Cambridge Undergradua-
te's Journal* **, il ne fit que confirmer en un article
très acide lui aussi (intitulé, stigmatisant ses origines irlandaises, *O'Flighty*) la réalité de ce bon
mot.

Mais la plus irréfutable des preuves réside dans
un événement de bien plus ample et significative
portée, encore, puisqu'elle fait référence au sermon
prononcé peu de temps après par le pasteur anglican de l'église Sainte-Marie d'Oxford, le doyen
Burgon. Celui-ci, pensant stigmatiser les dange-
reuses implications que comportait selon lui
pareille vision du monde, tint devant une assem-
blée incrédule des propos inquisiteurs. C'était là,
de fait, la première fois, mais non certes la dernière,
qu'Oscar Wilde se voyait ainsi directement attaqué, en public, pour ses seules idées !

Rien d'étonnant donc à ce que Wilde, pour qui
ce genre de brimades allait bientôt devenir le lot
quotidien, mette dans la bouche de Lord Henry
cette terrible sentence dans *Le Portrait de Dorian
Gray* : « Je sais à quel point, en Angleterre, les gens
aiment les ragots. [...] Dans ce pays, il suffit qu'un
homme ait de la distinction et de l'intelligence pour
que toutes les langues vulgaires se déchaînent
contre lui[29]. » Et, dans *L'Âme de l'homme sous le
socialisme*, de façon plus incisive encore : « En
Angleterre, un artiste gagne [...] à être attaqué.

* La livraison du 30 octobre 1880.
** La livraison du 27 février 1879.

[...]. Sans doute les attaques sont-elles [...] méprisables. Mais, aussi bien, nul artiste ne s'attend-il à rencontrer l'élégance chez un esprit vulgaire, ni le style chez un esprit provincial [30]. »

Ses deux dernières années d'études à Oxford se déroulèrent sans autre incident majeur. Wilde put ainsi continuer à décorer tout à loisir son appartement, comme l'attestent quelques-unes de ses factures, qu'il ne put d'ailleurs toutes honorer, à l'ordre des grands magasins Spiers en particulier, témoignant de son goût immodéré pour la vaisselle et en particulier pour les verres à liqueur et à vin. Car les boissons y coulaient, pour ses amis qu'il recevait le dimanche soir, à flots ! Aussi étaient en permanence disposés, sur un guéridon, deux vasques de punch au gin et au whisky, ainsi que, pour les fumeurs comme lui, une panoplie de longues pipes en terre blanche remplies de tabac parfumé. Et Wilde, magnanime en cet écrin où tout n'était qu'« ordre et beauté, luxe, calme et volupté », de demander alors à l'organiste de la chapelle de Magdalen, Walter Parrott, de s'asseoir au piano pour, mêlant le sacré au profane, exécuter quelque nocturne de Chopin, valse de Strauss, ou interpréter, accompagné du ténor Walter Smith-Dorrien, des arias de Mozart, des hymnes de Haendel et même, lorsque cette douce atmosphère devenait propice au recueillement, des cantiques de Purcell. Quant à son domestique, surnommé « Scout », il l'obligeait, en ces instants de grâce, à porter des pantoufles en feutre, tant le moindre craquement du parquet le « torturait », et à aller déboucher les bouteilles de champagne, pour que l'assistance ne fût pas « dérangée » par ce bruit incongru, dans la chambre d'à côté !

C'est dire si Oscar Wilde s'inscrivait parfaitement dans cet Oxford, dont un écrivain aussi cultivé que Henry James vanta « l'air de liberté et d'amour pour les choses intellectuelles, comme une satisfaction, en soi, pour la raison [31] ». Faisant partie intégrante de ces fructueuses années d'apprentissage, un cycle de voyages venait en accentuer la richesse. Deux pays étaient retenus, qui ne pouvaient qu'enthousiasmer Oscar Wilde : la Grèce, dont il connaissait à merveille, outre les grands textes de l'Antiquité, l'immense savoir en matière de sciences humaines, et l'Italie, dont la Renaissance florentine constituait, à ses yeux, un paradigme inégalé dans l'histoire de l'art.

C'est avec ces deux expéditions culturelles, qu'il effectua en juin 1875 puis en mars-avril 1877, que se parachevèrent, après qu'il eut été nommé « Prince Rose-Croix » à l'*Apollo Lodge*, ces quatre années d'études à Magdalen College, d'où il sortit brillamment, couronné par le prix Newdigate et nanti du diplôme de *Bachelor of Arts*, le 28 novembre 1878. Wilde venait d'avoir vingt-quatre ans, une étincelante vie intellectuelle s'ouvrait devant lui.

Années de pèlerinage :
l'Italie, la Grèce, le Vatican

> *J'atteignis les Alpes, et toute mon âme, Italie, mon Italie, en fut, à ton nom, embrasée.*
>
> OSCAR WILDE,
> En vue de l'Italie [1]

S'il est un lieu qu'Oscar Wilde chérissait, tant pour la multitude de ses richesses artistiques que pour l'importance de ses sites historiques, c'était bien l'Italie, « ce pays si beau » et « tant désiré de [s]on cœur » dont il ne cessa jamais de parler, « tout en rêvant aux merveilles de [s]a gloire », ainsi qu'il l'écrivit dans son poème intitulé *En vue de l'Italie* [2]. Aussi, considérée à l'époque comme une étape obligée au sein de tout parcours intellectuel digne de ce nom, désirait-il la visiter, comme l'avaient fait avant lui quelques-uns des plus illustres lettrés d'Europe, à commencer par ses deux mentors d'Oxford : Pater, lequel, féru d'humanisme renaissant, adorait Florence, et Ruskin qui, passionné par l'esprit du XVIIIe siècle, raffolait de Venise.

Ce n'est toutefois avec aucun de ces deux maîtres que Wilde partit durant ses premières vacances oxfordiennes d'été pour l'Italie, mais avec son ancien directeur d'études de Trinity College, l'incontournable John Mahaffy, celui-là même qui avait jadis persuadé Sir William d'éloigner le jeune Oscar de toute influence catholique. Un troisième homme faisait partie du voyage, William Joshua Goulding, fils d'un homme d'affaires de Dublin dont la rigueur toute protestante constituait aux yeux du père d'Oscar le meilleur des remparts contre les assauts de la « sainte Église romaine ». Bien que regorgeant d'inestimables trésors, l'Italie était avant tout pour Sir William le berceau du catholicisme, à l'égard duquel il éprouvait une aversion notoire, et le fief du Vatican, où siégeait le pape. Trois mois plus tôt (le 15 mars 1875), David Hunter-Blair venait de recevoir de Pie IX en personne, en plus de sa bénédiction personnelle, le titre honoraire de « camérier ».

Sir William, qui tenait à ce que sa famille restât ancrée dans le protestantisme, craignait que son rejeton ne profitât de son séjour dans la capitale italienne, où il aurait dû arriver théoriquement une dizaine de jours plus tard, pour se convertir au catholicisme. L'intérêt qu'Oscar manifestait à l'égard de cette religion était du reste toujours plus manifeste, ainsi que le nota dans son journal Lord Ronald Gower, qui vint lui rendre visite, le 4 juin 1875, à Oxford : « J'ai fait la connaissance du jeune Oscar Wilde [...], un bien aimable et joyeux garçon dont la tête aux cheveux longs est toute pleine de sottises concernant l'Église de Rome. Sa chambre est tapissée de photographies du pape et du cardinal Manning[3]. » Wilde, que « le parfum de la foi », comme le dit Frank Harris, n'avait de cesse de titiller, ne faisait effectivement rien, en esthète qu'il demeurait, pour cacher sa prédilection pour la beauté des symboles religieux et autres reliques pieuses. Aussi sa chambre était-elle décorée, outre des diverses icônes de ces illustres prélats, d'une statue de la Vierge Marie. Mieux : il avait alors pris l'habitude d'arborer à son annulaire gauche une bague sertie d'une améthyste comme en portaient les évêques !

Que Wilde, à cette époque-là déjà, fût attiré par la magnificence du rite catholique, bien que son indépendance d'esprit, parallèlement à une irrésolution naturelle, l'empêchât toujours d'y adhérer formellement, c'est là ce que viendra confirmer quinze ans plus tard, dans le *Portrait*, cet extrait quasiment autobiographique, où se voient évoqués le cheminement spirituel tout autant que le tiraillement psychologique de Dorian Gray :

Le bruit courut un jour de son ralliement prochain à l'Église catholique romaine ; et il est sûr que le rituel romain l'attira toujours fortement. [...] Il adorait s'agenouiller sur le froid pavement de marbre et regarder le prêtre [...] écarter lentement de ses mains blanches le voile placé devant le tabernacle, ou lever haut l'ostensoir en forme de lanterne tout orné de joyaux, renfermant cette pâle hostie que parfois l'on aimerait être réellement le *panis coelestis*, le pain des anges ; ou encore, portant les ornements de la Passion du Christ, rompre l'hostie dans le calice et pour ses péchés se frapper la poitrine. Les encensoirs fumants que de jeunes garçons, graves sous la dentelle et la pourpre, balançaient en l'air comme de grandes fleurs dorées, exerçaient sur lui une subtile fascination[4].

Oxford, qui vit défiler en son sein bien des penseurs aguerris en matière de dispute scolastique et où Thomas More tenta déjà naguère de concilier les dogmes de la foi catholique avec les exigences de l'Église anglicane, sans compter celles de la Réforme luthérienne, était alors traversé par d'intenses et nombreux débats d'ordre théologique. Les historiques apostasies et autres anathèmes lancés par Henry Edward Manning, archevêque de Westminster, à l'encontre de John Henry Newman, évêque de Trinity, étaient, à ce propos, particulièrement révélateurs, par leur intransigeance doctrinaire, du climat qui y régnait.

Wilde, alors au fait de ces querelles religieuses, et qui avait opté pour la souplesse de Newman contre le dogmatisme de Manning, s'embarqua vers le 10 juin 1875 pour le continent afin de rejoindre l'Italie, en train tout d'abord, via la France, puis en diligence, à travers les Alpes suisses.

La première grande ville artistique que Wilde y visita, s'y arrêtant quelques jours, fut le chef-lieu de la Toscane, Florence, dont la découverte lui procura sur le plan esthétique un choc aussi prévisible que décisif. Certes y admira-t-il les monuments et musées les plus connus, mais ce fut la chapelle mortuaire des Médicis, sombre et vaste crypte qu'occupent, parmi d'autres chefs-d'œuvre de l'art renaissant, quelques-unes des plus belles statues de Michel-Ange, qui l'éblouit le plus. Car, de toutes les qualités inhérentes à la représentation artistique des choses de ce monde, c'est leur côté morbide qui, si étrange cela puisse-t-il paraître chez un être aussi flamboyant, l'impressionna le plus lors de ce séjour florentin. Comme cette procession funèbre qu'il contempla longuement, stupéfait, fasciné qu'il était par ces moines revêtus d'une bure blanche, dont seuls les yeux étaient visibles sous leur capuchon immaculé, et défilant lentement, une torche à la main, le long du palais Pitti.

Vision aussi insolite qu'hallucinante... Car qu'est-ce que ce fabuleux mais saisissant spectacle donna soudain à voir au jeune Wilde, sinon la matérialisation même, étonnante en cette douce soirée d'été méditerranéen, d'une scène semblant issue d'un de ces romans gothiques — ceux-là mêmes dont les crimes fantasmés de l'Église catholique faisaient frémir d'horreur le compassé public anglais — qu'il avait lus adolescent !

Cet intérêt que Wilde montra pour l'expressionnisme mortuaire se vit renforcé par l'enthousiasme que suscita sa visite du Musée d'art et d'histoire étrusques, dont les sépultures, sarcophages et autres urnes funéraires le captivèrent au point qu'il en envoya aussitôt par pli postal une série de croquis griffonnés de sa main à son père, Sir William, dont l'état de santé commençait à décliner.

Une nouvelle fois, c'est par rapport à cette problématique figure paternelle pour laquelle Oscar éprouva toujours des sentiments mitigés, faits de tendresse filiale plus que de réelle affection, qu'il tente là encore, y compris en cette circonstance, de se démarquer. Cette passion aussi instantanée qu'éphémère éprouvée alors pour l'art étrusque fut le signe le plus tangible, ainsi qu'en témoigne la missive qu'il lui adressa cinq jours après son départ, d'un certain éloignement, sinon d'une

rébellion intellectuelle, vis-à-vis d'un père archéo-
logue dont les faveurs allaient vers la civilisation
égyptienne. Faudrait-il pour autant voir en cette
ambiguïté filiale, en cette volonté de se singulariser
surtout, l'origine d'un texte aussi provocateur que
La Sphinge? Nous n'irons pas jusque-là, car, a
contrario, il serait facile de voir dans l'énorme
bague ornée d'un scarabée d'émeraude — motif
récurrent au sein de l'antique civilisation égyptienne — que Wilde porta longtemps à son doigt,
un concret et indubitable attachement à son père.

Cette préférence que Wilde affichait pour la culture étrusque ne relevait pourtant pas que de cri-
tères subjectifs. Elle reposait aussi, estimait-il de
manière plus objective, sur des arguments de fond.
Car ce qu'il percevait en ces fresques, nécropoles
et autres objets de culte qu'il contemplait avec
autant de ferveur cérébrale, c'était, outre leur
beauté formelle, dont il appréciait par-dessus tout
la pureté quasi idéalisée des lignes, la possibilité,
par cette force vitale qui s'en dégageait, d'une vie
dans l'au-delà : espoir qui ne faisait que venir
conjurer comme par contraste avec sa propre fan-
tasmagorie littéraire, son irrépressible peur de la
mort, sinon sa constante pulsion, à cette époque-là
déjà, d'autodestruction !

Mais c'est en un tout autre domaine que s'exer-
cèrent cependant durant ce séjour les dons de
Wilde : celui de l'art poétique. Ainsi mit-il en vers
les impressions que ne manquèrent pas de susciter
en lui des lieux qu'il visitait avec autant de
recueillement que de ravissement.

Ainsi y entama-t-il, le 15 juin 1875, la composition de son premier poème d'inspiration religieuse : *San Miniato*, nom du monastère roman qui, perché au milieu des collines toscanes, abrita jadis Fra Angelico, l'un des modèles privilégiés des préraphaélites. Ces vers, qui constituaient à l'origine la première partie d'un poème beaucoup plus ambitieux, intitulé au départ *Graffiti d'Italia*, ne furent cependant publiés, en une version revue, que dans le *Dublin University Magazine* de mars 1876. Quant à la deuxième partie de ces *Graffiti*, formée par un autre poème auquel il donna le simple mais suggestif titre de *Bords de l'Arno*, elle ne parut, remaniée elle aussi, que six ans plus tard, en 1881, dans le recueil intitulé *Poems*.

Pourquoi insister tant sur l'histoire, et l'agencement éditorial surtout, de ces deux poèmes ? Parce que cette tardive quoique subtile division en deux parties égales mais distinctes ne faisait que révéler, de manière significative, le conflit intérieur qui était en train de naître, chez Wilde, au sein de son être le plus profond. Car si un poème comme *San Miniato* exalte une fibre spirituelle, quasi mystique, c'est, au contraire, son versant matériel, essentiellement profane, d'inspiration romantique et non plus religieuse, qu'un poème comme *Bords de l'Arno*, où tout n'est qu'enchantement des sens, met en lumière.

C'est dire si la concomitance de ces deux poèmes de Wilde, radicalement opposés quant à leurs thématiques, reflétait alors déjà au plus haut point, sur le plan littéraire, ce que Baudelaire exprima sur le plan existentiel, en son *Cœur mis à nu* : les « deux postulations simultanées » à l'œuvre en tout homme !

De fait, c'est en direction de poèmes au contenu toujours plus érotique que Wilde, dont les plaisirs du corps prendront vite le pas sur les vertus de l'âme, s'orientera désormais, ainsi que semble l'indiquer une ode telle que *La Bella Donna Della Mia Mente*, faisant de la femme, conformément aux textes bibliques (où Ève se voit associée au Mal), un être « fatal ».

Image ambiguë, faite de positivité et de négativité, d'attraction et de répulsion, de volupté et de douleur, que celle de la femme ainsi conçue dans l'imaginaire poétique de Wilde. D'où cette question au regard de ses propres choix affectifs et de ses tendances sexuelles : faudrait-il y voir l'origine, consciente ou inconsciente, de son homosexualité, jusque-là seulement latente puisque rien, dans quelque document que ce soit, ne laisse présupposer qu'il soit passé à l'acte avant cela ? Réponse, là encore, malaisée à donner sans tomber dans des préjugés de mauvais aloi. Et pourtant : c'est de cette époque, et à partir surtout de sa deuxième année d'études à Oxford, que datent, ainsi que le signale le journal de son ami Bodley, ses premières expériences homosexuelles, dont cette escapade florentine de l'été 1875 représentait le prélude dès lors que la juxtaposition des mots « honte » et « péché », telle qu'elle apparaît à la dernière ligne de son poème *San Miniato*, se révèle être là l'implicite aveu, comme dicté par un sentiment de culpabilité, de ces amours alors interdites.

Wilde quitta la patrie de Dante et de Giotto, mais aussi la ville de prédilection de son maître Walter Pater, le 19 juin 1875, pour s'en aller rejoindre via les Apennins, flanqué toujours du vieux Mahaffy ainsi que du jeune Goulding, Venise, qu'il avait hâte, tant son autre mentor, John Ruskin, lui en avait vanté l'indicible beauté, de découvrir. De toutes les villes italiennes qu'il visita à cette époque-là, c'est la Cité des Doges qui le séduisit le plus ainsi qu'en témoigne la longue lettre qu'il adressa, les 24 et 25 juin 1875, à sa mère : « Venise, par la beauté de son architecture et de ses teintes, échappe à toute description. C'est le point de rencontre de l'art byzantin et de l'art italien — une ville venant de l'Orient autant que de l'Occident[5]. »

Si les mots lui manquent là pour décrire les splendeurs de cette ville à l'atmosphère onirique, quasi évanescente, c'est d'une autre qualité, bien plus importante à ses yeux, dont se pare surtout la Sérénissime : le fait d'avoir su réaliser, avec une parfaite harmonie, la synthèse, comme il en rêvait lui-même à propos de cette dualité psycho-philosophique qu'il voyait alors poindre au sein de sa propre personnalité, de ces deux cultures apparemment opposées que sont l'Orient, avec son exotisme tout sensuel, et l'Occident, avec son esthétique toute rationnelle.

Miracle d'art tout autant que de civilisation, Venise représente pour le jeune Wilde comme la matérialisation objective d'un idéal avant tout subjectif. La percevant, et la vivant avec une rare intensité, il en dessinera plus tard le profil. Preuve en est cette réflexion, particulièrement représentative de la philosophie wildienne (bien qu'elle soit comme calquée sur cette théorie des « deux postulations simultanées » dont parlait Baudelaire), émanant de la bouche de Lord Henry, dandy d'entre les dandys :

L'âme et le corps, le corps et l'âme — quel mystère en eux ! Il y a de l'animalité dans l'âme, et le corps a ses moments de spiritualité. Les sens sont capables de raffiner, et l'intellect est capable de dégrader. Qui peut dire où s'arrête l'élan charnel, où commence l'élan psychique ? [...]. L'âme est-elle un fantôme habitant la demeure du péché ? Ou le corps est-il vraiment situé à l'intérieur de l'âme, comme le pensait Giordano Bruno ? Mystère que la séparation de l'esprit d'avec la matière, mais mystère aussi que l'union de l'esprit et de la matière[6].

Et encore, faisant référence là à l'*À rebours* de Huysmans et au système de vie qu'y prône Des Esseintes, esthète parmi les esthètes :

Il cherchait à inventer un nouveau système de vie qui reposât sur une philosophie raisonnée et des principes bien organisés, et qui trouvât dans la spiritualisation des sens son plus haut accomplissement. [...] Il avait une conscience aiguë de la stérilité de toute spéculation intellectuelle séparée [...] de l'expérience. Il savait que les sens, tout autant que l'âme, ont des mystères spirituels à révéler. [...] Il s'aperçut qu'il n'y a pas d'état d'âme qui n'ait son pendant dans la vie des sens, et décida de découvrir leurs rapports véritables[7].

Enfin, au terme de cette progression :

Guérir l'âme par les sens, et les sens par l'âme[8].

Car tel est en effet le « secret » que Dorian Gray finit, obéissant en cela aux exhortations de Lord

Henry, par y préconiser avant que d'accomplir, superbe et tragique à la fois, son fatidique crime final !

C'est ainsi que Wilde entreprit, annonçant les préceptes du *Portrait de Dorian Gray* (qu'il développera en son *De profundis*), son périple à travers Venise, où il vécut, s'extasiant devant les trésors picturaux de l'Accademia (dont il réputait l'*Assomption* du Titien « le meilleur tableau d'Italie »), quelques-uns des jours les plus heureux de sa vie.

Puis ce fut Padoue, où il arriva, accompagné de ses inséparables chaperons en plein après-midi. Et, là encore, frappe ce souci, dans la description qu'il en fait à sa mère, du détail, tant littéraire qu'artistique, bien qu'il y avouât ne pas disposer là, à nouveau, de mots suffisamment précis pour en exprimer la grandeur :

> Au milieu [...] se dresse le Baptistère, le chef-d'œuvre de Giotto ; les murs entièrement couverts de ses fresques ; [...] un immense tableau du Ciel et de l'Enfer, inspiré à Giotto par Dante [...]. Nous passâmes plus d'une heure dans le Baptistère, tant nous étions pleins d'émerveillement, de respect et surtout d'amour pour les scènes qu'il a peintes [9].

Wilde ne s'arrêta cependant que quelques heures à Padoue, d'où il gagna, dans la soirée, Vérone. Juste à temps pour assister, dans son arène, à la représentation, que l'expert *ès* littérature anglaise qu'il était ne put que juger « médiocre », de l'*Hamlet* de Shakespeare. Puis, le lendemain matin, il admira le célèbre balcon de *Roméo et Juliette*, avant que de s'en aller flâner, guilleret et insouciant, sur le marché. Ce séjour dans quelques-unes des plus belles villes d'Italie s'annonçait comme une caresse pour l'esprit et les sens, un enchantement. L'étape suivante lui apporta cependant sa première déception. Milan, que Stendhal aimait à tel point qu'il en avait fait « un second Paris », ne lui plut guère. Il lui reprochait son architecture austro-hongroise, qu'il trouva par trop solennelle et austère.

Après avoir visité quelques-uns des plus riches musées de la capitale lombarde, Wilde laissa Milan le matin du 25 juin sans pouvoir se rendre, comme il l'avait prévu, à Rome, ville qu'il désirait pourtant connaître plus que toute autre encore. Car, ne s'étant privé d'aucun plaisir durant ce qui ne devait être que la première partie de son séjour dans la péninsule italienne, et ayant eu un train de vie supérieur à ce que lui permettaient ses modestes moyens financiers, il se retrouva bien vite, inaugurant ainsi une mauvaise habitude qui ne le quittera plus, à court d'argent. Obligé d'abandonner sur place Mahaffy et Goulding, Wilde se dirigea alors, dépité, vers Arona, village situé sur le lac Majeur, où, se sentant « esseulé », il acheva d'écrire une lettre, qu'il adressa à sa mère, dans laquelle il lui confiait qu'il prenait le soir même, à minuit, la diligence le reconduisant, après dix-huit heures d'une route pénible, à Lausanne. Il reprit ensuite le train, via Paris, pour Calais, où il s'embarqua pour l'Angleterre, avant que d'aboutir enfin, au terme de ce périple qu'il qualifia de « délicieux », en son île natale, l'Irlande, où, l'université d'Oxford étant fermée, il passa en compagnie de ses parents le reste de ces vacances d'été.

Dans la propriété de Moytura, sur le lac du Connemara, en bordure du Lough Corrib, là où il aimait planter son chevalet pour y peindre ses aquarelles, quand il ne pêchait pas la truite ou le saumon, il composera la fameuse *Rome non visitée*, pièce insérée, comme ses autres souvenirs littéraires d'Italie, dans son recueil intitulé *Poèmes*. La deuxième strophe fait référence à son passage par Arona :

> Je me retourne vers mon pays,
> Mon pèlerinage s'achève,
> Même si, là-haut, un soleil rouge sang
> Indique le chemin de Rome la sainte [10].

Mélancolique, Wilde y évoque, regrettant que son « pèlerinage s'achève » aussi brusquement, cette Rome que, faute d'argent, il ne put visiter. Ce n'était que partie remise. Fidèle à ses désirs comme à ses ambitions, il finira par se rendre dans la Ville éternelle un peu moins de deux ans plus tard, au printemps 1877, réalisant ainsi l'un de ses plus anciens rêves.

En attendant ce nouveau voyage en Italie, ce sont quatre événements d'une importance considérable auxquels Wilde fut confronté au cours de cette période charnière que représenta pour lui l'année 1876.

Le premier, dont il ne sembla cependant pas affecté durablement, malgré la peine qu'il ressentit sur le moment, fut la mort, le 19 avril 1876, de son père, Sir William, dont la santé, depuis la disparition de ses trois filles, n'avait cessé de se dégrader. Les biens dont héritèrent les membres de sa famille étaient loin d'être négligeables. Willie hérita de la demeure dublinoise du 1 Merrion Square. Lady Wilde, qui y vécut jusqu'à son départ pour Londres, hérita pour sa part du domaine de Moytura. À cela s'ajoutait, pour sa femme et ses deux fils, une coquette somme d'argent. Quant à Oscar, il reçut la maison d'Illaunroe en indivision avec son demi-frère, Henry Wilson, qui mourut un peu moins d'un an plus tard, ainsi que de modestes bâtisses situées dans la localité de Bray. Les quatre mille livres supplémentaires permirent à Oscar, après avoir réglé les dettes qu'il avait contractées lors de ses deux premières années d'études à Oxford, de financer son voyage en Grèce puis son séjour à Rome.

Le deuxième événement majeur fut sa rencontre, en ce printemps 1876, avec Frank Miles, jeune artiste-peintre avec lequel il partagera au sortir de Magdalen College, à l'automne 1879, sa première habitation londonienne. C'est chez les parents de Miles, dont le père était pasteur à Bingham, petite ville cossue du Nottinghamshire, que Wilde, après avoir réussi ses examens de fin d'année, alla se reposer, alternant les discussions théologiques et les promenades champêtres.

Le troisième événement crucial fut la rencontre, en août, à Moytura, avec Florence Balcombe, qui marqua la première et sérieuse aventure amoureuse avec une femme, bien qu'elle ne débouchât jamais sur un quelconque rapport sexuel.

Oscar, malgré ses penchants homosexuels, fut séduit physiquement par celle qu'il surnommait affectueusement « Florrie » et à laquelle il offrit ces jours-là, suprême hommage, son aquarelle *Lough Corrib*. Un an plus tard, en mai 1877, il confiait à son ami Reginald Harding que le visage de la belle Florrie était le plus beau visage qu'il ait jamais vu. Deux odes lui furent consacrées, intitulées respectivement *Chanson* et *La Plainte de la fille du roi*, dans lesquelles il associait, conformément à l'un des canevas du préraphaélisme, l'image de la jeune fille aimée à celle de la Vierge Marie ; ce qui venait aussi confirmer l'aspect purement platonique de cette relation ! Désappointée, Florrie ne tarda pas à rompre avec ce charmant mais maladroit soupirant et se maria, le 4 décembre 1878, avec Bram Stoker, l'auteur de *Dracula*. Geste qui, par sa cruauté, ne fit que renforcer, en son esprit déjà prévenu quant au supposé machiavélisme de la gent féminine, cette image, non plus certes de la « dame aimée », mais au contraire, de la « femme fatale »… prétexte définitif et comme bienvenu, celui-là, à la libération de son homosexualité latente !

Le quatrième et dernier de ces événements majeurs fut la flatteuse proposition que lui fit, en août 1876 toujours, son vieux maître de Trinity College, le révérend Mahaffy : relire les épreuves d'*Excursions et études grecques*, livre que ce dernier s'apprêtait à publier. Car cette tâche, que Wilde mit un point d'honneur à mener à terme, même s'il n'en récolta aucun avantage personnel, le préparait d'autant mieux à son voyage en Grèce.

La besogne fut aussi passionnante que fastidieuse, si bien qu'il ne regagna Oxford qu'en octobre. Pour remédier à un début de fatigue — il avait cumulé études universitaires et travail éditorial — Wilde, qui cherchait alors avant tout à se distraire, se rendit à Londres pendant ses vacances d'hiver. Désireux de consolider ses relations mondaines, il se rendit le 16 décembre au Lyceum afin d'y voir le *Macbeth* de Shakespeare, dont le rôle-titre était tenu par Henry Irving, acteur qu'il retrouvera quelques années plus tard, quand il sera lui-même devenu auteur de pièces de théâtre.

C'est de cette même époque que date, outre une invitation officielle à Windsor, dans le manoir de Lord Gower, sa première inscription dans un des cercles privés de la capitale anglaise... le St Stephen's Club, qui venait d'accepter, après les vérifications d'usage quant à la respectabilité de ce *gentleman*, sa candidature. Wilde était loin d'imaginer que c'est précisément en ce genre d'établissement, l'Albemarle, son club de prédilection, qu'il trouvera dix-neuf ans plus tard, le 28 février 1895, une carte, déposée à son intention par le marquis de Queensberry, père de son jeune amant Bosie, l'accusant de « poser au sodomite » ; propos qui le pousseront alors, se sentant offensé, à intenter ce fatidique procès en diffamation qui allait précipiter sa chute.

C'est dire si cette année 1876, depuis la mort prématurée de Sir William jusqu'à sa féconde collaboration avec le professeur Mahaffy, en passant par sa rencontre avec Frank Miles et son flirt avec Florence Balcombe, constitua, dans la vie d'Oscar Wilde, qui n'était âgé que de vingt-deux ans, une période décisive. Par certains côtés, elle apparaissait comme la préfiguration, pour le meilleur et pour le pire, de ce qui serait désormais sa future existence.

C'est à la fin du mois de mars 1877, ainsi que l'atteste un petit mot qu'il adressa, de Magdalen College, à Reginald Harding, que Wilde partit pour ce second pèlerinage, qui devait le conduire en Grèce et, surtout, à Rome, dont il espérait contempler le « dôme de Saint-Pierre [11] ». Tiraillé comme toujours entre son goût pour les succès mondains et son aspiration à une destinée emplie de spiritualité, Wilde, qui vivait, comme il l'avoua à un ami, une nouvelle « ère dans [s]a vie, une crise », se sentait toujours plus attiré par le catholicisme et Rome en était le centre vivant. La lettre qu'il écrivit, au début de ce mois de mars 1877, à William Ward, ne laisse planer sur ce point, malgré cette irrésolution qui le caractérise et dont il fut lui-même conscient, aucun doute :

Je suis [...] engoué de la Franc-Maçonnerie [...]. Je regretterais [...] y renoncer au cas où je me séparerais de l'hérésie protestante. Je [...] parle de religion [...] et, en même temps, suis pris au piège [...] de la *Scarlet Woman*. Bref, il se peut que je passe de l'autre côté pendant les vacances. Je rêve de [...] contempler le Saint Sacrement dans une église nouvelle et de connaître ensuite le calme et la paix de l'âme. [...] cependant, [...] je change d'idée comme je respire et suis plus que jamais [...] déçu par moi-même. Si je pouvais espérer que l'Église éveillerait en moi quelque peu de sérieux et de pureté, je m'y abandonnerais [...]. Mais j'ai peine à croire qu'elle m'amenderait. Or, aller à Rome serait sacrifier mes deux grands dieux « Argent et Ambition ». Je suis pourtant si malheureux, si triste et tourmenté que, pris d'une sorte de désespoir, je suis près de chercher le refuge d'une Église dont la fascination me captive littéralement[12].

C'est donc avec difficulté que le protestant chevronné qu'était Mahaffy parvint à convaincre Wilde, qu'il voyait vaciller dangereusement vers le catholicisme, d'aller tout d'abord, avant de se rendre à Rome, en Grèce, où il espérait le dissuader entre-temps, aidé en cela par la beauté des sites helléniques, de se convertir à la religion papale, plus proche selon lui du paganisme que des cieux. Et Wilde, comme d'habitude, de céder aux tentations du révérend, lequel, toujours accompagné du jeune Goulding, auquel s'était cette fois joint George Macmillan, le prit alors à nouveau sous son aile protectrice. Aussi cette compagnie se retrouva-t-elle, le dernier dimanche de mars 1877, à la gare londonienne de Charring Cross, où elle prit le train, via Paris, pour Gênes, sur la Riviera italienne. Elle y arriva, quelques jours avant Pâques, en pleine semaine sainte.

C'est là que Wilde, dont la fibre mystique ne s'était pas atténuée, eut une révélation et tomba en arrêt devant le *Saint Sébastien* de Guido Reni, jeune et beau martyr dont le corps quasi nu, lié à un arbre, est transpercé de flèches.

Car que perçut-il en ce mélange de grâce et de piété, d'extase et de douleur, de désir et de chasteté, de chair ensanglantée et de souffle divin, de sensualisme et de christianisme enfin, sinon, à l'instar du credo préraphaélite, la matérialisation toute spirituelle, bien qu'esthétisante, d'un érotisme déifié ? Celui-là même que son homosexualité naissante ne fera que renforcer, soutenu par l'incomparable prestige de l'art en sa plus noble expression. Et de fait, c'est un poème empreint d'un lyrisme aux accents romantiques tout autant que d'un ascétisme à teneur mystique qu'Oscar Wilde — qui entrevoyait à nouveau là, conformément à ses propres fantasmes, une autre possibilité d'union entre l'âme et le corps — composera à cette occasion, *Sonnet écrit pendant la Semaine sainte à Gênes*, qu'il publiera, en juillet de la même année, dans une revue catholique de Dublin, l'*Ilustrated Monitor*.

Ce n'est qu'à la fin de cette dernière semaine de mars 1877, le vendredi saint, que Wilde et Mahaffy quittèrent Gênes pour se rendre à Ravenne, avant d'embarquer pour la Grèce. George Macmillan fit, dans une lettre datée du 28 mars 1877, un portrait d'Oscar Wilde qui arborait alors, comme pour mieux se fondre parmi les ocres de cette ville méditerranéenne, un manteau mordoré : « très fin, esthète au dernier degré, aimant passionnément les couleurs douces, les tons sourds, les papiers Morris, capable de dire beaucoup de bêtises à ce sujet, mais malgré tout un homme très raisonnable, cultivé et charmant ».

Si de Ravenne, ville qui lui inspirera le poème grâce auquel il gagnera le prix Newdigate, il retint surtout les mosaïques polychromes et byzantines, datant du IVe siècle, un détail historique attira de manière plus significative encore son attention : le fait que les églises primitives chrétiennes vouaient elles aussi un culte à la Vierge Marie... découverte qui, malheureusement pour Mahaffy, ne fit qu'augmenter son hostilité viscérale à l'égard du protestantisme !

Le temps, cependant, pressait. Aussi le petit groupe ne resta-t-il à Ravenne qu'une seule journée. Car le lendemain matin, dimanche 1er avril 1877, jour de Pâques, les voyageurs partirent pour Brindisi, port situé sur la mer Adriatique, où, le soir même, ils s'embarquèrent, exténués mais ravis, pour la Grèce. Lorsqu'ils se réveillèrent, à l'aube de ce 2 avril 1877, se profilait devant eux, émergeant au milieu des flots vaporeux de la mer Ionienne, l'île de Corfou.

À peine débarqué, Wilde composa le premier de ses « poèmes grecs ». Un sonnet intitulé *Santa Decca*, dont la thématique préfigurait, s'inspirant d'un texte d'Elizabeth Barrett Browning (*Pan est mort*), ce qu'un autre de ses plus illustres contemporains, Friedrich Nietzsche, allait annoncer, une dizaine d'années plus tard, en son *Gai Savoir* : la mort de Dieu. Même si Wilde, fasciné lui aussi par « la pensée de midi », déplorait avant tout la disparition des divinités hellènes.

Et, de fait, c'est une sensibilité oscillant, non plus entre ces deux Églises rivales (le protestantisme anglican et le catholicisme romain), où il se vit écartelé en ces mois de crise spirituelle, mais bien plutôt entre la foi chrétienne et la culture païenne qu'Oscar Wilde donnait ici à voir, retournant là à ses vieux mais chers démons. C'est dire si le révérend Mahaffy, qui, à tout prendre, préférait encore les réalités du paganisme aux mensonges du catholicisme, et les délices de Pan à l'impiété du pape, pensait qu'il allait gagner son pari : Wilde ne se convertirait pas au catholicisme...

Le lendemain matin, 3 avril, les quatre voyageurs se dirigèrent vers l'île de Zante, plus au sud, où Wilde rencontra, au sommet d'une colline à la végétation aride, un jeune berger portant autour du cou un agneau : scène qui lui rappelait celle du « bon pasteur » dans l'Évangile et à laquelle il fera allusion dans son *De profundis*. De là, ils prirent un petit bateau pour le Péloponnèse, où ils furent rejoints par le professeur Gustav Hirschfeld, directeur des fouilles sur le site archéologique d'Olympie, où celui-ci les emmena aussitôt. Et Wilde de traverser à cheval toute cette région, accompagné de ses compères et d'un guide, se rendant successivement, lors d'une expédition digne de ces épopées dont il avait tant rêvé adolescent, successivement à Katalako, Argos, Nauplie, Épidaure et Mycènes.

C'est là, entre la côte du Péloponnèse et les monts d'Arcadie, au cœur de cette Grèce antique vers laquelle l'appelaient ses études classiques, que Wilde rédigea ce qui demeurera l'une de ses œuvres poétiques majeures, *Le Fardeau d'Itys*, dont le thème central n'est autre que le poids symbolique représenté par l'ancestrale « faute paternelle », l'affaire Mary Travers.

Mais le plus intéressant concernant ce périple en Grèce restait à venir : l'arrivée à Athènes, le 13 avril, après un détour par l'île d'Égine. Lorsqu'il la découvre dans l'atmosphère éthérée de l'aurore, Wilde est à ce point émerveillé que bien des années après, il en parla comme d'une « nouvelle Aphrodite ». Et, porté par un même enthousiasme, d'ajouter à propos du Parthénon qu'il était « le seul temple aussi parfait, aussi personnel, qu'une statue[13] ». Wilde ne put y admirer toutefois les frises de marbre, lesquelles avaient déjà été transportées, suite à un honteux pillage, par le comte Thomas Bruce Elgin * au British Museum.

Plus pittoresque, encore : c'est à ce séjour athénien que remonte la fameuse photo, où l'on voit le fantasque et pimpant Oscar Wilde, dont l'extravagance vestimentaire était déjà notoire, poser fièrement en costume national grec. Court jupon blanc, plissé et bouffant, qui n'est d'ailleurs pas sans rappeler la robe en dentelle dont sa mère l'affublait, ainsi qu'en témoigne un autre de ses fameux portraits, lorsqu'il n'était qu'un petit enfant !

Mais les vacances de Pâques touchaient à leur fin. Il fallait songer à rentrer. Les cours allaient bientôt reprendre à Oxford. Avant de retourner en Angleterre, Wilde se rendit comme prévu à Rome le 21 avril 1877, où il arriva le lendemain soir, après avoir contourné en bateau le sud de la botte italienne et essuyé une tempête en pleine mer Tyrrhénienne au large de Naples. Il y retrouva David Hunter-Blair et William Ward, lequel, sous l'influence du premier, s'était lui aussi converti au catholicisme.

C'est donc grâce à l'intervention de Hunter-Blair qu'Oscar Wilde, comme il l'avait demandé, fut reçu en audience privée par le Saint-Père, Pie IX, lequel en profita pour l'exhorter à suivre cette voie que semblait lui avoir tracée celui qu'il désignait

* Wilde dit de lui qu'il est un voleur.

sous le terme latin de *condiscipulus*. Bouleversé par cette rencontre, Wilde, qui réserva sa réponse, s'en retourna, ivre de bonheur, à son très chic Hôtel d'Angleterre, où il se mit aussitôt à écrire un sonnet d'inspiration religieuse dans lequel il glorifiait l'autorité divine du pontife : *Urbis Sacra Aeterna*.

Ce ne furent toutefois pas là, en ces jours bénis, les seuls élans mystiques de Wilde. Bien au contraire puisqu'il composa encore, inspiré cette fois par une *Annonciation* qu'il avait vue lors de sa visite des musées du Vatican, un poème ayant pour titre *Ave Maria Gratia Plena*. Un comble pour ce dandy qui, né protestant et mort hérétique, finira immolé sur le bûcher des vanités, injustement allumé par la société de son temps...

Que ce poème, pour religieux qu'il soit, fût la résultante d'un certain esthétisme, plus que d'un réel élan mystique, c'est ce que laisse entendre un traitement à fortes connotations sexuelles, qui semble davantage tenir des canons de la peinture préraphaélite * que d'une sensibilité renaissante. À cette époque, comme durant le reste de sa vie, Wilde ne put jamais se résoudre à privilégier de manière définitive, du moins jusqu'à sa conversion, le catholicisme romain, dont l'esprit de mortification parfois exacerbé le révulsait. Le paganisme grec, dont l'exaltation des jouissances terrestres, pour autant que les délices du corps ne submergeassent point la profondeur de l'âme, le séduisait manifestement beaucoup plus.

---

* Notamment l'*Ecce Ancilla Domini* de Rossetti (où l'on voit un ange diriger une fleur de lys vers le sexe d'une vierge effarouchée).

Lors de ce pèlerinage à Rome, la visite du cimetière protestant, où il alla s'incliner sur la sépulture de deux de ses poètes préférés, Keats et Shelley, le bouleversa profondément. Il leur consacre deux poèmes : *La Tombe de Keats* et *La Tombe de Shelley*. Instructif également, de ce point de vue, l'article qu'il rédigea peu de temps après, y expliquant l'origine de ce *Tombeau de Keats*, pour l'*Irish Monthly* du père Russell. Évoquant le souvenir de celui dont il dit qu'il « marche aux côtés de Spenser, Shakespeare, Byron, Shelley et Elizabeth Barrett Browning dans la procession des délicieux aèdes d'Angleterre » :

Comme je me trouvais près de l'humble tombeau de ce divin garçon, je pensai à lui comme à un prêtre de la Beauté, arraché à la vie avant son heure. Et la vision du *Saint Sébastien* du Guide s'est imposée à moi, tel que je l'ai vu à Gênes, ravissant garçon hâlé aux cheveux bruns et bouclés, et aux lèvres rouges, attaché à un arbre par ses ennemis et, bien que percé de flèches, levant ses yeux divins et passionnés en direction de l'Éternelle Beauté des cieux ouverts à lui [14].

Et Wilde d'ajouter dans son poème *La Tombe de Keats*, en un étrange mais prodigieux alliage de sacré et de profane, d'érotisme sublimé et d'idéalisme charnel :

Beau comme Sébastien, et comme lui sacrifié si jeune [15].

Ce n'était pourtant encore rien là, en comparaison avec cette sensualité hors du commun, teintée en la circonstance d'un homo-érotisme toujours plus flagrant, dont fera preuve Wilde dans l'un de ses poèmes suivants, publié, en ce printemps 1877, dans la revue *Kottabos* : *Jours perdus*. « Un svelte et blond garçon, peu fait pour la douleur du monde », y est dépeint, suivant en cela un archétype dont il ne se déprendra désormais plus jamais, avec des « boucles blondes épaisses tombant sur ses oreilles », des « yeux charmants voilés de larmes d'enfant », des « joues pâles ignorantes des baisers », des « lèvres rouges qui ont toujours craint l'amour » et une « gorge aussi blanche que gorge de colombe[16] ». C'est le futur portrait de Dorian Gray, et plus tard de son amant Bosie, qu'Oscar Wilde esquisse déjà, sans le savoir, en cette évocation idéalisée, incarnée là par la beauté masculine, de l'amour.

Le jeune Oscar était, du reste, assez beau garçon ainsi que l'observa George Fleming, pseudonyme masculin de Julia Constance Fletcher, qu'il rencontra lors de ce séjour. Preuve en est la façon, plutôt flatteuse, dont elle le croquera quelques semaines après, sous les traits de Claude Davenant, en son roman intitulé *Mirage* :

Ce visage était presque un anachronisme. On eût dit un portrait de Holbein : pâle, des traits larges, une contenance singulière et intéressante, à l'expression particulièrement douce et pourtant ardente. Mr Davenant était très jeune — probablement pas plus de vingt et un ou vingt-deux ans — mais il paraissait plus jeune encore. Ses cheveux, qu'il portait assez longs, étaient rejetés en arrière et retombaient en masse sur le cou, lui donnant un faux air de saint du Moyen Âge. Il parlait vite, d'une voix basse à l'élocution étonnamment distincte, en homme qui s'applique à l'étude de l'expression. Il écoutait en causeur[17].

Quant à la façon dont elle brosse quelques-unes des caractéristiques de son tempérament, elle s'avère tout aussi judicieuse puisqu'elle en parle, mettant en relief sa dualité foncière, comme d'« un chrétien primitif remis à jour et adapté [18] », et plus encore comme « une Vénus rebaptisée Vierge [19] » !

C'est donc une dizaine de jours que Wilde resta dans la Ville éternelle, y visitant les principaux sites de la Rome impériale, pour ne rentrer à Oxford que le 3 mai, manquant ainsi, au grand dam de l'administration, laquelle le renvoya pendant un court laps de temps de Magdalen, la rentrée du premier trimestre 1877. Wilde, indigné, s'écriera qu'il avait été « exclu d'Oxford pour avoir été le premier étudiant à visiter Olympie ». Mais qu'importe, c'est couvert d'honneurs que, le 28 novembre 1878, il quitte Oxford, après avoir été auréolé, le 10 juin, du prix Newdigate, gage d'un glorieux avenir littéraire.

Une ombre gigantesque et morbide planait néanmoins sur ce magnifique tableau. Durant cette quatrième et dernière année d'études à Oxford, entre les mois de février et mars 1878, à une date d'autant moins précisée qu'il tenait à garder l'événement secret, Wilde contracta, dans les bras d'une prostituée londonienne ainsi que semble l'attester le scabreux *Taedium vitae*, poème où il dit avoir « pénétré dans cette rauque grotte de querelles où, pour la première fois, [s]a blanche âme a baisé la bouche du péché [20] », cette maladie vénérienne alors incurable qui, à en croire le diagnostic que posa le médecin lors de son effroyable agonie, et comme le confirmèrent deux de ses amis les plus intimes,

Reginald Turner et Robert Ross, allait, en ce funeste 30 novembre 1900, l'emporter. La syphilis, parvenue au stade tertiaire de sa lente mais inéluctable progression, faisait soudain dégénérer, la septicémie aggravant sa maladie, une banale otite en méningite encéphalique.

Ainsi l'insolent et fringant étudiant de Magdalen College n'échappa-t-il pas lui non plus à ce mal typiquement « fin de siècle » dont furent atteints bien d'autres « poètes maudits », parmi lesquels, et dans les mêmes tentantes mais glauques circonstances, celui qui lui ressembla le plus, tant par la nature de ses écrits que par son style de vie : Charles Baudelaire. Sa mort en bien des points rappelle la sienne puisque, impie parmi les impies tant son existence de débauché impénitent fut parcourue par les plus graves blasphèmes, l'auteur des *Fleurs du Mal* s'éteignit lui aussi après qu'un prêtre catholique lui eut administré l'extrême-onction !

La médecine ne disposant d'aucun autre remède qu'un traitement drastique au mercure pour soigner la syphilis, les dents légèrement saillantes du jeune Wilde se mirent à verdir puis à noircir irrémédiablement, l'obligeant souvent à mettre la main devant sa bouche lorsqu'il souriait pour cacher cette apparence plutôt disgracieuse. Deux ans durant, comme le préconisait le Dr Jeremy Hutchinson, sommité mondiale, en ce temps-là, pour ce type de pathologie, Wilde n'eut aucune relation sexuelle, le risque de contaminer son partenaire étant trop grand. D'où cette longue abstinence qui s'ensuivit jusqu'à son mariage, le 29 mai 1884, avec Constance Lloyd, à laquelle il n'avoua jamais l'existence de ce mal dont il se croyait guéri après que ses symptômes eurent disparu.

Handicapé sur le plan narcissique, tant les effets indésirables de cette maladie dite « honteuse » causaient de ravages collatéraux, Wilde vécut les six années qui s'intercalèrent entre sa sortie d'Oxford et son mariage avec Constance, époque durant laquelle il dut parfois rester alité pour se soigner, comme une période de transition. Ce qui ne l'empêcha cependant pas de connaître une vertigineuse ascension sociale, dans le Londres des années 1880, au sein des milieux artistico-littéraires les plus en vue, et, dans la foulée, de donner une retentissante série de conférences sur l'esthétisme qui le conduira, en ce début de gloire annoncée et pendant toute l'année 1882, aux quatre coins de l'Amérique. Point d'orgue au milieu de cette double consécration, la parution, en juin 1881, de son premier livre d'envergure : *Poems*, dont nombre de pièces avaient été composées au cours de l'été 1875 et au printemps 1877, lors de ces années de pèlerinage en Italie, en Grèce et au Vatican. Car c'est comme poète, avant de devenir romancier puis dramaturge, qu'Oscar Wilde, écrivain complet, naquit effectivement, ainsi qu'il l'avait prédit un soir de *spleen* oxfordien à ses amis David Hunter-Blair et William Ward, au regard de la postérité.

De Londres à New York :
une esthétique en mouvement

Le secret de la vie se trouve dans l'art.

OSCAR WILDE,
La Renaissance anglaise de l'art [1]

Un an après être sorti d'Oxford, Oscar Wilde, alors âgé de vingt-cinq ans, s'installa, durant l'automne 1879, à Londres, ville qui, plus fascinée par l'originalité de sa personnalité que séduite par la nouveauté de ses idées, allait le propulser, avec un enthousiasme rare, au pinacle de la notoriété. Ses tourments religieux s'étant calmés et ses angoisses existentielles apaisées comme l'avait prévu un an plus tôt le père Sebastian Bowden, auquel il avait fini par confesser, le 15 avril 1878, l'« état de son âme », c'est-à-dire son homosexualité naissante, Wilde, qui avait déjà tout compris de la « société du spectacle », se mit alors à se forger avec une méticulosité frisant parfois la maniaquerie un personnage public, quasi théâtral tant l'excentricité de ses tenues vestimentaires ne laissait pas de surprendre. À cette époque, il arpentait les principales artères de la capitale anglaise une fleur de tournesol à la main.

Pareil exhibitionnisme n'était pas chose nouvelle chez Oscar Wilde, lequel, revêtu d'un manteau dont le dos évoquait les contours d'un violoncelle, avait eu l'audace de se présenter deux ans auparavant, le 1er mai 1877, à l'inauguration de la Grosvenor Gallery *. Et un an après, le 1er mai 1878, de pousser l'effronterie un peu plus loin encore, en assistant au très institutionnel Headington Hill Hall, déguisé en prince Rupert.

Mais tout chez Wilde, à cet âge où la fougue de la jeunesse l'emporte sur la sagesse de la maturité, et où l'exaltation prime encore sur la raison, était excessif, comme ce nom aussi grandiloquent que mystificateur — Thames House — avec lequel il baptisa, pour ce seul et banal motif qu'elle bénéficiait d'une vue sur ce fleuve, sa première demeure londonienne, située au 13 Salisbury Street, non loin du central Strand.

Pouvait-il cependant déjà saisir, en ces années de nouvelle et pleine lumière, où les paillettes de la grande ville éblouissaient encore trop ses yeux inexpérimentés de rêveur fou et où l'étincelant mais futile éclat des modes tenait alors lieu de phare privilégié, la véritable nature du dandysme, cette rare mais sublime esthétique où hédonisme épicurien et ascèse stoïcienne se voient dosés, en un subtil mélange, à parts égales ainsi que l'avait défini, seize ans auparavant, Baudelaire dans *Le Peintre de la vie moderne* : « Le dandysme n'est [...] pas [...] un

* En rupture avec le conservatisme de la Royal Academy, elle fit scandale en lançant les peintres préraphaélites, au sein desquels émergeront, outre Dante Gabriel Rossetti et Edward Burne-Jones, William Holman Hunt, John Everett Millais, Ford Madox Brown et William Morris.

goût immodéré de la toilette et de l'élégance matérielle. Ces choses ne sont pour le parfait dandy qu'un symbole de la supériorité aristocratique de son esprit. Aussi, à ses yeux épris [...] de distinction, la perfection de la toilette consiste-t-elle dans la simplicité absolue, qui est [...] la meilleure manière de se distinguer[2]. » Et de préciser : « [...] le dandysme confine au spiritualisme et au stoïcisme [...] comme une espèce de religion[3]. » Ce n'est qu'à son retour d'Amérique, fin 1882, qu'Oscar Wilde deviendra pour tous, au sens où l'entendent Baudelaire et Barbey d'Aurevilly, l'image même du dandy.

En attendant, c'est à un rythme toujours plus effréné que Wilde papillonna jusqu'à son départ pour New York, insouciant du lendemain et sans se préoccuper pour son œuvre à venir, courant de mondanités en mondanités, brillant tel un astre au milieu d'un ciel étoilé, au cœur de la palpitante vie artistique et intellectuelle de Londres.

À l'euphorie qu'il partageait alors avec son ami et colocataire Frank Miles, s'ajoutait une occupation nouvelle, celle de « directeur d'exposition »... À cette époque, Wilde se piquait d'organiser, dans le salon aux lambris laqués blanc et or de sa maison, de petites mais belles expositions d'artistes, certes méconnus du grand public mais relativement talentueux, qui n'attendaient que ce genre d'opportunité, même modeste, pour commencer à percer sur la scène londonienne. Et c'est une faune bigarrée mais plutôt « branchée » qui se pressait alors, comme hier les gens de lettres dans le salon dublinois de Lady Wilde, chez celui qu'une certaine frange de l'intelligentsia anglaise — la moins conventionnelle et la plus cultivée — considérait déjà, par le retentissement de ses articles, comme un des critiques les plus pointus de son temps. Quant aux soirées que les deux compères avaient l'habitude de donner le week-end, elles étaient loin d'être dénuées d'intérêt, à en croire le témoignage de Laura Troubridge : « Je me suis follement amusée. Des hommes à l'air vague mais à l'allure flamboyante, et qui m'ont beaucoup fait rire, circulaient dans cette pièce remplie de lys blancs, de photographies de Mrs Langtry, de paravents en plumes de paon, de vases multicolores et de tableaux de qualité inégale. »

Fort de sa prestance en public tout autant que de son brio dans la conversation, de son inégalable charme et de sa remarquable intelligence, de son immense culture et d'un humour légendaire, Wilde, qui commençait à devenir la coqueluche du Tout-Londres, enchaîna les invitations dans les cocktails les plus courus, fut accueilli avec un enthousiasme souvent réel dans les réceptions les plus enviées, réussit à se faire apprécier par les gens les plus influents dans le monde du spectacle, et multiplia les rencontres avec les personnalités les plus en vue, dont le peintre James Whistler *, les écrivains Thomas Hardy, George Meredith, Matthew Arnold et Oscar Browning, l'acteur Henry Irving, l'actrice Lillie Langtry,

* Avec lequel il tissa, dès août 1880, de réels liens d'amitié avant de devenir, à partir de janvier 1882, début de son triomphe en Amérique, son pire ennemi.

célèbre autant pour sa beauté que pour son art, enfin et surtout Sarah Bernhardt, qu'il vit interpréter avec la Comédie-Française, le 2 juin 1880, au Gaiety Theatre, le rôle-titre de la *Phèdre* de Racine.

C'est lors de cette représentation, à laquelle il assista avec engouement et dont le succès fut d'autant plus colossal que c'était la première fois que Sarah Bernhardt jouait à Londres, que germa en lui l'idée d'écrire en français, tant il avait été impressionné par l'interprétation de la tragédienne, ce qui sera au théâtre * son unique drame : *Salomé*, qu'il ne rédigera pourtant que onze ans et demi plus tard, durant un énième séjour à Paris, entre les mois de novembre et décembre 1891.

Faire jouer sa *Salomé* par la grande Sarah Bernhardt fut l'un de ses projets artistiques les plus ambitieux, et celui auquel il tenait le plus fermement. Désireux de se faire remarquer par elle et de la séduire jusqu'à ce qu'elle répondît positivement à son souhait, il vint l'attendre à Folkestone, sur la Manche, où il l'accueillit, à sa spectaculaire descente de bateau, sous une nuée de journalistes et les crépitements des photographes, les bras chargés d'un énorme bouquet de fleurs ! Dès la fin de la première de *Phèdre*, il lui adressa un sonnet intitulé *Pour Sarah Bernhardt*, dans lequel il louait son sens inné de la tragédie grecque.

Contrairement à Lillie Langtry qui ne s'intéressa plus à lui dès qu'elle le vit sombrer dans la déchéance, l'actrice Ellen Terry, qui tenait Wilde

---

* Et en dehors de *Véra ou les nihilistes*.

en réelle estime *, resta l'une de ses amies les plus loyales. Ainsi n'hésita-t-elle pas à l'inviter à déjeuner après qu'elle l'eut aperçu un jour, à Paris, vers la fin de sa vie, regarder avec convoitise la vitrine d'une pâtisserie emplie de gâteaux et friandises, se mordillant les doigts pour empêcher la salive de dégouliner sur son pardessus. Wilde, trop fier pour lui avouer sa gêne, même si elle n'était que trop évidente, accepta volontiers l'invitation de son amie. Et celle-ci, délicate, de se contenter de lui dire, comme si elle n'avait rien vu de sa misère et qu'elle voulût lui faire ainsi l'honneur de conserver de sa personne une image intacte, que sa conversation était toujours aussi charmante qu'autrefois.

Dans les premiers temps de son séjour londonien, entre l'automne 1879 et l'été 1881, Wilde fut parfois, quoique dans de moindres proportions, à court d'argent ; ce qui, force est de le reconnaître, à l'exception de sa période américaine et de ses triomphes théâtraux, fut dans sa vie une déplorable constante. Mais, en ces premières années londoniennes, il pouvait bénéficier quelquefois de l'aide toujours providentielle de Lady Wilde lorsque le besoin s'en faisait sentir.

Malgré la relative immaturité dont il faisait encore preuve à cette époque, Oscar n'était pourtant plus l'enfant démuni que sa bienveillante mais

* Elle disait à qui voulait l'entendre que Wilde était l'un des hommes les plus remarquables qu'elle ait rencontrés.

envahissante mère s'échinait à couver. Preuve en est ce portrait mitigé que Lillie Langtry dresse de lui dans ses Mémoires :

Il n'avait pas plus de vingt-deux ans, d'abondants cheveux châtains, qu'il rejetait en arrière et qu'il portait plus longs que de coutume, sans toutefois l'excès qu'il affectera par après. Son visage était large et si blanc que quelques pâles taches de rousseur, assez grandes, y ressortaient étrangement. Sa bouche était bien dessinée, avec des lèvres plutôt épaisses et des dents verdâtres. Le manque de grâce dans son visage était compensé par la beauté de ses grands yeux intenses[4].

Et d'ajouter :

Il avait l'air parfois grotesque, mais sa voix était l'une des plus séduisantes que j'aie jamais entendues, ronde et douce, aux modulations extrêmement variées et au ton infiniment expressif[5].

Oscar Wilde éprouva-t-il un amour secret pour elle ? C'est ce que laisse entendre cette seule mais éloquente réflexion qu'il confia un jour à Vincent O'Sullivan :

Les trois femmes que j'ai le plus admirées, dans ma vie, sont la reine Victoria, Sarah Bernhardt et Lillie Langtry. J'aurais pu les épouser, toutes trois, avec plaisir[6].

Répondant là à un journaliste qui lui demandait, étonné de l'avoir vu jeter, par brassées, des dizaines de roses à ses pieds lorsque, glamour à souhait, elle avait débarqué elle aussi, en octobre 1882, aux États-Unis, ce qu'il pensait de cette grande et belle dame, il répondit qu'il aurait « préféré découvrir Mrs Langtry plutôt que l'Amérique » !

L'ingrate mais fascinante Lillie ne livra pas seulement, dans ses Mémoires, des considérations touchant à la physionomie d'Oscar Wilde. Elle s'y souvint également, faisant preuve d'une même réticence, de sa maison du 13 Salisbury Street, qu'elle décrivit, en des propos fort peu amènes, comme « une demeure fantomatique, avec de vieux escaliers poussiéreux, des couloirs tortueux, des meubles branlants et des coins sombres ». Cette maison ne lui plaisait vraiment pas. Elle s'en ouvrit à Wilde, lequel, toujours aussi bien disposé envers elle, décida sur-le-champ de déménager ! Profitant de la belle saison, il s'installa fin août 1880, en compagnie de Frank Miles, dans une maison, nettement plus jolie, située au 1 Tite Street, dans le quartier de Chelsea, alors l'un des plus élégants de Londres. Curieusement, il ira habiter, au numéro 16 de cette même rue, lors de son mariage avec Constance...

Autre fait troublant, mais en parfaite cohérence avec cette théorie esthétique, alors de plus en plus prégnante en lui, selon laquelle l'art est supérieur au réel, ainsi que le développeront ses quatre essais philosophiques : travestissant une fois de plus la réalité pour l'adapter à sa seule fantaisie, et faisant preuve en cette circonstance d'une mythomanie suspecte, il baptisera cette maison du nom de Keats House parce qu'elle avait été occupée par Elizabeth Skeates, laquelle n'avait aucun rapport, hormis une certaine similitude dans la consonance de son nom, avec John Keats, son poète favori !

C'est dans cette villa de style vaguement oxfordien, qu'il écrivit sa première pièce, *Véra ou les nihilistes*, laquelle, aussi peu réaliste dans son intrigue que trop sentimentale dans son dénouement, ne sera créée que trois ans plus tard, à New York, les théâtres londoniens l'ayant tous refusée. Elle n'y tiendra l'affiche qu'une semaine, tant le fiasco fut complet...

Autre coïncidence étonnante, c'est dans cette même rue, Tite Street, dans une demeure baptisée White House, qu'habita jusqu'en mai 1879 James Whistler, avec lequel Wilde eut, avant que leurs relations ne se gâtent définitivement *, les discussions les plus fécondes dans le domaine de la philosophie de l'art.

Whistler, qui s'était déjà opposé, lors d'un débat houleux, à Ruskin, avait, sur le plan intellectuel, des conceptions relativement proches, en plus de leur aspect novateur, de celles de Wilde. Notamment concernant la doctrine, en dehors de toute considération d'ordre éthique, de l'Art pour l'Art, qu'ils avaient assimilée, avant de la mettre en œuvre dans leur vie privée, à partir des textes théoriques d'Edgar Allan Poe (*The Poetic Principle*), de Théophile Gautier (sa préface à *Mademoiselle de Maupin*) et, surtout, de Charles Baudelaire (ses *Critiques d'art*).

De fait, c'est à une apologie de l'Art pour l'Art, parallèlement à une non moins révolutionnaire mise en question de la morale, qu'Oscar Wilde, sous l'influence de ces trois grands auteurs, se

* À la suite de querelles de nature plus personnelle que de fond, un ego surdimensionné les ayant portés à s'accuser mutuellement de plagiat.

livrera, dès sa première conférence américaine prononcée le 9 janvier 1882 à New York :

> On ne devrait jamais parler d'un poème moral ou immoral ; les poèmes sont bien ou mal écrits, un point c'est tout. Tout élément de morale, ou toute référence implicite à un parangon de bien ou de mal en art, est [...] le signe d'une [...] infirmité de la vision, une note discordante dans l'harmonie de l'imagination[7].

Et, dans la foulée, d'enjoindre le public à « aimer l'art pour lui-même[8] ».

Ce précepte capital, fondateur de toute son esthétique, Wilde le répétera à l'envi, et parfois quasi mot à mot, tout au long de son œuvre ainsi que l'atteste la préface de son *Portrait de Dorian Gray* lorsqu'il y affirme que « nul artiste n'a de sympathies éthiques. Chez un artiste, toute sympathie éthique est un maniérisme impardonnable[9] ». On croirait lire à nouveau, et en des termes quasi identiques, un texte de Nietzsche — le plus wildien des philosophes, à moins que ce ne soit Wilde le plus nietzschéen des écrivains — comme celui de l'aphorisme 108 de son *Par-delà Bien et Mal* : « Il n'existe pas de phénomènes moraux, mais seulement une interprétation morale des phénomènes[10] » !

C'est dire si Wilde de mieux en mieux armé conceptuellement, ayant en outre mûri sur le plan psychologique, était désormais prêt à affronter un plus vaste public, et non plus seulement le cercle restreint de quelques intellectuels, pour lui faire part, comme il allait bientôt s'y employer lors de sa série de conférences américaines, de ses connaissances approfondies en matière d'esthétique.

L'occasion allait lui être donnée au début du mois d'octobre 1880 par le bureau new-yorkais de Richard D'Oyly Carte, promoteur de spectacles théâtraux et imprésario de vedettes internationales qui venait de monter, dans la capitale anglaise, une opérette de Gilbert et Sullivan, *Patience*, laquelle parodiait, signe d'une popularité grandissante, Oscar Wilde et ces théories esthétiques nouvelles dont ses adeptes comme ses détracteurs affirmaient qu'il en était l'émergente figure de proue.

Patience ayant fait à Londres un triomphe, D'Oyly Carte, que l'appât du gain titillait, eut l'idée, secondé par l'un de ses collaborateurs, le colonel Morse, de créer ce spectacle à New York ; la première devait avoir lieu le 22 septembre 1882, en présence, pour en assurer le succès, du protagoniste principal, à l'occasion d'une tournée de conférences qui l'aurait conduit à travers tout le pays. L'original ne valait pas mieux que la copie, estimèrent certains esprits chagrins. Wilde, dont la bonne humeur en société ne fut en rien entamée par cette plaisanterie de mauvais goût, répliqua par cette épigramme : « La caricature, toujours aussi stérile qu'elle est honteuse et aussi impuissante qu'elle est insolente, n'est que l'habituel hommage que la médiocrité doit au génie [11]. » Et d'ajouter, plus méprisant encore à l'égard de ses ennemis, que « la satire [...] n'affecte en rien l'artiste, mais le confirme plutôt dans l'excellence de son œuvre et de son imagination [12] ». Point n'était besoin d'autres commentaires. Wilde, par la plus acerbe des ripostes, avait ainsi provisoirement cloué le bec aux innombrables tartufes de son temps !

Wilde, dont le succès croissant en avait indisposé plus d'un à Londres, y faisant naître bon nombre de haines tenaces et de jalousies furieuses, finit par accepter, voyant là une chance à saisir pour la diffusion à plus grande échelle de ses idées, l'alléchante proposition, tant sur le plan financier que publicitaire, de l'agence D'Oyly Carte. Accord fut donc conclu. D'Oyly Carte prenait à sa charge les frais d'organisation, tandis que Wilde, qui avait exigé que ces séances publiques fussent rémunérées à leur juste valeur, lui verserait, en retour, le tiers des bénéfices. Bref : une véritable opération de marketing littéraire, d'autant plus opportune que Wilde venait de publier, quelques mois auparavant, le 30 juin 1881, un recueil de poèmes, dont il lui incombait de faire la promotion à travers le monde anglo-saxon.

Ainsi, le 24 décembre 1881, Wilde s'embarqua-t-il à bord du paquebot transatlantique l'*Arizona*, pour atteindre, le 2 janvier 1882, les côtes de l'Amérique, et donc New York, sa première étape sur ce continent dont il lui restait tout à découvrir.

Conquérir l'Amérique comme il avait séduit Londres : tel fut l'ambitieux projet que Wilde, que la réussite commençait à griser, se fixa. La préparation de ce long voyage, qui commença le 24 décembre 1881 pour ne s'achever que le 27 décembre 1882, ne fut pourtant pas de tout repos, tant la publication de son volume de *Poems* * lui avait causé entre-temps, en dépit de l'accueil plutôt favorable du public, bien des déboires avec une critique partagée, en faisant tantôt une œuvre « immorale », hantée par l'« esprit du mal », tantôt un chef-d'œuvre à inscrire au panthéon des lettres anglaises.

Le nœud de la discorde, à partir duquel naquirent de nombreuses polémiques dans les cercles littéraires, fut un poème ayant pour titre *Charmide*, en référence à un dialogue de Platon. Texte composé durant les premiers mois de l'année 1879, entre la fin de sa période oxfordienne et le début de son expérience londonienne, et dont il confia à un journaliste de San Francisco qu'il était « le plus accompli et le plus parfait » de tous ses écrits.

Ce que ce poème annonçait, par l'audace de sa thématique, n'était autre que ce qu'une pièce de théâtre aussi érotique que *Salomé* allait elle-même mettre en avant, douze ans plus tard, provoquant alors un scandale identique : une perversion sexuelle aux tendances nécrophiles. Le cadavre de Charmide, qui se retrouve aux enfers, chez Hadès, après s'être noyé, devient en une même et seule pulsion l'objet de tout désir — charnel ou idéalisé.

Ainsi, à la parution de ce recueil de poèmes, si Oscar Browning écrivit certes, dans un compte rendu qu'il en fit en juillet 1881 pour *The Academy*, que « l'Angleterre était riche d'un nouveau

---

* Une soixantaine de sonnets, dont il avait supervisé la luxueuse édition, avec une couverture ornée d'un emblème représentant une mitre papale surplombant une rose maçonnique entourée d'un médaillon ovale où était imprimée la formule latine *Sub hoc signo vinces*.

poète », il ajouta néanmoins, émettant quelques réserves concernant ce qu'il jugeait être là le fruit d'une trop grande variété d'inspiration, que « le rituel catholique romain, le puritanisme austère, les îles brûlées de la Grèce, les fraîches allées et rivières d'Angleterre, le paganisme et le christianisme, Wordsworth, Milton et Mr Swinburne reçoivent à leur tour la même dévotion passionnée [13] ». Quant à Edmund Gosse, il estima, dans un article d'une rare véhémence, que ce volume de poèmes était un « curieux champignon vénéneux, une malodorante excroissance parasite [14] » qui ne devait son succès qu'au battage médiatique organisé par les amis, issus de l'aristocratie anglaise la plus décadente, de son auteur. Et le très autorisé *Athenaeum*, moins corrosif dans son ton mais plus perfide dans son analyse, de préciser, dans un article du 25 juillet 1881, que « le recueil de poèmes de Mr Wilde peut être considéré comme l'évangile d'un nouveau credo ; mais il diffère des autres évangiles en ce qu'il suit, au lieu de précéder, le culte qu'il prétend instaurer ».

Fameux revers pour celui qui, quelque peu imbu de sa personne, se prétendait être, en ces années-là, « le plus grand auteur de sonnets depuis Pétrarque [15] », comme il l'écrit dans sa lettre du 22 juillet 1881, adressée à Violet Hunt. C'est dire si cette prestigieuse tournée de conférences en Amérique que D'Oyly Carte lui offrait sur un plateau d'argent s'avéra providentielle, comme l'occasion inespérée de redorer son blason.

Il n'était que trop évident, du reste, que Wilde, pour qui l'air embourgeoisé de Londres devenait irrespirable en raison de ces attaques dont il était de plus en plus souvent la cible, désirait, exaspéré qu'il était face à tant d'animosité, quitter momentanément cette ville. Car à ces dénigrements continus, lorsqu'ils ne se transformaient pas en insultes, s'ajouta, comme pour venir aggraver la situation, un inconvénient majeur : celui d'avoir perdu son logement du 1 Tite Street, qu'il quitta un jour précipitamment ; un accès de rage lui ayant fait boucler ses valises en quelques minutes, suite à une dispute qu'il eut avec Frank Miles. Le motif en était aussi simple qu'offensant pour Wilde : son ami, qui dépendait financièrement de sa famille, refusa de le défendre, craignant qu'on lui coupât les vivres, lorsque son père, choqué par le contenu de ces fameux poèmes, se mit à critiquer ouvertement, lui aussi, le brave Wilde. « Cette poésie est licencieuse et peut faire beaucoup de mal à une âme qui la lit », se permit-il de lui écrire, tout en insistant sur le fait que son fils aurait intérêt à s'éloigner de lui pour sauvegarder sa réputation. Ainsi l'intrépide Wilde n'eut-il d'autre choix que d'aller se réfugier temporairement chez sa mère, au 1 Ovington Square, avant de s'installer, en juillet 1883, après son retour des États-Unis, dans un meublé du 9 Charles Street, à proximité de Grosvernor Square.

Pour en revenir à la préparation de ce voyage en Amérique, c'est en mentionnant l'adresse de Keats House, au 1 Tite Street, ainsi que l'atteste sa correspondance, que Wilde continua bizarrement à envoyer ses lettres, câbles et télégrammes, à New York bien qu'il n'y habitât plus depuis plusieurs semaines. Ce comportement en dit long, du point de vue psychique, sur l'aspect fabulateur, entre mystification et mythomanie, de la personnalité de Wilde, en cette période particulièrement instable de sa vie.

Wilde, à qui sa mère avait légué le sens des relations publiques, s'adressa notamment, en ce courrier, à James Russell Lowell, ambassadeur des États-Unis à Londres, ainsi qu'au peintre préraphaélite Edward Burne-Jones, afin de leur demander de lui fournir des lettres de recommandation destinées à l'introduire dans la haute société américaine. Russell Lowell lui procura une missive à l'adresse d'Olivier Wendell Holmes, cofondateur de l'*Atlantic Monthly* ; tandis que Burne-Jones lui en remit une pour Charles Eliot Norton, esprit érudit qui comptait parmi ses relations des plumes aussi illustres que Longfellow, Emerson ou Edward Fitzgerald.

Mais là où Wilde se montra le plus professionnel, lors de la préparation de cette tournée américaine, ce fut dans la méticulosité avec laquelle il confectionna son imposante garde-robe : la panoplie du parfait esthète, pensait-il sans se douter du ridicule de certaines de ses tenues. Ainsi, éberlué par l'accoutrement avec lequel il vit un jour Wilde sortir de chez son tailleur, arborant un manteau vert fourré et un bonnet polonais chamarré, Whistler, dans une lettre ouverte qu'il publia, sous le titre de *L'Art de se faire des ennemis*, dans le *World* du 30 novembre 1881, remarque, sarcastique : « Oscar, comment osez-vous ! Que signifie cet inconvenant carnaval dans mon Chelsea [16] ! »

Quant à cette garde-robe que Wilde allait

emporter avec lui, soigneusement disposée dans deux énormes malles, à bord du paquebot qui l'aurait emmené à la conquête du Nouveau Monde, voici ce dont, pour l'essentiel, elle était composée : plusieurs vestes de velours, gilets moirés, chemises à plastron, cravates lavallières, nœuds papillon, un habit noir à queue-de-pie, des escarpins vernis ornés de nœuds de satin, des hauts-de-chausses et bas de soie assortis, une cape et des chapeaux divers. À cet équipement s'ajoutaient les indispensables accessoires, dont une canne à pommeau et une paire de gants, lesquelles, en plus de lui donner de l'allure, permettaient de tenir les gens à distance ainsi que l'exigeait le protocole « dandy ». Sa coiffure, elle aussi, était très étudiée : de longs cheveux foncés séparés par une raie centrale lui arrivaient, en masse et par vagues, à hauteur des épaules, lui conférant une image avec laquelle il aima toujours jouer, semblable à celle des grands romantiques du XIXᵉ siècle.

C'est habillé de ce même manteau vert à fourrure, sur le col duquel tombait son épaisse chevelure, que Wilde posa longuement, lors de deux séances de clichés, dans le studio du célèbre photographe new-yorkais Napoleon Sarony, qui était alors considéré, par les artistes et écrivains de son pays, comme le Nadar américain.

C'est dire que tout était prêt pour ce grand départ à destination de l'Amérique, à l'exception, toutefois, de l'essentiel, qu'il avait, plus soucieux de l'apparence de sa personne que du fond de sa pensée, totalement négligé : le texte de ses conférences, dont il n'avait pas encore rédigé une seule ligne ! Aussi est-ce lors de la traversée de l'océan Atlantique qu'il prépara, à bord de l'*Arizona*, enfermé dans sa cabine, le sujet de sa première allocution, *La Renaissance anglaise de l'art*, titre emprunté aux *Études sur l'histoire de la Renaissance* de son ancien mentor d'Oxford, Walter Pater.

Oscar Wilde toucha le sol américain le 2 janvier 1882. Après neuf jours de voyage, telle une star, il fut aussitôt assailli par une marée de reporters déchaînés et de photographes lançant des éclairs de magnésium, dont certains, pour ne rien manquer de cet événement qui défrayait déjà la chronique, avaient affrété un canot afin de le rejoindre, impatients de recueillir ses premières impressions, à bord du navire.

Une fois à quai, après être descendu de manière quelque peu cérémonieuse de l'*Arizona*, il se présenta, plus flamboyant que jamais, aux douaniers américains, qui lui demandèrent ce qu'il avait à déclarer dans ses volumineux bagages. Sa réponse, à laquelle Gide fera maintes fois allusion, reste un de ses mots les plus célèbres : « Je n'ai rien à déclarer, si ce n'est mon génie [17] » !

La façon dont la presse américaine relata cette entrée triomphale sur la scène new-yorkaise, et dont les tabloïds anglais se firent immédiatement l'écho, ne laissa pas de surprendre Wilde, lequel, vilipendé par les uns et adulé par les autres, ne put s'empêcher d'éclater de rire lorsqu'il lut avec quel étonnement ces reporters l'avaient découvert à sa tonitruante descente de bateau : non point un de ces esthètes efféminés, fluets et pédants, comme il en pullulait dans certains quartiers à la mode, à Soho ou Greenwich Village, mais un gaillard plutôt jovial et baraqué, bien qu'il arborât au doigt une chevalière ornée d'un profil grec et qu'il tînt toujours en main une cigarette allumée dont il n'inhalait jamais la fumée, au phrasé certes posé, extrêmement mélodieux et presque syncopé, mais à la voix néanmoins claire et forte, voire franchement virile.

De ce tourbillon médiatique émergea toutefois, d'emblée, une question beaucoup plus sérieuse au regard de ce mouvement artistique que cet histrion en fourrure, dont la presse prétendait à longueur de page qu'il était le chef de file, se proposait de propager aux quatre coins de cet immense pays, qui se remettait à peine de la guerre de Sécession : qu'entendait-il, au juste, par cette notion, jusque-là inédite, d'« esthétisme » ? Certes connaissait-on le terme d'« esthétique », discipline de la philosophie que le penseur allemand Alexander Baumgarten avait définie, dès 1750, dans son ouvrage intitulé *Aesthetica*. À la limite savait-on également que ce fut Sören Kierkegaard qui avait employé pour la première fois, dans son *Journal du séducteur*, paru en 1843, le mot d'« esthéticien ». Mais d'« esthétisme », personne — et pour cause puisque ce fut là, dans le sillage du préraphaélisme anglais, une invention typiquement wildienne — n'en avait jamais entendu parler jusqu'à ce qu'Oscar Wilde fît irruption dans le monde des idées. Aussi est-ce avec reconnaissance pour ce journaliste qui l'interrogea sur ce point capital que Wilde, toujours courtois envers ses interlocuteurs, se fit un plaisir de répondre à la question : « L'esthétisme est une quête des signes de la beauté. C'est une science du beau permettant de chercher la correspondance entre les arts. C'est, plus exactement, la quête du secret de la vie[18] », soutint-il. Et, nanti de ce panache qui le caractérisa toujours, y compris dans les pires moments d'adversité, d'ajouter, de son bel et inimitable timbre de voix : « Je suis venu diffuser la beauté[19]. » Mais c'est en réponse à un autre journaliste, lequel insista pour que Wilde lui livrât sa propre définition de la beauté, qu'il tint, concernant cet *aesthetic movement* (formule que reprendra le *Bloomsbury* de Virginia Woolf) qu'il disait incarner, le discours le plus circonspect : « C'est un vaste domaine qui ne connaît pas de limites, et toute définition est insatisfaisante. [...]. C'est la quête, si elle est conduite dans les règles de l'art, qui constitue l'esthétisme[20]. »

C'est donc cette vision du monde qu'Oscar Wilde se préparait à diffuser lors de cette tournée de conférences qui l'aurait conduit pendant une année entière, de l'East à la West Coast et du sud du Nouveau-Mexique au nord du Canada, dans près de cent cinquante lieux différents : des théâtres feutrés des métropoles les plus cosmopolites aux salles obscures des villes les plus provinciales, en passant par les contrées les plus reculées, telle cette réserve d'Indiens (à Sioux City, dans l'Iowa), lesquels n'avaient manifestement cure des envolées lyriques de cet Irlandais dont les ancêtres avaient décimé leur tribu et pillé leurs terres ; ou encore cette mine de charbon (à Leadville, dans le Colorado) au fin fond de laquelle il s'adressa, trop sophistiqué et quelque peu blasé, à un auditoire, plutôt rustre et turbulent, de mineurs aussi sidérés qu'inquiets pour la santé mentale de ce drôle de coco en culotte de velours, bas de soie et souliers vernis à pompon !

La première de ces conférences n'étant prévue que pour le 9 janvier 1882, à New York, il restait donc encore une semaine à Wilde pour découvrir, tout en trouvant le temps de peaufiner le texte de sa causerie, l'atmosphère trépidante de la vie intellectuelle de Manhattan. Aussi, après s'être installé au Grand Hôtel, situé à Broadway, enchaîna-t-il alors, à un rythme encore plus soutenu qu'à Londres, cocktails et réceptions, soirées en smoking et dîners de gala, presque tous donnés en son honneur et où il fut toujours traité, ainsi qu'il s'en vanta à ses correspondants anglais, comme un « petit roi ».

La première de ces mondanités eut lieu le 5 janvier chez Mr et Mrs Hayes, riches voyageurs dont la somptueuse demeure était décorée, en esthètes avertis qu'ils étaient, dans le style japonais. C'est là, devant les superbes tentures du salon oriental, à la lueur tamisée de hauts candélabres et sous un clair-obscur digne des plus grands coloristes, qu'Oscar Wilde, dont l'élégante silhouette tremblait quelque peu sous la flamme des chandelles, fit son apparition, comme se détachant devant les rideaux d'une scène de théâtre, dans le monde new-yorkais des arts et des lettres. Wilde, qui, face à ces estampes et autres paravents japonais, discourut alors surtout, ses gants en peau de chevreau en main pour tenir à distance respectueuse ses interlocuteurs, des impressionnistes ainsi que de Whistler, y trônait, telle autrefois sa mère dans son salon dublinois, « comme une idole païenne [21] », protégé qu'il semblait être par une ombrelle aux côtés de laquelle il se tint durant toute la conversation. Pour l'occasion, il s'était habillé avec un soin tout particulier : une veste prince Albert, étroitement boutonnée et agrémentée d'une pochette de soie rouge, d'où ressortait, orné d'un foulard bleu ciel, le large et romantique col, à la Byron, d'une chemise éclatante de blancheur.

La réception terminée, Mr et Mrs Hayes invitèrent ensuite leur hôte à les accompagner au Standard Theatre, où l'on donnait, précisément, *Patience*, cette opérette de Gilbert et Sullivan parodiant, en la personne de Bunthorne, Oscar Wilde. Celui-ci, toujours aussi affable envers ses nouveaux protecteurs, mais curieux surtout de voir la manière dont il y était représenté, accepta de bonne grâce, doté de son indéfectible sens de l'humour. C'est quelque peu à l'écart cependant, en léger retrait dans la pénombre de sa loge, qu'il assista à ce spectacle durant lequel, voyant Bunthorne porter des vêtements quasi identiques aux siens, il s'adressa alors à sa voisine, lui faisant discrètement part, du haut de son très *irish* flegme, de cette remarque restée fameuse elle aussi, et qu'il reprendra presque mot à mot dans *La Duchesse de Padoue* :

La chose la plus excentrique qu'un homme puisse faire, c'est de se montrer intelligent. [...] Quant à la populace, méprisez-la autant que moi. Je tiens ses viles flagorneries et ses vaines faveurs dans une telle estime que la popularité est la seule injure que je n'aie jamais essuyée[22].

La représentation finie, Wilde fut invité à rejoindre les coulisses du théâtre afin d'y boire une coupe de champagne avec les principaux acteurs. C'est là, lors de ce *drink*, qu'il fit la connaissance de Joseph Marshall Stoddart, éditeur de Philadelphie qui avait acquis à prix d'or les droits de cette opérette, mais qui surtout, sept ans plus tard, en septembre 1889, allait lui commander, en guise de feuilleton pour le journal dont il était propriétaire, une œuvre originale. Et quelle œuvre puisque ce fut là l'amorce de ce qui deviendra, en 1890, le livre le plus important d'Oscar Wilde : *Le Portrait de Dorian Gray*, son seul roman, mais grâce auquel il passera à la postérité !

C'était donc pour la soirée du lundi 9 janvier 1882 qu'était annoncée, à grand renfort de publicité, la leçon inaugurale, au Chickering Hall de New York, de celui que John Bodley qualifia outrageusement, dans le pourtant très sérieux *New York Times*, d'« épicène », terme zoologique désignant, étant donné son prétendu hermaphrodisme, le mâle comme la femelle de certaines espèces animales. Et, de fait, l'assistance — une salle comble, de près de mille deux cents places assises, avec une recette s'élevant à la somme faramineuse, pour l'époque, de mille deux cent onze dollars — ne fut pas déçue dans ses attentes, quoique ce fût par son apparence plus que par son discours, ainsi que l'observa Helen Potter :

> Costume : veste sac pourpre sombre et culotte ; bas noirs ; escarpins aux boucles étincelantes ; veste doublée de satin lavande ; manchettes et jabot en riches dentelles ; large col à revers. Porte les cheveux longs, partagés au milieu par une raie et rejetés en arrière. Entre avec une cape ronde sur l'épaule. La voix est claire, aisée, et non forcée. Change de pose de temps à autre, la tête inclinée vers le pied, et conserve une apparence générale de repos. Ce disciple de l'art pour l'art parle d'un ton très posé et [...] l'inflexion finale d'une phrase ou d'une période est toujours montante [23].

Aussi fracassante que déconcertante, cette entrée en matière du génial Oscar Wilde ! Et pourtant : c'est par une extrême rigueur conceptuelle, alliée à une tout aussi vaste culture philosophique, que se caractérisa le contenu de cette première conférence. À ces qualités intrinsèques s'ajoutait un réel sens de la pédagogie, ainsi qu'en témoignent ses incessantes références littéraires et artistiques : de l'Antiquité grecque au préraphaélisme anglais, en passant par le théâtre shakespearien, la Renaissance italienne, les Lumières françaises, les romantiques allemands et, surtout, ses poètes de prédilection.

Quant au thème choisi pour cet exposé, Wilde le résumait ainsi : ce que l'art anglais vivait dans la seconde moitié du XIX⁰ siècle avec les préraphaélites était comparable, par l'harmonie qu'il offrait entre les beautés du corps et les idéaux de l'esprit, à ce que la Renaissance italienne vécut, ainsi que le démontra Pater, à la charnière des XV⁰-XVI⁰ siècles. Car, concluait-il avec Ruskin, « il n'y a rien, dans l'existence quotidienne et matérielle, qui soit à ce point mesquin ou vulgaire qu'il ne puisse être anobli, sinon sanctifié, par l'individu[24] ».

Certes les extraits les plus significatifs de cette conférence furent-ils reproduits, dès le lendemain matin, 10 janvier 1882, dans les principaux journaux américains, le *New York Tribune* en tête. Pourtant, après les premiers et inévitables succès de foule, ce furent des parterres plutôt clairsemés et désorientés, surtout dans les endroits les moins développés sur le plan intellectuel que Wilde, toujours aussi violemment attaqué par la presse et aussi grossièrement pastiché par ses adversaires, dut affronter de plus en plus souvent. Aussi, face à cette difficulté de compréhension que rencontrait parfois son auditoire, décida-t-il un mois après de changer de sujet. *Les Arts décoratifs*, titre moins abstrait et plus accessible, fut donc le nouveau thème de sa deuxième série d'interventions, dont la première eut lieu le 13 février 1882 au Central Music Hall de Chicago. Son traitement en demeurait toutefois encore trop rébarbatif aux yeux des masses les plus populaires. C'est ainsi que Wilde, toujours aussi disponible envers son public, quoique fatigué par cette surcharge de travail, s'efforça de la remanier, une fois de plus, pour en présenter, à partir du 15 mars 1882, une troisième et quasi définitive mouture : *La Maison belle* en fut alors le titre. Aussi est-ce cette version-là, qu'il ressassa une vingtaine de fois et qu'il reprit lors d'une série de conférences prononcées, entre septembre 1883 et novembre 1885, à travers la Grande-Bretagne, qu'il se montra le plus à l'aise ainsi qu'en témoigne le franc succès qu'il recueillit.

Cet art de décorer la maison fut une des passions de Wilde, qui s'appliquait à lui-même les principes de son esthétique, et pas seulement sur le plan vestimentaire. L'agencement intérieur de ses appartements londoniens, du 13 Salisbury Street (Thames House) et du 1 Tite Street (Keats House) en suivait les préceptes. Car, en plus de ses vases de porcelaine bleue et de ses bouquets de lys blanc, Wilde y avait ramené d'Oxford ses carreaux de Damas, ses dessins de Blake et de Burne-Jones, ses tapis grecs, ses tentures romaines, ses statuettes de Tanagra, son chevalet où trônait un portrait, exécuté par Edward Poynter, de son égérie Lillie Langtry. De même est-ce avec un style d'un rare raffinement qu'il décorera plus tard, aidé par l'architecte d'intérieur Edward Godwin, sa maison, située au 16 Tite Street, où il habitera de janvier 1885 à mai 1895 avec sa femme et ses deux enfants.

Mais, en attendant, il lui fallait encore achever cet harassant périple en Amérique, scandé presque quotidiennement par de tout aussi éprouvants et parfois lassants discours publics, tant ils en devenaient répétitifs. Heureusement ce long séjour aux États-Unis fut-il agrémenté, pour ce voyageur impénitent, par quatre importantes rencontres, toutes de nature littéraire.

La première fut celle, dès le 18 janvier 1882, avec celui qu'il considérait depuis la mort de Poe comme le plus grand poète américain du XIXᵉ siècle, Walt Whitman, auquel sa mère, Lady Wilde, l'avait initié alors qu'il n'était âgé que de quatorze ans grâce à la lecture de son principal recueil de poèmes,

Feuilles d'herbe, dont elle avait acheté en 1868 l'édition anglaise.

C'est Stoddart qui conduisit Wilde jusque chez Whitman, lequel, déjà vieux, malade et à demi paralysé, ne put se rendre, la veille, au Horticultural Hall de Philadelphie, ville située non loin de la bourgade (Camden) où il habitait, pour aller l'y écouter. Cette entrevue, qui dura trois intenses heures, marqua à ce point Wilde qu'il ne put s'empêcher de lui adresser, une dizaine de jours plus tard, une lettre au contenu enflammé : « Il n'est personne, dans ce vaste monde américain, que j'aime et que j'honore comme vous [25] », lui écrivit-il en ce qui se présentait là comme une lettre de remerciement, mais où il était aussi question, par-delà cette gratitude, de Swinburne, que l'homosexualité tout autant que l'œuvre, rapprochait de Whitman. Et, à un journaliste qui lui demandait ce qu'il pensait de ce poète américain, de préciser : « C'est le plus grand homme que j'aie jamais vu, le personnage le plus simple, le plus naturel et le plus fort que j'aie jamais rencontré de ma vie. [...] Personne, dans les temps modernes, ne s'est rapproché autant des Grecs [26]. »

Quant à Whitman, il se montra tout aussi enchanté de ce premier contact puisqu'il éprouva lui aussi le besoin de se confier à un ami pour lui dire, y faisant l'apologie de son hôte, que Wilde, « beau jeune homme, grand et distingué [...] qui avait eu la bonne idée de s'enticher de [lui], était venu [l]e voir pour passer un après-midi en [s]a compagnie [27] ». Et, de fait, s'étant entendus à merveille, ils convinrent de se rencontrer une deuxième fois, le 10 mai de cette année 1882, chez Whitman toujours, où ils se revirent effectivement, mais de façon bien plus chaleureuse encore puisque Wilde, quelques semaines après, avoua alors à George Ives que « le baiser de Walt Whitman était encore sur [s]es lèvres [28] » !

Le bonheur que leur procurèrent ces deux entrevues successives, pour relativement complices qu'elles fussent, s'estompa, cependant, lorsque Whitman publia, à l'automne de l'année 1888, ses *Rameaux de novembre*, autre important recueil de poèmes mais dont la préface (à propos de laquelle Wilde fit pourtant, le 25 janvier 1889, une élogieuse critique, intitulée *L'Évangile selon Walt Whitman*) fustigeait, non seulement la théorie de l'Art pour l'Art, mais sans le nommer, l'esthétisme wildien : « Nul ne pénétrera mes vers s'il s'acharne à y voir un exploit littéraire [...] qui viserait essentiellement à l'art et à l'esthétisme. » Faisant preuve d'une certaine ambiguïté envers son jeune disciple, Whitman déclara dans le même temps, dans la *Pall Mall Gazette* du 25 janvier 1889, que si Wilde « n'avait jamais été un phare, il était tout de même une lumière constante ». Et pour cause : loin d'être le tenant du seul esthétisme, Wilde fut également, à l'instar de Whitman, un fervent partisan de la lutte sociale, sinon de l'engagement politique, ainsi que l'atteste un essai aussi idéologiquement marqué que *L'Âme de l'homme sous le socialisme*, publié, deux ans plus tard, en 1891.

Le deuxième écrivain dont Wilde fit la connaissance, durant ce séjour, est un autre géant de la littérature mondiale, Henry James, qu'il croisa, dans l'un des salons d'un hôtel de Washington, le 21 janvier 1882, trois jours après son premier tête-à-tête avec Whitman. Cette rencontre se déroula cependant nettement moins bien : Wilde et James n'eurent l'un envers l'autre que des propos blessants. Wilde était « répugnant et stupide », « infantile et primitif », « sot et insolent », un « être innommable et une bête malpropre », « décadent[29] » en un mot, écrivit James, écumant de rage face au succès grandissant de son concurrent, à Isabella Stewart Gardner. Quant à Wilde, il tonna dans *Le Déclin du mensonge* que James « écrivait des ouvrages d'imagination comme s'il s'agissait d'un devoir désagréable et, à force de mobiles minables et de points de vue imperceptibles, gâche un style précis[30] ». Autant dire que ce fut la première et dernière fois que Wilde et James se parlèrent !

Puis ce fut au tour de Longfellow, que Wilde était d'autant plus impatient de voir, même s'il n'en appréciait que modérément le talent poétique, que sa mère avait échangé avec lui, dans son jeune temps, une correspondance, certes sporadique, mais assez bien nourrie sur le plan de la réflexion littéraire. C'est le matin du 31 janvier 1882, alors qu'il s'apprêtait à donner une conférence à Harvard, que Wilde rencontra le vieux poète, âgé de soixante-quinze ans et presque aveugle, avec lequel il prit, dans sa modeste maison, un petit déjeuner dont il se souvint, longtemps après encore, avec émotion. Car Henry Wadsworth Longfellow, qui était déjà très malade lorsqu'il consentit à le recevoir, mourut, le 24 mars 1882, moins de deux mois après.

Sale temps pour les grands esprits que ce maudit printemps 1882, puisque quelques semaines plus tard, au mois d'avril, disparaissait également celui que Wilde appela, lors de sa première conférence new-yorkaise, le « Platon de la Nouvelle-Angleterre » : Ralph Waldo Emerson, le plus important des philosophes américains du XIXᵉ siècle. Aussi est-ce non sans émotion que Wilde salua leur mémoire lors de l'allocution qu'il prononça le 2 juin 1882, à Boston : « Souvenons-nous que l'art est la seule chose que la mort ne puisse atteindre[31]. »

Mais la plus symbolique de ces quatre rencontres littéraires fut celle qu'il eut, le 21 mars 1882, avec Emma Speed, la nièce de John Keats. Wilde, ce jour-là, donnait une conférence au Boyd's Opera House d'Omaha, ville perdue du Nebraska, où habitait cette jeune dame. Celle-ci s'était alors fondue, en toute discrétion, dans l'assistance. Wilde, qui n'en savait rien, eut cependant l'idée impromptue de réciter, lors de cette intervention, quelques vers, extraits de *Sonnet en bleu*, de son poète préféré. C'est alors que, une fois la causerie terminée, Mrs Emma se présenta à lui pour l'inviter à aller consulter, chez elle, quelques-uns des manuscrits originaux de son oncle, dont ce poème qu'il venait d'évoquer. Mieux : voyant cet état de fébrilité, de déférence quasi religieuse, dans lequel Wilde se trouva lorsqu'il tint ce sonnet en main, elle lui en fit don ! Ce fut là, pour Wilde, l'un des plus beaux cadeaux de son existence. Dire qu'il fut comblé de joie à l'idée de posséder le manuscrit autographe de ce poète qu'il vénérait serait un truisme. Ainsi ramena-t-il la précieuse relique à Londres, où après l'avoir fait encadrer, elle trôna, pendant dix ans, sur l'un des murs de sa maison du 16 Tite Street. Ce legs quasi céleste, à la valeur inestimable, lui fut cependant retiré lui aussi, adjugé pour trente-huit misérables shillings, lors de la mise en vente, le 24 avril 1895, de tous ses biens.

De cette terrible condition, qui, treize ans plus tard, allait être la sienne, c'est en ce même état du Nebraska, dans les faubourgs gris et enfumés de la municipalité de Lincoln, où il se rendit les 24 et 25 avril 1882, que Wilde en entrevit avec le plus d'acuité, comme par anticipation, les affres. Ce dernier jour, il visita la prison, dont, avec une compassion mêlée d'un étrange mépris, il décrivit brièvement, dans une lettre qu'il adressa à Helena Sickert, la pénible vie des détenus :

On m'emmena [...] visiter l'énorme prison ! Ces malheureux échantillons d'humanité en affreuse tenue rayée [...] avaient tous l'air minable : ce qui m'a consolé, car j'aurais horreur de voir un criminel à noble physionomie. Leurs petites cellules blanchies à la chaux [...] contenaient des livres ! Dans l'une, je trouvai une traduction de Dante [...]. Étrange et beau, m'a-t-il paru, que la douleur d'un seul Florentin en exil puisse, des centaines d'années plus tard, alléger celle d'un prisonnier de droit commun dans une geôle moderne et qu'un assassin aux yeux mélancoliques — qui sera pendu dans trois semaines — passe le temps qui lui reste à lire des romans : mauvaise préparation à l'affrontement avec Dieu ou le Néant[32].

Car cette cruelle situation qu'il dépeignit là, non sans quelque vilenie lorsqu'il stigmatisait la prétendue absence de noblesse dans la physionomie des prisonniers, fut exactement la sienne, et parfois jusque dans le détail puisqu'il lut lui aussi Dante, lorsqu'il fut enfermé, revêtu de la même tenue rayée de forçat, dans la geôle, aux murs eux aussi blanchis à la chaux, du pénitencier de Reading, où il assista à une identique pendaison, avant de finir sa vie, tout comme l'auteur de *La Divine Comédie*, exilé !

Ce voyage à travers les États-Unis touchait à son terme, et cette série de conférences se clôtura officiellement le 13 octobre 1882. Le lendemain, 14 octobre, il retourna à New York, y séjourna encore jusqu'à la fin du mois de décembre, y passant même lors d'une ultime mondanité, le réveillon de Noël.

Ces deux derniers mois, pendant lesquels il tenta de s'adonner à un repos bien mérité, il les consacra, avec l'aide de son ami Dion Boucicault, venu expressément de Londres, aux préparatifs de la création de sa première pièce, *Véra ou les nihilistes*, laquelle, prévue, dans une salle de Manhattan (le Theatre of Union Square), pour le 20 août 1883, en plein été, connaîtra l'échec cuisant que l'on sait, aggravé par une canicule qui rendit cette année-là la ville déserte.

Puis ce fut, le 27 décembre 1882, le départ, à bord du *Bothnia*, pour l'Angleterre, où, après une traversée d'une dizaine de jours, il débarqua à Liverpool, auréolé de cette nouvelle gloire que venait de lui conférer cette tournée américaine, le 6 janvier 1883.

Wilde, après avoir repris ses habitudes et raconté à tout un chacun ses divers exploits, ne resta que peu de temps, cependant, à Londres. Car à peine y fut-il arrivé qu'il fut repris de cette insatiable envie d'en repartir aussitôt. Mais, cette fois, pour sa ville préférée : Paris, là même où, dix-sept ans plus tard, il décidera, tant il l'aimait, d'achever, fût-ce dans la misère, son existence.

Un esthète à Paris :
danse, cadence et décadence

> *Pendant des années, Dorian Gray ne put se libérer de l'influence de ce livre. [...]. Le héros, ce jeune Parisien [...], devint à ses yeux une sorte de préfiguration de lui-même. Et [...] l'ouvrage [...] lui semblait contenir l'histoire de sa propre vie, écrite avant qu'il l'eût vécue.*
>
> Oscar Wilde,
> Le Portrait de Dorian Gray[1]

C'est donc à Paris, sa ville de prédilection tant il en appréciait le rayonnement culturel, que Wilde choisit, dans le sillage de ses succès américains et comme pour en affermir l'aura jusqu'au cœur de l'Europe, de se rendre.

À la fin du mois de janvier 1883, Wilde arriva dans la Ville lumière, où il descendit, pendant quelques jours, à l'Hôtel Continental, avant que de s'installer à l'Hôtel Voltaire, jusqu'en mai de la même année, où il avait déjà logé lorsqu'il avait vingt ans. Car ce lieu, il l'affectionnait d'autant plus qu'y avaient séjourné, par le passé, quelques-uns des écrivains qu'il admirait le plus, dont Baudelaire, qui y avait écrit, en 1856, plusieurs pièces des *Fleurs du Mal*.

Wilde se plaisait tant à vivre parmi ces illustres fantômes qu'il alla même, alors, jusqu'à se vêtir, lorsqu'il était dans sa chambre, en copiant l'une des tenues d'intérieur de Balzac (dont il aimait, au sein de *La Comédie humaine*, Lucien de Rubempré). Non pas son austère et monacale bure blanche, mais un long et épais peignoir de laine écrue… vêtement agrémenté, pour parfaire l'imitation lorsqu'il marchait, d'une canne d'ivoire dont le pommeau était orné, comme chez le maître, de turquoises. Et c'est vêtu de la sorte que Wilde, installé en ce mythique Hôtel Voltaire, rédigea, durant l'hiver 1883, sa deuxième tragédie, *La Duchesse de Padoue*, laquelle, par son mélange plutôt confus et malhabile des genres (du théâtre élisabéthain à la prose romantique), ne recueillera guère de succès.

C'est de ce mois de mars 1883, quelques semaines après être arrivé à Paris, que date sa rencontre, chez Maria Cassavetti-Zambaco, avec celui qui deviendra, non seulement l'un de ses amis les plus proches, mais l'un de ses biographes les plus prolifiques, Robert Sherard, jeune et bel Anglais alors âgé d'à peine vingt et un ans, qu'il appréciait d'autant plus qu'il était l'arrière-petit-fils du poète William Wordsworth. Descendance dont Wilde, en homme du monde qu'il avait appris à être à Londres, vit immédiatement les énormes avantages, en matière de mondanités parisiennes : Sherard, grâce à la position sociale que lui procurait le nom de cet éminent aïeul, l'emmena dîner chez Victor Hugo.

Il est vrai que Wilde lui-même, dont le charisme tout autant que la notoriété ne représentaient certes pas, eux non plus, des qualités négligeables auprès du public, servait alors tout aussi bien les intérêts de Sherard. Preuve en est ce portrait dithyrambique que ce dernier dressa de lui, lorsqu'ils se virent pour la première fois : « Il m'apparut, d'emblée, comme l'un des êtres les plus merveilleux que j'eusse jamais rencontrés. Bien plus : il me sembla qu'il n'existât aucune chose, en ce monde, à laquelle, quel qu'en fût le prix, son génie ne pût légitimement aspirer[2]. »

Sherard, en ce temps-là, ne fit pas toutefois qu'inviter Wilde chez les plus grands écrivains de France. Car il lui arriva aussi de le conduire, comme lorsque Wilde lui avoua un jour que « Priape l'appelait[3] », dans des endroits bien moins reluisants, sinon mal famés, tel l'Éden, sorte de maison close à mi-chemin entre le bordel et le cabaret, où, parmi une dizaine de filles de joie, vendait ses services Marie Aguétant, prostituée dans les bras de laquelle se jeta alors, prit d'un rut soudain, Oscar. Comportement qui, pour incongru qu'il fût chez un être aux tendances homosexuelles, ne lui arriva pas souvent ainsi qu'en témoigne cette déclaration de Sherard : « Je me demande comment un homme au tempérament si sanguin, amateur de bonne chère et de bon vin comme le fut Oscar, pouvait se contrôler au point de limiter ses rapports sexuels à un seul en quarante-deux jours[4] », lança-t-il un jour, ainsi que le rapporte Neil McKenna dans sa *Vie secrète d'Oscar Wilde*.

Mais Robert Sherard, esprit fin et cultivé, fut bien plus, pour Wilde, que cet expert ès mondanités, pour brillantes ou sordides qu'elles fussent. Car

c'était avec lui que, souvent attablé dans un restaurant du Quartier latin ou de Saint-Germain-
des-Prés, parfois de Montparnasse, il aimait le plus
converser : de politique, qu'il raillait fréquemment,
au mariage, qu'il se faisait un malin plaisir de dénigrer avec une rare désinvolture, en passant par la
littérature française, qu'il aimait tout particulièrement. Aussi le seul défaut, mais de taille, que Wilde
trouvât à Sherard était-il « son manque de goût »
dans la mesure où il n'appréciait guère, sur le plan
artistique, ce qui était pourtant considéré, à
l'époque, comme l'un des principaux éléments de
l'avant-garde culturelle à Paris, l'impressionnisme,
cette nouvelle école de peinture dont Monet était,
comme Wilde le fut pour l'esthétisme, le chef de
file.

L'esthétisme, justement, qu'était-il alors devenu,
après avoir triomphé à Londres puis à New York,
aux yeux de Wilde, pour lequel la capitale française
demeurait la ville de référence ? Il n'est pas exagéré
de dire que c'est à Paris que Wilde entama ce que
l'on nommera sa « deuxième période esthétique ».

Sur le plan vestimentaire, tout d'abord. C'est de
ce mois de mars 1883 que date, en effet, sa modification la plus sensible : l'abandon progressif de
ses tenues les plus extravagantes pour se diriger
vers un style plus conforme, avec ses hauts-de-
forme et ses redingotes *, au dandy qu'il deviendra
quelques années plus tard à sa période dite de
« maturité », dont l'éclosion correspond à la publi-

---

* Dont il prenait soin, pour en souligner le « chic négligé », de retrousser les poignets.

cation, en 1890, alors qu'il était âgé de trente-six ans, du *Portrait de Dorian Gray*.

Sur le plan physionomique, ensuite. C'est à ce même mois de mars 1883 que remonte, toujours aussi soucieux de jouer avec son image, mais lassé également de ces quolibets que la presse n'avait de cesse de lui jeter à la figure, sa transformation la plus radicale quant à son apparence physique : un changement dans sa coiffure même puisqu'il renonça pour la première fois de sa vie à sa longue et épaisse chevelure, qu'il raccourcit drastiquement afin d'adopter une coupe semblable, avec ses petites boucles, à celle d'un empereur romain... Néron, en l'occurrence, dont il venait d'admirer un buste de marbre au musée du Louvre.

Dire que Wilde fut satisfait de cette nouvelle coupe de cheveux, fidèle qu'il était à son narcissisme, serait un euphémisme. « Ma coiffure à la Néron a épaté tout le monde. Personne ne me reconnaît, et on me dit que je parais plus jeune : compliment dont je ne peux [...] que me réjouir[5] », se vanta-t-il, enjolivant comme souvent la réalité, en une lettre qu'il adressa, ces jours-là, à sa mère, laquelle ne partagera toutefois pas cet avis, comme bon nombre de ses amis, lorsqu'elle le reverra, à son retour en Angleterre, en mai 1883. « Il est devenu gros, avec un énorme visage et de petites boucles tout autour de la tête[6] », s'exclamera, atterrée, Laura Troubridge, tandis que Richard Le Gallienne, jeune poète que Wilde rencontra en décembre de la même année, verra en lui, tout aussi consterné, « une sorte de caricature de

Dionysos déguisée en un dandy ventru de la Régence [7] » !

Wilde pourtant, par ce changement qu'il avait osé opérer dans sa physionomie, avait fait preuve de perspicacité puisque la presse, dans son ensemble, devint alors beaucoup plus conciliante à son égard. Cet effet positif qu'il avait ainsi réussi à générer au sein des principaux journaux, Wilde, esprit attentif aux modes de son temps, en avait pleinement conscience : « Tout ça appartient à l'Oscar Wilde de la première période [8] », répliqua-t-il un jour, faisant allusion là à son ancienne garde-robe, à Robert Sherard, lequel venait de se moquer de l'exubérance de ses attitudes passées. Et, dans la foulée, de préciser : « Nous nous intéressons maintenant à l'Oscar Wilde de la deuxième période, qui n'a rigoureusement rien à voir avec l'homme aux cheveux longs qui arpentait Piccadilly un tournesol à la main [9]. »

Ainsi est-ce avec raison que Robert Merle perçoit, au sein de l'esthétisme wildien, deux périodes distinctes, qu'il définit sous les termes d'« esthétisme critique » (subdivisé en deux moments concomitants) et d'« esthétisme technique » :

Dans le mouvement qui se pose [...] en s'opposant, il est possible de distinguer deux aspects qui correspondent à deux moments de la carrière de Wilde [...]. Le premier aspect, que l'on pourrait appeler l'esthétisme critique, se décompose à son tour en deux temps : dans le premier, une intuition d'ordre religieux donne le ton [...]. Mais le deuxième temps [...] devait conduire l'Esthétisme beaucoup plus loin. Le culte du Beau y accentue sa hardiesse, en même temps que se relâche, sans se rompre [...], le lien moral et religieux qui unissait encore l'Esthétisme à l'âme anglaise.

Et de compléter son analyse :

Le deuxième aspect de l'Esthétisme, que l'on pourrait appeler l'esthétisme technique, se caractérise par un effort vigoureux pour [...] raffiner, dans la pratique, le goût de l'époque [...]. C'est très nettement dans le camp de cet esthétisme technique en pleine vogue que Wilde [...] s'engage.

Pour conclure :

Cette idée [...], si subversive, déposa en lui un germe qui devait mûrir [...] sa pensée, aider [...] son immoralisme, inspirer [...] sa vie. Il n'est pas exagéré de dire que, dès 1888, il la vécut et il en vécut. À cette date, son œuvre, sa parole, sa personnalité, ses mœurs [...] trouvent en elle une [...] unité [10].

Ainsi est-ce à la croisée de l'« esthétisme critique », dont l'apogée fut atteint, en 1882, avec sa tournée américaine, et de l'« esthétisme technique », dont cette étape parisienne représenta, en 1883, l'amorce, que Wilde reprit, là où il l'avait laissée neuf ans plus tôt, en cet Hôtel Voltaire déjà, la rédaction de ce qui deviendra, neuf ans plus tard, son poème le plus ambitieux, *La Sphinge*.

Ce poème, auquel Wilde ne cessera de travailler jusqu'à sa parution, le 11 juin 1894, et qu'il dédiera à Marcel Schwob, avait comme principale source d'inspiration — le sphinx — un thème récurrent au sein de l'un des courants majeurs artistiques de ce temps-là : le symbolisme. Et non seulement en littérature mais, de manière plus significative, dans la peinture puisque cette créature mythologique, être éminemment sensuel et énigmatique, souvent androgyne, y est associée, comme elle le sera chez Wilde, et notamment dans une pièce aussi sexuellement perverse que *Salomé**, à la femme fatale.

Mais il y a plus en ce texte de Wilde. Car ce que ses dernières strophes y révèlent n'est autre que ce que Nietzsche, une fois encore, annonçait dans son œuvre : «la mort de Dieu». C'est-à-dire le rejet, par les hommes, de toute référence à une quelconque transcendance, avec, pour ultime mais tragique conséquence, une humanité vidée de tout sens de l'absolu et comme douloureusement abandonnée, dès lors, à elle-même. Ainsi, écrit Wilde, appelant là Dieu l'«Accablé», dans *La Sphinge* :

Sphinge trompeuse ! [...] Pars la première, et laisse-moi à mon crucifix, dont le pâle Accablé de douleur promène sur le monde son regard las, et pleure sur toute âme qui meurt, et pleure sur toute âme vainement [11].

C'est dire que si c'est un premier pas littéraire qui fut franchi avec ce poème, comme l'observe Pascal Aquien, c'est, davantage encore, d'une véritable dimension philosophique que l'œuvre d'Oscar Wilde se parait là !

Mais si ce séjour à Paris, ville d'art tout autant que de plaisir, lieu de culture tout autant que de débauche, représenta une étape à ce point déter-

---

minante dans le parcours existentiel de Wilde, c'est qu'il lui offrit le prétexte définitif, et le plus noble qui fût puisqu'il émanait de quelques-uns des esprits les plus éminents de son temps, pour laisser enfin libre cours, sur le plan psychologique, et donc quant à ses futurs choix littéraires, à ce qui n'avait encore été, jusque-là, qu'une pulsion plutôt timide, sinon refoulée : l'homosexualité. Car c'est de cette époque que date sa rencontre avec des écrivains aussi reconnus, mais presque tous homosexuels, que Marcel Proust, à qui il alla rendre visite dans son appartement du boulevard Haussmann (où il ne s'attarda pas tant son aspect bourgeois le rebuta), Jean Lorrain, qui, dandy parisien, venait de composer cet hymne à l'uranisme qu'est *Le Sang des dieux*, Jean Moréas, Catulle Mendès ou Paul Verlaine, lequel, saoul et débraillé comme à son habitude, malgré le fait qu'il venait de publier son *Art poétique*, lui récita à haute voix, attablé devant son éternelle absinthe, son dernier sonnet, *Langueur*, dont le premier vers célébrait, l'« empire à la fin de la décadence ».

La décadence : thème majeur au sein de l'œuvre wildienne et, en particulier, d'un roman tel que *Le Portrait de Dorian Gray* puisque c'est sur la corruption de toute chose, de l'âme comme du corps, et de la vie en général dès lors que la mort en est le nécessaire destin, que son histoire est centrée.

C'est Maurice Rollinat, poète que le monde parisien des lettres considérait en ce temps-là comme le digne successeur de Baudelaire, qui mit Wilde sur cette voie. Car les thèmes qu'il abordait en ses deux recueils de poèmes, intitulés *La Légende des sexes*

(*Poèmes hystériques*) et *Les Névroses* (dont le texte liminaire, *Le Fantôme du crime*, fait l'apologie des pires méfaits), étaient sensiblement les mêmes, le génie poétique en moins, que ceux de l'auteur des *Fleurs du Mal*, le tout sous l'égide de cet autre « poète maudit » qu'était Poe, quintessence, lui aussi, du « romantisme noir ».

Wilde connut Rollinat grâce à Sarah Bernhardt, qui le lui présenta, au Théâtre du Vaudeville, où elle jouait le rôle-titre de la *Fédora* de Victorien Sardou. Cette première entrevue, qui eut lieu à l'entracte, dans le foyer attenant à la loge de la diva, ne dura cependant que quelques minutes. Aussi est-ce chez la tragédienne même, dans son hôtel particulier de l'avenue de Villiers, à l'angle de la rue Fortuny, où Wilde se rendit, en compagnie de Robert Sherard, avec un bouquet de giroflées qu'il acheta à une marchande ambulante, qu'il en entendit parler plus amplement. Poussés l'un et l'autre par la curiosité, ils finirent par se revoir une deuxième fois, plus longuement, chez le peintre Giuseppe De Nittis, dont la maison regorgeait de « japonaiseries », goût qu'il partageait avec son ami Edmond de Goncourt, lequel lui dédia *La Faustin*[*].

Détail littéraire non dénué d'intérêt : c'est l'atelier de De Nittis, où furent également invités ce soir-là Degas et Pissarro, avec lesquels Wilde bavarda abondamment, adossé à une de ces tapisseries orientales, dont s'inspire celui de Basil Hall-

---

[*] Ce roman qu'il avait publié un an auparavant, Wilde le lit attentivement puisque c'est en faisant allusion à l'une de ses répliques qu'il termine, avec l'injonction « Tuez cette femme ! », sa propre *Salomé*.

ward, ce peintre, ami de Lord Henry, qui exécutera, dans le roman éponyme, le portrait de Dorian Gray.

Puis, pour en revenir à Wilde et Rollinat, dont les affinités électives allaient en s'affermissant et leurs liens amicaux en se consolidant, ils se virent de plus en plus souvent, au point que Wilde, épaté par l'audace de ses poèmes, le convia plus d'une fois à dîner, comme se sentant protégés par la grande ombre de leur cher Baudelaire, au restaurant de l'Hôtel Voltaire.

C'est là, après un repas copieusement arrosé, à la lueur des bougies, fumant nonchalamment le cigare et dégustant les meilleures fines, qu'Oscar Wilde, que sa triomphale tournée de conférences en Amérique avait provisoirement enrichi, élabora, en compagnie de Maurice Rollinat, auquel se joignit parfois cet autre maître en esthétique que fut Paul Bourget, les premiers rudiments de ce qui deviendra quelques années plus tard sa propre théorie de la décadence, ainsi qu'en témoignent des essais à l'argumentation philosophique aussi savamment charpentée que *Le Déclin du mensonge*, *La Vérité des masques*, *Le Critique comme artiste* ou, encore, *La Plume, le Crayon, le Poison*. Ce dernier étant sur ce sujet le plus radical, puisqu'il raconte avec une rare complaisance sinon une réelle sympathie l'histoire d'un certain Wainewright, un criminel et faussaire invétéré. La fameuse épigramme issue de *Formules et maximes à l'usage des jeunes gens* est on ne peut plus claire : « Aucun crime n'est vulgaire, mais la vulgarité est un crime. La vulgarité, c'est ce que font les autres [12]. »

Vint ensuite, dans la foulée, une autre importante rencontre, quoique nettement moins plaisante : celle du 21 avril 1883 avec Edmond de Goncourt *, dont il fit la connaissance, avant de le revoir chez De Nittis, grâce à Théodore Duret, farouche défenseur, après le scandale que provoqua *Le Déjeuner sur l'herbe* et le tollé que suscita *Olympia*, d'Édouard Manet.

Le troisième séjour à Paris arriva lui aussi, en cette mi-mai 1883, à sa fin. Pas pour très longtemps, puisque c'est au tout début du moins de juin de l'année suivante qu'Oscar Wilde retourna, pour la quatrième fois, dans la Ville lumière. Et quel séjour ! Après son mariage le 29 mai 1884, à Londres, avec Constance Lloyd, pour son voyage de noces !

C'est le 16 mai 1883, deux jours après avoir rejoint la capitale anglaise, où il retrouva son meublé du 9 Charles Street, qu'Oscar, soucieux de mettre un terme à cette rumeur de plus en plus persistante quant à son homosexualité, invita Constance, qu'il avait rencontrée deux ans auparavant, à venir prendre le thé chez sa mère, Lady Wilde. Ils se revirent trois jours après, le 19 mai, chez les Lloyd, puis maintes fois encore jusqu'au 26 novembre 1883, date de leurs fiançailles, n'hésitant pas, à cette époque-là déjà, à s'afficher avec

---

* Celle-là s'avéra, pour Wilde, emplie d'anathèmes, sinon d'injures, dès lors qu'il y fut tour à tour qualifié d'« individu au sexe douteux, au langage de cabotin et aux récits outrancièrement blagueurs » (Neil McKenna, *The Secret Life of Oscar Wilde*).

elle dans de nombreuses réceptions, y compris lors de cette deuxième tournée de conférences que Wilde, à nouveau à court d'argent après son long et dispendieux séjour parisien, accepta, dans la foulée de sa très lucrative expérience américaine. Préparée par la même équipe de promoteurs, elle débuta le 24 septembre 1883 et l'entraîna pendant une année entière, à travers toute la Grande-Bretagne. C'est à cette occasion que Wilde retourna pour la première fois, depuis la mort de son père, à Dublin, où il prononça, le 22 novembre 1883, une allocution portant, comme il l'avait déjà fait en Amérique, sur *La Maison belle*.

Mais qui était celle qui allait ainsi devenir, un an plus tard, son épouse ? Constance, née le 2 janvier 1858, de trois ans et demi sa cadette, vivait, depuis la mort de son père, survenue en 1874, alors qu'elle n'avait que seize ans, chez son grand-père, John Oratio Lloyd. Célèbre et riche avocat de la Couronne, il habitait un hôtel particulier, dans la très prestigieuse Lancaster Gate *.

Constance était bien plus, cependant, qu'une jeune et belle femme élancée (elle mesurait 1,73 mètre), à la longue chevelure bouclée, aux yeux pétillants et à la jolie silhouette éthérée, ainsi que la décrit son frère Otho. Esprit vif et curieux, aimant la conversation tout autant que la broderie, elle éprouvait un tel intérêt pour les arts et les lettres qu'elle s'inscrivit à l'Académie des beaux-arts, d'où elle sortit avec des mentions plus qu'honorables, et

* Là même où, le 6 juin 1881, Oscar vit pour la première fois Constance, alors qu'il accompagnait Lady Wilde chez son amie Emily Lloyd, tante de sa future femme.

lisait, dans le texte, les grands auteurs classiques. De plus, Constance, dont les idées assez révolutionnaires en matière d'esthétique n'étaient certes pas pour déplaire à Wilde, était une féministe convaincue ; chose plutôt rare pour l'époque, d'autant que cette liberté que l'on sentait poindre chez elle n'altérait en rien sa féminité ainsi qu'en témoigne ce goût, aussi naturel que délicat, avec lequel elle s'habillait.

D'une grâce quasi angélique, et d'une beauté non dépourvue de sensualité, Constance était, à en croire Oscar, un tableau préraphaélite ! Preuves en sont ces deux lettres que Wilde écrivit, le 22 janvier 1884, du Royal Victoria Hotel de Sheffield, où il fit une intervention dont le thème était centré sur ses *Impressions d'Amérique* * pour annoncer son prochain mariage avec elle.

Elle s'appelle Constance et elle est très jeune, très grave et mystique. Elle a des yeux merveilleux et des nattes châtain foncé ; absolument parfaite [...]. Nous sommes [...] éperdument amoureux. J'ai dû m'absenter presque tout le temps depuis nos fiançailles, pour civiliser la province par mes [...] conférences ; mais nous nous télégraphions deux fois par jour [...]. Je remets [...] mes dépêches avec le plus grand sérieux, en me donnant l'air de croire que « *love* » est un cryptogramme [...] et « *darling* » un mot de code [...] [13].

Wilde écrit là au sculpteur Waldo Story. Et, le même jour, de renchérir, s'adressant, cette fois, à sa confidente Lillie Langtry :

* Discours qui, prononcé initialement le 11 juillet 1883, au Prince's Hall de Londres, deviendra, remanié, un livre.

Je vais me marier avec une ravissante jeune fille nommée Constance Lloyd, une petite Artémis aux yeux violets, fine et grave, avec de lourdes tresses de cheveux châtains [...], et des merveilleuses mains d'ivoire [...]. Nous devons nous marier en avril. [...] Je travaille beaucoup à donner des conférences et à m'enrichir quoiqu'il soit affreux d'être si souvent éloigné d'elle. Mais [...] je me précipite du bout du monde pour la voir ne serait-ce qu'une heure et je fais toutes les sottises que font les amoureux pleins de sagesse [14].

C'est dire, à la lecture de ces deux lettres, si Wilde était alors amoureux de Constance, à laquelle il fit, jusqu'à leurs fiançailles, une cour assidue. C'est donc cette femme douce et intelligente, discrète mais présente, fidèle et dévouée, et qui sera toute sa vie durant d'une loyauté exemplaire à l'égard de son mari, y compris lorsque celui-ci la trompera effrontément avec ses divers amants, que Wilde épousera, après avoir épongé les dettes qu'il avait contractées à son retour de Paris, le 29 mai 1884.

C'est en l'élégante et très aristocratique église Saint-James, située en plein cœur de Londres, que le mariage, très *people* et « surmédiatisé », eut lieu. Une cérémonie fastueuse mais empreinte, en esthètes qu'ils étaient tous deux, de raffinement. Ainsi est-ce Wilde lui-même qui, s'inspirant de certaines des figures féminines propres au préraphaélisme, dessina, pour sa femme, la robe nuptiale, comme il conçut également la forme entrelacée de leurs alliances. Ces noces furent, de l'avis de tous les invités, une réussite totale comme l'atteste l'*Irish Times*, qui ne fut pourtant jamais avare de critiques envers Wilde, affirmant que celui-ci, vêtu pour la circonstance d'un frac étonnamment sobre, et arborant alors une coupe de cheveux frisés, « ressemblait plus que jamais à George IV ». Edmund Yates, qui n'était guère plus tendre envers le maître de l'esthétisme, ne dit pas autre chose dans le *World*, où il décrivit l'événement on ne put plus mondain en des termes tout aussi flatteurs pour le jeune couple. La cerise sur le gâteau : deux eaux-fortes vénitiennes que Whistler leur offrit en guise de cadeau de mariage... présent qui combla d'aise Lady Wilde, ravie d'avoir comme bru une des héritières du très fortuné John Lloyd.

Les Wilde, heureux, s'embarquèrent, dès le lendemain, 30 mai 1884, pour leur voyage de noces, une magnifique lune de miel, au dire de Constance — qu'ils passèrent, comme prévu, à Paris, logeant à l'Hôtel Wagram, rue de Rivoli, sur la rive droite de la Seine, où Oscar, qui connaissait la Ville lumière à merveille, avait réservé, au quatrième étage, une suite de trois pièces avec une vue imprenable sur le jardin des Tuileries, le Louvre et la place de la Concorde.

Quant à savoir si ce bonheur conjugal était, chez un être aussi libertin et libertaire qu'Oscar, réel ou feint, c'est là une question, au vu de cette existence dissolue à laquelle il se livra dès son retour à Paris, on ne peut plus légitime et qui, comme telle, ne cessa de tarauder jusqu'à son ami alors le plus intime : Robert Sherard, qu'il retrouva à peine posés ses encombrants bagages. Bien plus : c'est avec une désinvolture frôlant l'indécence que Wilde lui narra, par le menu, sa première nuit de noces, passée, selon ses dires, à « déflorer une jeune vierge [15] ». Et Sherard, que Wilde avait soudain mis mal à l'aise par la teneur de ses confidences et scandalisé par l'indiscrétion de tels propos, de lui rétorquer : « Non, Oscar, tu ne dois pas me parler de cela. C'est sacré [16] ! »

Mais Wilde, de toute évidence, n'avait alors déjà plus cure de ce genre de réserve vis-à-vis de sa tendre et chère femme puisque c'est en un lieu encore plus malfamé que l'Éden, ce bouge dans les entrailles duquel il avait déjà passé, lorsqu'il était célibataire, quelques-unes de ses nuits fauves, qu'il se fit aussitôt conduire par Sherard : le Château Rouge. Antre du vice et sordide cour des miracles, y louvoyaient au milieu d'une faune à l'aspect inquiétant, des brigands de toutes sortes. Dans une atmosphère de crime où se mêlait une odeur de stupre, putains et proxénètes s'y côtoyaient, tandis que de faux mendiants en guenilles ourdissaient les pires trames, pour extorquer de l'argent aux bourgeois des beaux quartiers, en compagnie d'escrocs jouant les infirmes, prostrés sur leurs béquilles. En somme, une scène digne des *Misérables* et de *Notre-Dame de Paris*, dont Wilde, fasciné par ce type de spectacle, se servira pour décrire, dans le *Portrait*, cet autre pan d'enfer, perdu dans les bas-fonds du vieux port de Londres, quelque part entre les docks et les bordels : la fumerie d'opium où Dorian Gray aime aller s'encanailler.

Heureusement, cette escapade nocturne de Wilde loin du lit matrimonial ne se renouvela-t-elle pas, lors de ce voyage de noces, contrairement à ce qui arrivera quelques années après. Et il est fort probable que, de cette première infidélité, Constance ne sut jamais rien, tant Sherard, en impeccable complice qu'il était, sut tenir cette aventure secrète. Aussi, après avoir menti de façon éhontée quant à la teneur de cette première mais significative incartade, est-ce comme s'il ne s'était jamais rien passé qu'Oscar lui fit alors découvrir, le cœur léger et l'humeur vagabonde, Paris, ses richesses culturelles, ses chefs-d'œuvre artistiques et ses perles littéraires.

Ainsi les Wilde se rendirent-ils au Salon, où étaient présentés, cette année-là, deux tableaux de Whistler. Ils virent aussi une exposition consacrée au peintre Meissonier, se divertirent ensuite, au Théâtre des Variétés, en y applaudissant une opérette surannée de Florimond Ronger, puis assistèrent, au Théâtre Saint-Martin, à une représentation du *Macbeth* de Shakespeare, avec, dans le rôle de la sanglante lady, Sarah Bernhardt, que Constance trouva « splendide ». À ces événements de type culturel s'ajoutèrent les inévitables soirées mondaines, que les *paparazzi* d'alors ne manquèrent pas de couvrir tant Oscar Wilde était déjà une célébrité ; sans oublier quelques dîners, dont un offert par celui-ci, le 4 juin, en présence des personnalités les plus hétéroclites, parmi lesquelles John Donoghue, jeune sculpteur new-yorkais qu'il avait lancé lors de sa tournée aux États-Unis, et Henrietta Reubell, femme au physique peu avantageux mais au tempérament si excentrique que Whistler en fit l'une de ses meilleures alliées en matière de persiflages. Wilde, en ces jours-là, lisait beaucoup : les fleurons de la littérature française du XIXᵉ siècle notamment, dont *La Tentation de saint Antoine*, *La Peau de chagrin*, *Les Diaboliques* et *Le Rouge et le Noir*, livres, qui, avec *Les Fleurs du Mal*, eurent une influence déterminante sur son œuvre, comme sur sa pensée, à venir.

Mais c'est un roman de bien plus grande importance encore, pour sa carrière littéraire, que Wilde découvrit, attiré par sa détonante couverture jaune, lors de ce séjour parisien, puisqu'il le décrivit toujours, depuis *Le Portrait de Dorian Gray* jusqu'à *De profundis*, comme « le livre le plus étrange qu'il eût jamais lu [17] » et dont « pendant des années [il] ne put se libérer de l'influence [18] » : l'*À rebours* de Huysmans, un « livre empoisonné [19] » que Lord Henry offre à Dorian Gray, dont la parution, dans la « Bibliothèque Charpentier », coïncida, en ce printemps 1884, avec la lune de miel de Wilde.

Car que relatait ce « roman sans intrigue, à un seul personnage [20] », si ce n'est, comme Wilde l'écrit, en son propre *Portrait*, à propos du projet philosophique de Des Esseintes, « rien d'autre en fait que l'étude psychologique d'un jeune Parisien qui consacrait sa vie à essayer de réaliser en plein XIXe siècle toutes les passions et tous les modes de pensée qui s'étaient succédé au long de tous les siècles précédents, de résumer […] en lui-même les diverses mentalités par où était passé l'esprit du monde, et qui aimait pour leur artificialité ces renonciations auxquelles les hommes ont à tort donné le nom de vertu, tout autant que ces révoltes naturelles que les sages appellent encore péché [21] » ? Une excellente synthèse de ce qui apparaissait unanimement là, de l'avis des critiques littéraires les plus avisés, comme le paradigme, via un esthète à la personnalité aussi aristocratique que Des Esseintes, du « décadentisme ».

Des Esseintes y est présenté par Wilde comme l'*alter ego* du jeune Dorian Gray : « Le héros, ce jeune Parisien extraordinaire en qui se mêlaient si étrangement les tempéraments scientifique et romantique, devint à ses yeux une sorte de préfiguration de lui-même. Et en vérité l'ouvrage tout entier lui semblait contenir l'histoire de sa propre vie, écrite avant qu'il l'eût vécue[22]. » Ces premières lignes du chapitre XI du *Portrait* apparaissent comme un véritable manifeste du dandysme, à l'instar de la préface à *Mademoiselle de Maupin* de Gautier.

Rien d'étonnant à ce que Wilde s'entichât à ce point d'*À rebours* ! De fait : « Le dernier livre de Huysmans est l'un des meilleurs que j'aie jamais lus[23] », déclara-t-il, tandis qu'il le dévorait, subjugué, dans sa chambre d'hôtel, lors d'un entretien qu'il accorda, le 9 juin 1884, à un journaliste du *Morning News*. Et Jean Lorrain, en un article qu'il publia trois ans après, le 19 mai 1887, dans *L'Événement*, de renchérir, y percevant là l'amorce d'une mode que le Tout-Paris s'évertuait à nommer désormais, s'appuyant sur les épisodes les plus saillants de ce livre culte, « décadence » : « Tout le monde voulut avoir une tortue laquée d'or et sertie de pierreries [...] ; tout le monde voulut avoir rêvé de symphonies de saveurs et de parfums ; tout le monde voulut avoir compris le symbolisme de Gustave Moreau, la poétique de Mallarmé et le sadisme d'Aurevilly ; tout le monde avait eu des cauchemars d'orchidées et des visions à la Odilon

173

Redon. Ce fut à dégoûter d'être un raffiné d'art et un complice de sensations[24]. » Mais là où le commentaire de Lorrain s'avère le plus pertinent, c'est lorsqu'il insiste sur l'importance que revêt, dans cet *À rebours*, la peinture de Gustave Moreau. Car c'est de la magistrale description qu'y fait Huysmans de l'un de ses tableaux les plus érotiques — intitulé *Salomé*, précisément — que Wilde s'inspirera, dans sa tragédie éponyme, pour narrer cette danse sabbatique qu'exécute Salomé devant Hérode avant de lui demander la tête du prophète Jean-Baptiste, préfiguration biblique du Christ.

Voici ce qu'écrit Huysmans dans le chapitre V d'*À rebours*, concernant le lien esthético-cérébral unissant l'idéal féminin de Des Esseintes à la *Salomé* de Moreau :

Dans l'œuvre de Gustave Moreau [...], Des Esseintes voyait enfin réalisée cette *Salomé* [...] qu'il avait rêvée. Elle n'était plus seulement la baladine qui arrache à un vieillard, par une torsion corrompue de ses reins, un cri de désir et de rut ; qui rompt l'énergie, fond la volonté d'un roi, par des remous de seins, des secousses de ventre, des frissons de cuisses ; elle devenait [...] la déité symbolique de l'indestructible Luxure, la déesse de l'immortelle Hystérie, la Beauté maudite [...] ; la Bête monstrueuse [...] empoisonnant [...] tout ce qui l'approche [...], jetée dans les attirantes abjections de la débauche[25].

Une danse à ce point lascive que son envoûtante et infernale cadence confina aux jeux les plus pervers de la décadence, mais qui, comme telle, deviendra surtout, pour Wilde, la principale source d'inspiration, avec l'*Hérodiade* de Mallarmé, de sa propre *Salomé*. Celle-là même qui, écrite en français (1893) avant que d'être mal traduite en anglais (1894) par son amant Bosie, se verra interdite de toute représentation par la censure victorienne, et que Sarah Bernhardt en personne, pour qui elle avait été initialement conçue, n'aura ainsi jamais l'honneur d'interpréter sur les scènes londoniennes. C'est dire si cette lubrique *Salomé*, qu'Oscar Wilde dédia à Pierre Louÿs, fut, à l'image de son auteur, maudite, sinon damnée !

Le voyage de noces offert par Oscar à Constance arrivait à son terme. Après ces deux semaines passées à Paris, il était temps de rentrer à Londres. D'autant plus qu'une série d'obligations, nettement moins ludiques, les y attendait ; comme les travaux d'aménagement, sous la direction de l'architecte d'intérieur Edward Godwin *, de leur nouvelle et belle maison du 16 Tite Street.

Avant de s'embarquer pour l'Angleterre, le 24 juin 1884, les deux jeunes époux se rendirent encore à Dieppe, en bordure de mer, où ils vécurent, à en croire Constance, « une semaine délicieuse ». Est-ce à dire qu'Oscar était tout à coup devenu, en cette quasi idyllique lune de miel, et pour paraphraser le titre de l'une de ses pièces, « un mari idéal » ? Point s'en faut ! Car ce n'était là, en réalité, que le calme avant la tempête : comme un joli et séduisant prélude au désastre à venir.

* Un des plus réputés de son temps.

Un mari non idéal

Vous ne semblez pas vous rendre compte que dans la
vie conjugale, à trois on s'amuse, à deux on s'ennuie.

OSCAR WILDE,
L'Importance d'être constant[1]

Le retour à Londres ne fut guère enthousiasmant pour les jeunes époux. La maison du 16 Tite Street où ils étaient censés habiter après leur voyage de noces n'était pas prête. Les frais liés aux travaux d'aménagement augmentaient de jour en jour, et la somme de cinq mille livres que le vieux John Horatio Lloyd leur avait avancée sur l'héritage qu'il allait laisser à sa petite-fille, Constance, avait fondu, les contraignant ainsi à vivre, fût-ce provisoirement, dans l'exiguïté du deux-pièces du 9 Charles Street. À cette déception s'ajoutait le fait qu'Oscar se vit alors obligé, pour tenter de remédier à la précarité de leur situation financière, de reprendre, aux quatre coins de la Grande-Bretagne, sa tournée de conférences. Parti à nouveau sur les routes, il s'éloignait davantage encore de sa femme, même si, à en juger par le contenu enflammé de cette lettre qu'il lui adressa, le 16 décembre 1884, depuis Édimbourg, en Écosse, il semblait le regretter amèrement :

Chérie bien aimée,
Ô exécrable vie, qui empêche nos lèvres de s'unir en un baiser, alors que nos âmes sont une [...]. Mon âme et mon corps me semblent non plus miens, mais fondus en une douce extase aux vôtres. Je me sens incomplet sans vous.
Toujours et toujours vôtre.

Oscar[2]

Il est cependant difficile d'évaluer le degré de sincérité de pareille déclaration d'amour de la part d'un être aussi volubile, sinon volage, que Wilde. Rien cependant, au vu de l'existence qu'il menait alors, ne laisse supposer qu'il se rendît coupable, à ce moment-là, d'un quelconque adultère, même si certaines des allusions contenues dans une lettre qu'il avait envoyée, quelques jours auparavant, à Philip Griffiths, beau jeune homme qu'il venait de rencontrer lors d'un séjour à Birmingham, laissent planer quelques doutes :

Mon cher Philip,
Je vous ai envoyé une photographie de moi [...]. J'espère qu'elle vous plaira. J'aimerais, en retour, que vous m'en envoyiez une de vous, que je conserverai en souvenir de cette charmante rencontre et des heures dorées que nous avons passées ensemble[3].

Mais les choses, heureusement pour Constance, qui était enceinte de son premier enfant, n'allèrent pas plus loin, semble-t-il, avec le jeune Griffiths. Aussi les Wilde parvinrent-ils à trouver, pendant quelques mois, un réel équilibre au sein de leur couple. D'autant que leur situation financière s'était, entre-temps, nettement améliorée non seulement grâce à l'argent gagné par Oscar lors de cette nouvelle tournée de conférences, mais à Constance surtout, que l'héritage laissé par le décès de son grand-père en juillet de la même année avait subitement enrichie. Ainsi les travaux d'aménagement de leur maison purent-ils être menés à terme par Godwin, dont les goûts étaient fortement influencés par les canons du préraphaélisme.

C'est le 1ᵉʳ janvier 1885 que les Wilde emménagèrent dans leur luxueuse maison du 16 Tite Street. C'était une villa comprenant un rez-de-chaussée, un sous-sol (où se trouvait la cuisine) et quatre étages. La porte d'entrée était blanche, percée d'une vitre dépolie. Une lanterne de fer battu était suspendue au plafond du hall, tandis que ses murs étaient garnis de deux gravures : l'une représentant *Apollon et les muses*, et l'autre *Diane et ses nymphes au bain*. Cette entrée donnait, à droite, sur une bibliothèque où se trouvait le bureau ayant appartenu à Carlyle : c'est là, assis à cette table, que Wilde travaillait, entouré de ses livres : les classiques grecs et latins, certes, mais aussi, outre les plus grands poètes de son temps, beaucoup d'écrivains français et quelques auteurs modernes. Dans un coin se dressait, sur une colonne, un moulage de l'*Hermès d'Olympie* de Praxitèle. Les murs, ornés de lambris peints en bleu foncé, étaient, comme le plafond, jaune pâle. Quelques tableaux de Simeon Salomon, de Monticelli et de Beardsley y étaient accrochés, tandis qu'au-dessus de la porte se trouvait un long linteau de bois où était gravé, en lettres dorées sur fond rouge et bleu, un vers de Shelley.

L'autre pièce, à gauche, était constituée par la salle à manger, laquelle donnait, par une baie vitrée, sur le jardin situé à l'arrière de la maison. Ses murs, peints en blanc, étaient voilés, à partir d'une frise dorée, de rideaux de soie jaune. Un tapis bleu-vert à motifs clairs, dessiné par William Morris, en recouvrait le sol. La table et les chaises, de style « Chippendale », étaient de couleur blanche. Quant au mobilier, riche quoique sobre, il était composé d'une vitrine où se trouvait exposée l'argenterie, ainsi que d'un buffet destiné à accueillir le fameux service de porcelaine bleue.

Le premier étage était, lui aussi, constitué de deux pièces : le salon et un fumoir à l'atmosphère plus intimiste. Les murs du vaste et somptueux salon étaient vert bouteille et le plafond vert jade, tandis que la cheminée et les boiseries étaient laquées de brun rose : le tout agrémenté d'un décor d'inspiration préraphaélite au milieu duquel trônait un piano à queue noir. De part et d'autre de la cheminée, sur laquelle était posée une petite statue de *Narcisse* en bronze vert, deux divans triangulaires, bas et couverts de coussins, remplissaient les angles de la pièce. Un portrait en pied d'Oscar Wilde exécuté par Harper Pennington ornait le mur situé en face de cette cheminée, tandis qu'un buste de l'empereur Auguste se dressait sur une colonne de marbre placée dans un autre angle. Au plafond, dans deux coins opposés, Whistler avait peint des dragons dorés. Sur le fond vert des murs se détachaient les eaux-fortes vénitiennes que ce même Whistler avait offertes aux Wilde, des gravures de Mortimer Mempes, des esquisses à la sanguine de peintres moins connus, quelques dessins de Blake et de Burne-Jones, ainsi que le manuscrit encadré du sonnet de Keats qui lui avait été légué lors de son séjour en Amérique.

Dans le fumoir, pièce plus recueillie et aux lumières tamisées, une corniche d'un jaune citron séparait les murs recouverts d'un papier gaufré rouge et or du plafond tapissé de cuir japonais. Quant à la décoration de cette pièce, elle était, avec ses tapis persans et ses canapés de velours, ses ottomanes et ses lanternes, d'inspiration mauresque. Le dessus de la cheminée était réservé au buste d'une petite fille de bronze sculptée, en hommage à sa jeune sœur Isola, par John Donoghue.

Au deuxième étage se trouvaient, séparées par un couloir, les chambres de Mr et Mrs Wilde. Celle de Constance avait les murs fuchsia et le plafond émeraude : le tout garni de tulles et de rideaux en dentelle derrière lesquels était dissimulée une baignoire. La chambre d'Oscar avait, elle, les murs bleu nuit et le plafond bleu ciel. Le troisième étage comprenait les chambres des enfants ainsi qu'une salle de jeux. Quant au quatrième et dernier étage, il était occupé par le personnel de maison : une cuisinière, une femme de chambre et un domestique.

C'est dire si tout, à première vue, était alors réuni pour que Wilde fût heureux à ce moment de sa vie. Un premier incident vint pourtant perturber cette apparente quiétude : le différend qui l'opposa à Whistler. Ce dernier, artiste talentueux mais homme aussi vaniteux qu'irascible, jaloux du succès de son poulain, déclencha les hostilités le 20 février 1885, accusant publiquement Wilde, lors d'une conférence prononcée au Prince's Hall de Piccadilly, de plagier ses idées en matière d'esthétique. Parue sous le titre de *Ten O'clock*, cette allocution sera ensuite traduite en français, avec la fortune que l'on sait, par Stéphane Mallarmé, puis publiée en mai 1888, à Paris, dans la *Revue indépendante*.

Et la polémique, après cette conférence londonienne, de s'enflammer de jour en jour, sans plus jamais s'éteindre, pour le plus grand bonheur de la presse à scandale. Ainsi Wilde, froissé par ce camouflet que venait de lui infliger Whistler, prit-il, dès le lendemain, sa plume la plus incisive pour lui rétorquer, dans la *Pall Mall Gazette* du 21 février 1885, que, tout en reconnaissant en lui « un très grand maître de la peinture », « le poète est l'artiste suprême [...], le seigneur de toute la vie et de tous les arts[4] ». Autant dire que Wilde, en tant que poète, se sentait naturellement supérieur à Whistler, qui n'occupait jamais selon lui, en tant que peintre, qu'une place subalterne dans la hiérarchie des arts. Un jugement qui ne fit qu'irriter davantage encore son rival, lequel lui répondit à son tour quatre jours après, toujours par journaux interposés, dans une lettre au contenu tout aussi incendiaire, publiée dans le *World* du 25 février 1885. La réplique de Wilde, non moins cinglante, ne se fit certes pas attendre, elle non plus, puisque celui-ci, dès le lendemain matin, 26 février 1885, fustigea à nouveau, dans le même quotidien, les vues de Whistler.

Ainsi les deux adversaires, en ce duel à distance, fourbissaient-ils leurs armes. Le dernier mot revint cependant à Wilde, ainsi que le prouve cet autre commentaire, intitulé sarcastiquement *Note en noir et blanc*, qu'il consacra, dans la *Pall Mall Gazette* du 28 février 1885, à ce *Ten O'clock*. « L'Art n'est pas une chose à enseigner dans les Académies [5] », y soutenait-il, plus révolutionnaire que jamais, anticipant là quelques-unes des idées maîtresses de son livre *Le Critique comme artiste*.

Cette querelle, quasi fratricide sur le plan philosophique, entre ces deux intellectuels de haut rang, s'apaisa cependant quelque temps. Une relative accalmie, qui dura près de deux ans, pendant laquelle Wilde put s'adonner, avec un rare bonheur, à sa nouvelle passion : la paternité. Son premier enfant, Cyril, naquit le 5 juin 1885, tandis que son deuxième fils, Vyvyan, vit le jour, un an et demi plus tard, le 3 novembre 1886.

C'est à cette époque que Whistler, furieux de voir Wilde promu à la tête d'un comité censé réformer l'art, choisit de revenir à la charge dans un article plus acrimonieux encore publié le 17 novembre 1886, dans le *World*. Se rangeant du côté de la très conservatrice mais influente Royal Academy, il y pestait contre les membres de ce fameux comité. « Et lorsque [...] arrive Oscar, vous sombrez dans la farce et attirez sur vous le mépris et la risée de vos confrères en Europe. Qu'a Oscar de commun avec l'Art, si ce n'est qu'il dîne à nos tables et chipe dans nos assiettes les prunes pour les puddings qu'il s'en va concocter en province ? Oscar, l'aimable, irresponsable, improbable Oscar, qui n'a pas plus le sens d'un tableau que de la coupe d'un manteau, a le courage de l'opinion... des autres[6] ! »

Cette fois-ci, c'en était trop. Whistler ne se contentait plus de ridiculiser Wilde, ni même de le dénigrer en l'accusant de plagiat, mais s'adressait directement à quelques-uns de ses alliés les plus proches. Wilde, fou de rage, profita alors de la parution d'une biographie consacrée à Whistler pour écrire, dans la *Court & Society Review*, un article à ce point dévastateur qu'il n'osa pas le signer. Il y réitérait sa thèse selon laquelle le poète serait intellectuellement supérieur au peintre : « Le domaine du peintre est grandement différent de celui du poète. À ce dernier appartient la vie dans sa pleine et entière entité : [...] le cycle parfait de la pensée [...], le développement spirituel de l'âme. Le peintre, quant à lui, est tellement limité que ce n'est qu'à travers le masque charnel qu'il peut nous faire voir le mystère de l'âme ; seulement grâce aux images qu'il peut manier les idées [...]. Et combien il le fait maladroitement [...][7] ! » Les choses, malgré la violence du propos, en restèrent, toutefois, momentanément là. Car, ne sachant d'où était parti le coup, Whistler ne sut évidemment pas, même s'il se doutait de son origine, à qui adresser, officiellement, sa tout aussi perfide riposte. Il n'est pas dit, de toute façon, que Wilde avait envie, à cette époque de son existence, de prolonger indéfiniment cette controverse qui, pour féconde qu'elle fût sur le plan philosophique, n'en demeurait pas moins fastidieuse. D'autant qu'il avait, à ce moment-là, bien d'autres intérêts, au premier rang desquels émergeait, malgré son heureux mariage et par-delà sa récente paternité, une passion toujours plus dévorante pour la beauté masculine.

C'est donc très tôt, au sein de sa vie conjugale, qu'apparurent, chez Wilde, les premiers mais évidents signes d'éloignement envers son épouse. Car s'il est une chose que cet esthète ne supportait pas, jusqu'à lui inspirer dégoût tout autant que mépris, c'était, non pas certes la maternité en tant que telle, mais bien la grossesse des femmes : cause première, à ses yeux, de l'enlaidissement progressif, par la difformité qu'elle impose à leur silhouette, de leur corps. Un jour, faisant à nouveau preuve d'une effarante indiscrétion, il confia à Frank Harris, rencontré, un an plus tôt, en 1884 :

> Quand je me suis marié, ma femme était belle, blanche, svelte comme un lys [...]. Mais il a suffi d'un an à peine pour que cette grâce florale s'évanouisse. Elle est devenue lourde et difforme. Elle se traîne dans la maison avec tristesse, lente et pesante, les traits tirés, le visage marbré et le corps hideux, la mort dans l'âme à cause de notre amour passé. C'est terrible ! J'ai essayé d'être gentil avec elle. Je me suis efforcé de la toucher, de l'embrasser même, mais elle est toujours malade et... oh !, j'ose à peine l'évoquer : c'était répugnant ! Je me suis lavé les lèvres et j'ai ouvert la fenêtre pour me rafraîchir la bouche à l'air pur [8].

Confidence aussi cruelle qu'indélicate ! D'où, cette conclusion : c'est dès les premiers mois de sa vie matrimoniale que Wilde commença à négliger sa femme, jusqu'à n'avoir plus de relations sexuelles avec elle, pour aller assouvir ses pulsions dans les bras d'éphèbes, lesquels, fascinés par le prestige de son nom, comme Dorian Gray le sera par la prestance de Lord Henry, n'avaient d'yeux que pour lui.

C'est auprès de ce même Harris que Wilde alla se réfugier, en un premier temps, pour tenter d'y oublier les ravages de la maternité, les inconvénients du mariage, même si ce nouvel ami ne fut guère séduit, lorsqu'il le rencontra, par son physique, alors plutôt ingrat, malgré son charme, ainsi qu'il le révéla dans la biographie qu'il lui consacra bien des années après :

Il me serra la main avec une mollesse qui me déplut. Il avait les mains flasques et grasses. Sa peau avait l'air bilieuse et sale. Il portait à son doigt une bague ornée d'un gros scarabée vert. Il était trop habillé plus que bien habillé, et ses vêtements le serraient à cause de son embonpoint. Il avait un tic que je remarquai immédiatement, mais qui s'accentua avec l'âge : il tirait constamment, avec sa main droite, sur le bas de ses joues, qu'il avait épaisses et lourdes. Son apparence me remplit de dégoût. J'insiste sur cette répulsion physique, car je pense que nombreux sont ceux à l'avoir ressentie également. Je ne me souviens pas de quoi nous avons parlé pour entamer la conversation, mais j'ai tout de suite noté que ses yeux gris étaient admirablement expressifs : toujours beaux et, tour à tour, vifs, rieurs ou emplis de bonté. Sa bouche, parfaitement sculptée avec ses lèvres charnues mais ciselées et cramoisies, suscitait l'intérêt, voire l'attrait, en dépit d'une dent noire, sur le devant, qui mettait mal à l'aise lorsqu'il riait[9].

Aussi est-ce son esprit, cette éloquence à nulle autre pareille lorsqu'il se mettait à parler d'art et de littérature, le regard soudain illuminé, qui, bien plus que son corps, subjuga, à l'instar des autres jeunes gens, Frank Harris.

Parmi ces conquêtes masculines figurait le jeune Henry Currie Marillier, dont il avait fait la connaissance six ans plus tôt mais qui se rappela à son souvenir à travers une missive qu'il reçut le 5 novembre 1885. Wilde, ravi de se voir à nouveau sollicité par le bel et entreprenant « Harry », alors étudiant à l'université de Cambridge, lui fixa immédiatement rendez-vous, deux jours après, à Londres, où ils allèrent au théâtre assister à une représentation des *Euménides* d'Eschyle, avant que de finir ensemble la soirée dans un hôtel proche de Piccadilly Circus. Ces retrouvailles furent, apparemment, aussi brèves qu'intenses puisque Wilde, qui se rendit le lendemain matin à Newcastle, où il devait faire une conférence, lui écrivit, le jour même, 8 novembre 1885, une lettre débordante d'enthousiasme :

Je trouve [...] le corps aussi beau que l'âme [...]. Il y avait une pointe de Browning dans nos retrouvailles : vive curiosité, émerveillement, délices. Ce fut une heure intensément dramatique sur le plan psychologique [...]. Quand vous reverrai-je ? Écrivez-moi une longue lettre à Tite Street : je l'y trouverai à mon retour. Je voudrais que vous fussiez ici, Harry [10].

Et, six jours plus tard, de lui renouveler en une lettre au ton encore plus exalté, son « affection ». Car Wilde était réellement amoureux de Marillier. Aussi le pria-t-il de lui faire parvenir, comme il l'avait déjà obtenu de Griffiths, une photo de lui, et il lui demanda s'il connaissait l'œuvre de Charles Edward Sayle, auteur qui venait de faire paraître anonymement un recueil de poèmes dont la thématique gravitait autour de l'uranisme. C'est dire, à la lecture de ces deux seules lettres, si l'homosexualité de Wilde ne faisait plus de doute, bien qu'elle fût encore clandestine.

Le petit mot, tout aussi ardent, qu'il lui adressa deux jours après n'est pas moins explicite, bien que rédigé dans un style ampoulé :

Que fait Harry ? Lit-il Shelley dans un pays auréolé par les reflets de la lune et entouré d'une aura de mystères ? Ou vogue-t-il sur le fleuve, en costume babylonien ? Le monde est-il, pour lui, un monceau d'ordures ou un jardin fleuri ? Est-il empoisonné ou parfait, ou les deux à la fois [11] ?

Mais ce que l'on voit surtout poindre en ces lignes c'est ce qui deviendra, quelques années plus tard, l'une des thématiques les plus récurrentes dans l'œuvre de Wilde et, plus spécialement, dans *Le Portrait de Dorian Gray* : la juxtaposition, au sein d'une même idée, de notions a priori opposées, la laideur et la beauté ou le poison et la perfection, pour, comme Baudelaire avec sa « double postulation simultanée », les réconcilier ensuite, tel un indissoluble couple...

L'« expérience », chère à l'hédonisme de Pater, son mentor d'autrefois, nimbé d'une fatidique pulsion d'autodestruction, se profile à l'horizon de cette autre lettre que Wilde écrivit, depuis Glasgow, où il tint ce jour-là une énième conférence sur l'art, à ce même Marillier :

Vous aussi, vous éprouvez l'amour de l'impossible [...]. Un jour, vous découvrirez, comme je l'ai fait, que la vie n'est pas

un roman ; on a des souvenirs romanesques et des désirs romanesques — c'est tout. [...] Je sacrifierais tout pour connaître
quelque chose de nouveau et je sais que cela n'existe pas. Je
pense que je serais prêt à mourir pour une idée à laquelle je ne
crois pas, plus volontiers que pour une autre que je tiens pour
vraie. Je me ferais tuer pour une sensation en demeurant scep-
tique jusqu'au bout ! Une seule chose reste infiniment fascinante pour moi : le mystère des goûts. Être maître de ses goûts
est délicieux ; être maîtrisé par eux, plus délicieux encore. Je
crois parfois que la vie de l'artiste est un long et ravissant suicide — et je ne regrette pas qu'il en soit ainsi [12].

Et de conclure, y évoquant, comme sur le mode
allusif, quelques-uns des thèmes baudelairiens les
plus célèbres, dont ceux figurant dans l'*Invitation
au voyage* :

Il est un pays inconnu plein de fleurs étranges et de parfums
subtils, un pays dont la joie des joies est de rêver, un pays où
tout est parfait et vénéneux [13].

Cette théorie de « l'enivrement du malheur »,
Wilde l'avait déjà esquissée, avec lucidité, dans un
autre billet qu'il avait envoyé trois semaines plus
tôt, à son torride amant. « Il n'y a qu'un signe de
mauvais présage : votre feu ! Harry, vous jouez
imprudemment avec le feu [14] », lui avait-il lancé,
comme si, anticipant là le cours du temps, sinon de
l'histoire, il ne faisait qu'aller, via ces amours alors
encore interdites, à la rencontre de son propre destin.

Et, de fait, c'est à partir de cette période-là que
Wilde se mit, jouant de manière imprudente avec
son bonheur, à défier ouvertement le sort, poussant
l'effronterie jusqu'à inviter chez lui, au cœur de son

intimité la plus sacrée et au péril même de sa vie familiale, ses amants successifs. Ainsi, après s'être donné un nouveau rendez-vous secret dans une masure située dans les environs de Hampton, cité campagnarde du Middlesex, Wilde ne trouva-t-il rien de mieux, rompant là toute convention sociale et au mépris de toute pudeur à l'égard de sa femme, que de débarquer avec son ami Marillier, à deux reprises, les 15 et 21 janvier 1886, dans son foyer du 16 Tite Street, là même où vivaient Constance et leur fils Cyril, alors âgé de sept mois.

Jamais Constance, dont la générosité d'âme tout autant que la confiance en son mari firent rarement défaut, ne se douta, en la circonstance comme en tant d'autres occasions, de l'infidélité, pourtant patente, d'Oscar. C'est ainsi que, une fois terminée cette idylle avec Harry, défila, dans sa maison, une procession d'autres jeunes gens, sur lesquels, candide, elle ne trouvait toujours rien à redire : Douglas Ainslie, Henry E. Dixey, Herbert P. Horne et, surtout, Robert Ross, qui deviendra l'amant le plus fidèle et loyal de Wilde. Au seuil de sa mort, il n'hésitera pas à en faire son exécuteur testamentaire et son légataire littéraire.

Les circonstances dans lesquelles Wilde et Ross se rencontrèrent ne sont pas connues avec exactitude. La seule chose que l'on sache, c'est qu'ils se virent pour la première fois en 1886, à Oxford, et que Ross, chez qui Wilde appréciait l'intelligence plus que la beauté, l'esprit plus que le corps, fut hébergé, pendant trois mois au moins, chez ce dernier, avant d'entrer, en octobre 1888, alors qu'il n'avait pas vingt ans, au King's College. Bien qu'étudiant médiocre, Ross était un être doté, en plus d'une grande sensibilité, d'une vaste culture littéraire et artistique. Ainsi, malgré son jeune âge, se lia-t-il d'amitié avec des écrivains déjà célèbres comme Conan Doyle, Kipling, Symonds ou Browning. Mais, surtout, Wilde et Ross avaient, en ce temps-là, une passion commune, l'œuvre de George Sand, en qui ils décelaient, non seulement la personnification de la liberté intellectuelle, mais aussi une « vénération pour l'aristocratie de l'intelligence [15] ».

Cette sympathie qu'il nourrissait pour le féminisme naissant poussa Wemyss Reid, patron du *Lady's World* (*a Magazine of Fashion and Society*), premier mensuel féminin d'Angleterre, à lui proposer le poste de rédacteur en chef. Fonction que Wilde, qui perçut immédiatement les énormes avantages que pouvait lui offrir pareille position, tant sur le plan social que financier, accepta volontiers. Il posait une condition cependant : que le nom de ce périodique se transformât, sous sa direction, en celui de *Woman's World*, slogan plus proche, à ses yeux, de ses propres conceptions en matière de féminisme. C'est donc d'un magazine résolument « féministe » plus que « féminin », et aux ambitions plus culturelles que mondaines, que Wilde prit alors la tête, à partir du 18 mai 1887, y faisant collaborer des femmes de lettres de tout premier plan, dont Cristina Rossetti, sans oublier sa femme, Constance, et sa mère, Lady Wilde, laquelle retrouva soudain là, sous l'égide de son Oscar adoré, sa verve d'antan. Wilde lui-même y écrivit beaucoup, dédiant tous ses articles au commentaire d'œuvres elles aussi féminines.

L'aventure, cependant, ne dura que deux ans et demi. Car Wilde, que l'aspect technique de pareille tâche rebutait, s'en lassa vite. D'autant que l'idée de devoir se consacrer, de manière quasi exclusive, au travail intellectuel des femmes finit, pour novateur qu'il fût, par lui paraître fatalement, en homosexuel qu'il était de surcroît, limité. Aussi ne tarda-t-il pas, dès octobre 1889, à démissionner de son poste de rédacteur en chef du *Woman's World* pour s'adonner, à nouveau, à son plaisir favori : l'amour entre hommes, fût-il de nature plus esthétique que sentimentale. Ainsi est-ce durant cette période que, reprenant ses bonnes vieilles habitudes, y compris celle de présenter ses amants à son épouse, toujours aussi ingénue, il rencontre André Raffalovich, Arthur Clifton, Graham Hill et, surtout, John Gray, celui-là même qui, un an plus tard, lui inspirera le personnage de Dorian Gray.

Wilde pourtant, en ce temps-là, était bien plus qu'un simple libertin, multipliant les conquêtes masculines et trompant sa femme. Car s'il n'était certes pas un mari idéal, il était en revanche, au dire même de son fils Vyvyan, un très bon père, tendre et affectueux, toujours attentionné et souvent drôle. Ainsi, lors du réveillon de Noël de 1888, où était présent, non moins facétieux et courant lui aussi tout autour du sapin illuminé, son ami Yeats, Wilde, oubliant le dandy qu'il était, se mit, après avoir tombé la veste, à jouer à quatre pattes avec ses deux enfants, faisant l'Indien et imitant le cheval.

Il est d'ailleurs très intéressant de constater à quel point Wilde était capable de s'extasier devant la beauté présumée de son premier enfant, Cyril : « Le bébé est splendide : il a le nez arqué, ce qui, d'après la nurse, est une preuve de génie ! Il est également doué d'une voix superbe, qu'il exerce librement et dont le timbre est typiquement wagnérien [16]. »

Aussi n'est-il pas fantaisiste de soutenir que bon nombre des contes que Wilde écrivit entre 1887 et 1889 trouvèrent leur inspiration première, même si leur portée intellectuelle s'étend certes bien au-delà du seul cadre enfantin, en cette magnifique relation qu'il avait avec ses deux fils. C'est le cas du recueil intitulé *Le Prince heureux et autres contes*, publié en 1888, ainsi que de celui ayant pour titre *Une maison de grenades*, paru en 1891. Récits auxquels il convient d'ajouter, quoique leur thématique en soit beaucoup plus sombre et leur écriture nettement plus complexe, *Le Crime de Lord Arthur Saville* (1891), nouvelle portant sur un renversement quasi nietzschéen des valeurs morales du « bien » et du « mal », ainsi que *Le Portrait de Mr W.H.* (1889), histoire centrée sur la critique des concepts philosophiques, liés à l'idéalisme platonicien, de « vérité » et de « fausseté », d'« apparence » et de « réalité ».

Dans ce dernier texte apparaît l'un des thèmes majeurs de l'œuvre wildienne et, plus secondairement, du dandysme : celui du « masque » ainsi que l'indique le titre du premier essai de Wilde, *La Vérité des masques* (*Note sur l'illusion*), publié en mai 1885 avant de se voir intégré, en 1891, dans le recueil intitulé *Intentions*. Aussi, bien que partant d'une analyse du théâtre shakespearien *, est-ce sur cet aphorisme que Wilde, s'inspirant là d'Emerson, lança à Whistler, en cette querelle qui ne fit que reprendre alors de plus belle : « Soyez averti à temps, James, et demeurez comme moi incompréhensible. Être grand, c'est être incompris [17]. » Et quatre ans plus tard, en janvier 1889, de développer cette même thèse, dans ce qui sera l'un de ses essais les plus marquants en matière d'esthétique : *Le Déclin du mensonge* (republié lui aussi, dans *Intentions*, en 1891).

Mais ce qu'il y a de frappant, dans l'œuvre de Wilde, c'est que l'éloge le plus appuyé qu'il fit du masque, figure artistique du secret, se trouve dans le texte le plus corrosif qu'il ait produit, tant il semble calqué sur son expérience personnelle, *Un mari idéal*, pièce qu'il écrivit en 1893, mais dont le seul titre montre, sur le mode critique, à quel point son auteur était éloigné de la vie conjugale. Pascal Aquien, partant de ce « jeu des apparences », est celui qui a le mieux saisi, dans l'examen qu'il fait de Lord Goring, le désœuvré mais généreux dandy de cette comédie, l'importance du rôle attribué au masque : « Goring, en tant que dandy, sait que le moi est fait d'une superposition de masques [18] », y stipule-t-il. Et, résumant la démarche wildienne quant à l'esprit de cette pièce, d'en conclure : « Le thème du masque, pour Wilde, fait le lien entre la dimension politique de la pièce et une posture qui serait davantage d'ordre esthétique [19]. » N'était-ce pas, à ce propos, Wilde

---

* Et d'une hypothèse : l'amour que Shakespeare éprouvait pour les jeunes gens.

lui-même qui, parlant là du plaisir que prenait Lord Goring à dissimuler aux autres la véritable nature de son être, écrivait : « Dandy irréprochable [...]. Il joue avec la vie, et est en excellents termes avec le monde. Il adore être mal compris, cela lui donne une position avantageuse [20]. »

Cette nécessité pour le dandy de se cacher pour mieux se protéger derrière un masque, Wilde la reformulera dans une lettre adressée à Philip Houghton, auquel il venait d'envoyer le texte d'*Un mari idéal*. Soucieux de corriger l'image que l'on pouvait se faire de lui, il veut donner une impression de rigueur plus que de frivolité, de profondeur plus que de superficialité : « Aux yeux du monde, et cela vient de moi, je donne l'impression d'être seulement un dandy dilettante — il est imprudent de montrer son cœur au monde — et de même que des façons sérieuses sont le déguisement du sot, l'extravagance sous des aspects de trivialité, de désinvolture et d'indifférence, est le costume du sage. À une époque aussi vulgaire que la nôtre, nous avons tous besoin de masques [21]. » Quant à l'insistance avec laquelle Wilde n'avait de cesse de se dérober au regard, sinon au jugement d'autrui, c'est André Gide qui la perçut avec le plus d'acuité dans le portrait qu'il en fit dans son hommage posthume :

Devant les autres [...] Wilde montrait un masque de parade, fait pour étonner, amuser ou exaspérer parfois. [...] On ne le retrouvait alors qu'en se retrouvant seul avec lui [22].

Gisèle Venet, dans la préface qu'elle rédigea pour *L'Éventail de Lady Windermere*, ne s'éloignera guère, dans le rapport qu'elle établit entre le masque et le dandy (Lord Darlington), de ces propos : « Darlington n'a résisté à la tentation [...] que grâce au paradoxe, masque idéal pour mieux passer pour ce que l'on n'est pas [23]. » Car c'est le langage qui, via cette figure de style si chère à Wilde qu'est celle du « paradoxe », constitue, dans ses quatre grandes comédies, le principal subterfuge, y fonctionnant tel un masque conceptuel, du dandy. « Dans sa vie comme dans celle de ses personnages favoris, le jeu avec les mots façonne chez Wilde l'art du dandy qui peut toujours jouer au bel indifférent, comme Lord Henry, "prince du paradoxe", dans *Le Portrait de Dorian Gray* [24] », précise Venet.

Rien d'étonnant, partant de cette vision relativiste, voire nominaliste, du monde, si « les personnages wildiens dont on se souvient le plus souvent, et le plus longtemps, sont les dandys [25] », comme le relève Aquien, dans la mesure où « ce sont eux qui font vibrer le texte, qui le font briller et qui, paradoxalement, le dynamitent tout en ménageant des pauses : leurs saillies le poussent en avant et en même temps invitent le lecteur à s'installer au creux des mots et à s'interroger peut-être moins sur leur sens que sur le non-sens qu'ils créent [26] ». Car si ces incessants traits d'esprit, faits d'aphorismes souvent fulgurants et d'épigrammes parfois déroutantes, s'avèrent séduisants pour les lumières de l'intelligence, c'est que, par-delà ce plaisir qu'ils procurent par leur verve jubilatoire, ils recèlent un sens bien plus profond que celui de leur seule dextérité mentale : celui d'une indéniable dimension philosophique dès lors que ce sont ces mots d'esprit, au premier rang desquels émerge l'ironie, qui constituent le fondement de ce rapport privilégié que l'écrivain entretient avec le langage. Mieux : c'est à la sophistique grecque, à son art consommé de la dialectique, que se rattache le dandy wildien. Car ce que Wilde donne à voir, au sein de son théâtre, c'est, par-delà ces critiques qu'il assène à l'encontre de la société victorienne, une définition de l'être en tant que produit de la parole et donc, comme tel, fondateur de toute chose, y compris de la vérité :

> À la vérité elle-même j'attribuai pour royaume légitime le faux tout autant que le vrai, et démontrai que le faux et le vrai ne sont que des formes que prend l'existence intellectuelle [27].

Aussi n'est-il pas surprenant que Wilde, incarnation même du dandysme, et pour qui la rhétorique faisait partie intégrante de son esthétique, eut, à partir du moment où il emprunta, par le biais de son mariage avec Constance, les voies d'un conformisme qui n'était qu'apparent, une « double vie » pour reprendre l'expression utilisée par Cecily, dans *L'Importance d'être constant*, autre pièce très critique à l'encontre de l'institution matrimoniale.

De fait, c'est bien une double vie que Wilde, esthète à la dualité baudelairienne, se mettra alors à vivre, délaissant ainsi toujours plus Constance — « une femme sans importance », en réalité, pour paraphraser le titre d'une autre de ses comédies —, dès lors qu'il aura rencontré, en juin 1891, Bosie :

celui-là même qui allait le mener, en un drame existentiel confinant au suicide intellectuel, à la mort.

Il restait cependant encore à Wilde, avant sa chute vertigineuse, à écrire son chef-d'œuvre, *Le Portrait de Dorian Gray*, texte préfigurant cette double vie qui sera désormais la sienne, pathétique et sublime.

De Dorian à Bosie :
splendeur et misère d'un dandy

> *Je [...] vis Dorian Gray. [...] Je sus que je me trouvais face à quelqu'un dont la personnalité était [...] si fascinante que, si je laissais les choses aller leur cours, elle absorberait tout mon être, toute mon âme, et jusqu'à mon art. [...] Quelque chose [...] me disait que ma vie était au bord d'une crise terrible. J'éprouvai le sentiment étrange que le Destin me réservait des joies exquises et d'exquises souffrances.*
>
> OSCAR WILDE,
> Le Portrait de Dorian Gray[1]

Lorsqu'il publia, le 20 juin 1890, *Le Portrait de Dorian Gray,* l'une des grandes œuvres littéraires de ce XIXe siècle finissant, Oscar Wilde n'avait plus que dix ans à vivre. Lui qui n'était encore, peu de temps auparavant, que l'auteur d'un mince volume de poèmes ainsi que d'un recueil de contes, en plus de quelques essais théoriques, ne s'était pourtant jamais senti d'affinités particulières, jusque-là, pour le roman, quoiqu'il reconnût « la supériorité de la littérature en tant qu'art[2] » ainsi que l'indique son *Critique comme artiste,* rédigé bien avant le *Portrait* même s'il ne parut que quelques semaines après celui-ci, entre juillet et septembre 1890 :

Quiconque voudrait nous toucher aujourd'hui par une œuvre de fiction serait contraint, soit de créer pour nous un cadre complètement nouveau, soit de nous révéler l'âme de l'homme dans ses mécanismes les plus intimes[3].

Et de préciser, y poussant la critique encore un peu plus loin quant à la nature des œuvres romanesques de son temps :

Mais il reste encore beaucoup à faire dans la sphère de l'introspection. On dit quelquefois que le roman devient trop malsain. Pour ce qui est de la psychologie, le roman n'a encore jamais été suffisamment malsain. Nous nous sommes contentés d'effleurer la surface de l'âme et c'est tout[4].

Ce n'est toutefois pas d'une initiative personnelle de Wilde que naquit la rédaction du *Portrait de Dorian Gray*, mais bien d'une commande que lui fit, durant l'été 1889, l'éditeur américain J.M. Stoddart, qu'il avait rencontré lors de son voyage en Amérique.

En ce 30 août 1889, Stoddart, qui était de passage à Londres, invita à dîner deux des écrivains anglais qu'il appréciait le plus : Arthur Conan Doyle et Oscar Wilde. Profitant de l'occasion, il leur demanda d'écrire pour le périodique qu'il dirigeait, le *Lippincott's Monthly Magazine*, un texte de leur cru. Wilde et Conan Doyle acceptèrent, ravis de cette proposition d'autant plus alléchante qu'elle était rémunérée. Conan Doyle donna à son mécène *Le Signe des quatre*, et Oscar Wilde, dont l'idée d'écrire un roman commençait à germer dans la tête, lui promit, pour le mois de mars de l'année suivante, un manuscrit inédit. Ce fut, précisément, *Le Portrait de Dorian Gray*, dont une première version parut, comme convenu, dans le numéro de juin 1890 de ce magazine, tandis que sa version définitive, augmentée de six chapitres, fut publiée sous forme de volume, en Angleterre comme aux États-Unis, en avril 1891.

Dans ce livre, dont la philosophie était déjà implicitement résumée dans *Le Critique comme artiste*, Wilde récuse le réalisme d'un Dickens et le naturalisme d'un Zola en matière de littérature, pour lui préférer, en adepte de l'idéalisme grec qu'il demeurait, le romantisme, dont le symbolisme représentait, à ses yeux, l'essence même de la création artistique. De là à se diriger vers le décadentisme d'un Baudelaire ou d'un Huysmans, il n'y avait qu'un pas, que l'esthétisme de Wilde, toujours aussi révolutionnaire en ses prises de position, franchit allégrement puisque c'est bien d'*À rebours*, roman qu'il avait lu cinq ans auparavant, que son *Portrait de Dorian Gray* s'inspire en nombre de ses chapitres. N'est-ce pas d'ailleurs Wilde lui-même qui énonce, dans sa préface : « Tout art est [...] symbole. [...] Ceux qui déchiffrent les symboles le font à leurs risques et périls [5]. »

Prémonitoire, une fois encore, que cette réflexion. À cette paradoxale différence près : c'est à ses propres « risques et périls », pour reprendre ses termes, que Wilde conçut ce *Portrait*, à en croire les réactions hostiles que ce livre provoqua chez les

critiques anglais. Car les représentants de l'élite victorienne, laquelle avait cette fâcheuse tendance à
ne juger toute œuvre d'art qu'à l'aune de ses seuls
concepts moraux, ne s'y trompèrent pas puisque
c'est aux *French Décadents*, envers lesquels ils
éprouvaient l'aversion la plus vive, qu'ils renvoyè-
rent le roman phare de cette fin de siècle.

Trois journaux se distinguèrent dans cette campagne de dénigrement qui s'ouvrit dès la fin du
mois de juin 1890 : *The Daily Chronicle*, *The
St James's Gazette* et *The Scots Observer*.

The Scots Observer, tout d'abord. Car c'est un
argument particulièrement perfide, et dont les
conséquences juridiques s'avéreront des plus
néfastes lors du procès que Wilde se devra d'affronter cinq ans plus tard, qu'il choisit d'utiliser
pour l'attaquer, sans pour autant remettre en cause
son talent d'écrivain : une sordide « affaire de
mœurs » ayant impliqué certains membres de l'aristocratie anglaise, lesquels s'étaient adonnés à des
pratiques homosexuelles avec de jeunes télégraphistes londoniens, mais à laquelle le principal inté-
ressé ne fut pourtant en rien mêlé. Ainsi peut-on
lire dans l'édition du 5 juillet 1890 :

Si *Le Portrait de Dorian Gray* [...] est habile, intéressant,
brillant, et incontestablement l'œuvre d'un homme de lettres,
il s'agit d'un art travesti, car son intérêt est d'ordre
médico-légal ; il travestit la nature humaine, car son héros est
un monstre ; il travestit la morale, car l'auteur ne dit pas assez
explicitement qu'il ne préfère pas un itinéraire de monstrueuse
iniquité à une vie droite, saine et sensée. L'intrigue, qui met en
jeu des thèmes acceptables seulement dans un commissariat
de police ou devant un tribunal siégeant à huis clos, déshonore

l'auteur et l'éditeur. M. Wilde a de l'intelligence, de l'art et du style. Mais, s'il n'est capable d'écrire que pour des aristocrates hors la loi et de jeunes télégraphistes pervertis, plus tôt il se tournera vers quelque autre profession décente, mieux cela vaudra pour sa réputation et pour la morale publique[6].

Quant aux deux autre journaux, *The St James's Gazette* et *The Daily Chronicle*, c'est à un argument d'ordre essentiellement littéraire, quoique non dénué d'une certaine dose de xénophobie dès lors qu'ils s'en prenaient à ceux qu'ils appelaient, pour mieux les railler, les « décadents français », qu'ils eurent recours, pour incriminer Wilde. « L'auteur fait étalage de ses recherches dérisoires dans les détritus abandonnés par les décadents français, comme le ferait un cuistre radoteur, et nous accable de tartines oiseuses sur la beauté du corps et la corruption de l'âme[7] », tonne le premier, dans un article paru le 24 juin 1890. Le second, encore plus haineux, s'exclame, dans sa livraison du 30 juin 1890 : « C'est là un récit enfanté par la littérature lépreuse des décadents français, un livre vénéneux dont l'atmosphère exhale les senteurs méphitiques de la pourriture morale et spirituelle, une étude complaisante de la corruption morale et physique d'un jeune homme plein de fraîcheur, de beauté et d'éclat, qui, n'était sa frivolité efféminée, aurait pu être horrible et fascinante[8]. »

C'est dire combien cette campagne de presse, déclenchée, à travers toute la Grande-Bretagne, par la publication du *Portrait de Dorian Gray*, fut violente. Une cabale à ce point vindicative, savamment orchestrée par l'*establishment*, qu'elle ne le lâcha désormais plus, tant et si bien qu'elle concourut amplement, aux côtés du marquis de Queensberry, pour qui la justice prit résolument parti lors du procès qui le vit s'opposer à l'écrivain, à le jeter en prison !

Reste que ces divers articles, qui reflétaient assez bien l'opinion publique, avaient raison sur un point, pour autant qu'on les débarrassât de leur ignominie : la réelle influence du décadentisme français sur cette œuvre. Outre les écrivains déjà cités, les références à Nerval, Lautréamont, Mirbeau, Leconte de Lisle, Villiers de L'Isle-Adam, Élémir Bourges, Remy de Gourmont, Joseph Péladan et Rachilde étaient évidentes.

Aussi les critiques français se montrèrent-ils, logiquement, beaucoup plus favorables à Wilde, lequel fut alors aussitôt connu, à Paris, comme l'auteur du *Portrait de Dorian Gray*. Parmi les admirateurs de cette œuvre, Mallarmé, qui lui fit parvenir, le 10 novembre 1891, ce message, plutôt élogieux, au style inimitable :

J'achève le livre, un des seuls qui puissent émouvoir, vu que d'une rêverie essentielle et des parfums d'âmes les plus étranges s'est fait son orage. Redevenir poignant à travers l'inouï raffinement d'intellect, et humain, en une pareille perverse atmosphère de beauté, est un miracle que vous accomplissez et selon quel emploi de tous les arts de l'écrivain ! « *It was the portrait that had done everything.* » Ce portrait en pied, inquiétant, d'un Dorian Gray, hantera, mais écrit, étant devenu livre lui-même [9].

Certes les thèmes propres au décadentisme français sont-ils fortement présents dans ce roman de

Wilde, pourtant, comme le note Jean Gattégno dans la préface qu'il rédigea pour le *Portrait*, « les critiques anglais auraient pu se dispenser de chercher de l'autre côté de la Manche une ascendance à Dorian Gray [10] ». Car, poursuit-il, « en Angleterre aussi les choses avaient commencé à changer, et le terrain était préparé pour les "provocations" d'un Oscar Wilde, et pour sa radicale dénonciation de la morale victorienne qui était encore toute-puissante dans la presse [...] [11] ». Et de fait, c'est aux critiques acerbes, quoique encore voilées, d'intellectuels aussi éminents que Matthew Arnold, Thomas Carlyle, George Eliot, John Addington Symonds, Walter Pater ou John Ruskin que la société victorienne dut alors se confronter.

Mais ce qui ne laisse d'étonner, en ce qui commençait déjà à être ce que la chronique judiciaire appellera l'« affaire Wilde », c'est le zèle déployé par l'écrivain, pour se défendre de ces accusations, et tentant avec vigueur de se justifier, tant sur le plan philosophique qu'éthique. Ainsi affirme-t-il, à l'instar de Keats, qu'il ne s'est placé, dans les thèses débattues dans son *Portrait de Dorian Gray*, que sur le seul plan artistique. Réitérant là deux des préceptes contenus en sa préface au *Portrait*, il adresse le 9 juillet 1890, au directeur de *The Scots Observer,* une lettre dans laquelle on peut notamment lire :

J'écris parce qu'écrire me donne le plaisir artistique le plus grand qui puisse être. [...] Votre critique [...] commet le crime [...] impardonnable de confondre l'artiste et son sujet. [...] Keats déclare qu'il prenait à concevoir le mal autant de plaisir qu'à concevoir le bien. [...] C'est dans ces conditions que l'artiste travaille. [...] Un artiste [...] n'a pas de sympathies éthiques. Le vice et la vertu sont simplement pour lui ce que sont, pour le peintre, les couleurs [...] [12].

Et, se référant à Goethe et à Flaubert, de préciser, en une missive envoyée, le 13 août 1890, à ce même interlocuteur :

Quand un homme voit la beauté artistique d'une œuvre, il se soucie [...] peu de sa valeur éthique [13].

Éclaircissements corroborés par ce billet que fit parvenir Wilde, tout en en profitant pour lui expliquer sa conception du langage, à Conan Doyle, lequel, l'ayant assuré de son soutien, l'avait félicité pour le « plan moral élevé » de son *Portrait* :

Entre moi et la vie il est toujours un brouillard de mots. Je jette la probabilité par la fenêtre pour le bien d'une phrase — et l'occasion de faire une épigramme me détourne de la vérité. Cependant je vise à faire une œuvre d'art [...]. Les journaux me semblent rédigés par les prudes, à l'usage des Philistins. Je ne parviens pas à comprendre comment ils peuvent traiter *Dorian Gray* d'immoral. Ma difficulté fut de garder subordonnée à l'effet artistique et dramatique la morale inhérente à l'histoire [...] [14].

Position philosophique développée dans *Le Portrait de Dorian Gray*, en parfaite cohérence avec celle soutenue, à la même époque, dans *Le Critique comme artiste*, dialogue de facture socratique : « Tout art est immoral [15]. » Et pour cause. C'est un renversement des valeurs judéo-chrétiennes que Wilde opère là, parallèlement à Nietzsche, en éta-

blissant, au sein de son propre système hiérar-
chique, la supériorité de l'esthétique sur l'éthique :

L'Esthétique est supérieure à l'Éthique. Elle appartient à une
sphère plus spirituelle [16].

Reste que si le décadentisme français joua un
rôle primordial dans la genèse comme dans l'écriture de *Dorian Gray*, c'est de l'une des figures les
plus emblématiques du romantisme allemand,
quoique celui-ci se trouvât mâtiné de gothisme
anglais, que ce roman s'inspire le plus : le *Faust* de
Goethe. C'est bien cette même quête désespérée de
la jeunesse éternelle, fût-ce au prix d'une tragique
damnation (l'enfer pour Faust, le suicide pour
Dorian), qui constitue, chez Goethe comme Wilde,
le thème central de l'œuvre. Avec cependant, dans
le roman de Wilde, une variante supplémentaire
apportée par le thème du « double » : le portrait de
Dorian Gray, parallèlement à l'inéluctable corruption de son âme, subira les ravages du temps... et
ce, jusqu'au drame final.

Ce roman comporte quatre moments clés. Dès le
chapitre II, tout d'abord, là où Dorian Gray
contemple pour la première fois, dans l'atelier de
Basil Hallward, son portrait :

Comme c'est triste ! murmura Dorian Gray, gardant les yeux
fixés sur son portrait. [...] Je vais devenir vieux, horrible,
effrayant. Mais ce tableau restera éternellement jeune. [...] Si
seulement ce pouvait être le contraire ! Si c'était moi qui res-
tais toujours jeune, et que le portrait, lui, vieillît ! Pour obtenir
cela [...], je donnerais tout ce que j'ai ! [...] Je donnerais mon
âme pour l'obtenir [17] !

Au chapitre VII, ensuite, où, horrifié, Dorian Gray s'aperçoit, quelques jours plus tard, du changement opéré dans ce portrait :

Il avait exprimé un vœu insensé : que lui-même pût rester jeune et le portrait vieillir ; que sa beauté à lui échappât à toute flétrissure et que le visage fixé sur la toile portât le fardeau de [...] ses péchés [...]. Se pouvait-il que son vœu eût été exaucé ? [...] Le portrait ? [...] Il contenait le secret de sa vie et racontait son histoire. [...] À chaque péché commis, une tache viendrait souiller [...] sa beauté. [...] Le portrait [...] serait-il [...] l'emblème visible de sa conscience [18] ?

Puis au chapitre XX, quand Dorian Gray, après avoir tué Basil Hallward, saisi par le remords et tenaillé par la culpabilité, détruit ce portrait qu'il perçoit comme le reflet de son âme, mettant ainsi un terme à sa propre vie puisque ce tableau n'en est, métaphoriquement, que le miroir négatif :

Le portrait l'empêchait de dormir. [...] Oui, il avait été sa conscience. Il le détruirait. [...] Il tuerait cette monstrueuse âme vivante et ainsi, délivré de ses horribles reproches, il serait en paix. Il saisit le couteau et le planta dans la toile. Un cri se fit entendre, puis le bruit d'une chute. [...] Étendu sur le plancher, gisait un homme mort, en habit de soirée, un couteau planté dans le cœur. Il était ridé, sa peau était desséchée et son visage repoussant [19].

Par cet ultime sacrifice, en un quatrième et dernier moment, tout rentre dans l'ordre préétabli des choses puisque Dorian Gray réintègre, tant sur le plan physique que psychique, sa véritable nature — vieillie et corrompue — tandis que son portrait retrouve « toute la splendeur de sa jeunesse et de sa beauté exquises[20] ».

Les trois principaux personnages de ce récit forment, réunis, une sorte de portrait idéal de son auteur, comme Wilde le spécifia dans une lettre qu'il adressa, le 12 février 1894, à Ralph Payne :

> Il contient beaucoup de moi-même. Basil Hallward est ce que je crois être ; Lord Henry, ce que le monde me croit ; Dorian, ce que je voudrais être[21].

Mais il est encore bien plus vrai que ce rapport de séduction quasi méphistophélique qui lie le charismatique mais cynique Lord Henry au jeune et beau Dorian Gray était en tout point semblable, si ce n'est que ces deux figures romanesques n'y ont aucune relation sexuelle, à celui qu'entretinrent, dans la vie, Wilde et Bosie.

C'est la thèse développée également, dans sa préface au *Portrait*, par Jean Gattégno, qui insiste sur son aspect autobiographique, et donc prémonitoire puisque Wilde ne connaissait pas encore Bosie à l'époque où il conçut ce roman :

> Wilde nourrit son texte de toutes les intuitions que créent en lui l'existence qu'il mène, le mode de vie qu'il s'est choisi, et il donne ainsi chair à des pressentiments, des aspirations. Ainsi la fiction, construite en partie sur le souvenir de textes aimés [...] parvient à suggérer que la fatalité, si elle n'est pas réellement à l'œuvre dans la destinée romanesque de Dorian Gray, l'est peut-être dans la vie d'Oscar Wilde[22].

Et d'ajouter :

Il est aisé de constater à quel point les deux protagonistes de ce qui devait devenir le drame personnel de Wilde sont modelés ou, pis encore, se sont laissés modeler, sur les deux principaux personnages du roman [23].

Cette théorie selon laquelle Wilde, homme mûr et expérimenté puisqu'il approchait alors la quarantaine, débaucha l'innocent mais influençable Bosie comme Lord Henry séduisit Dorian Gray, c'est Alfred Douglas lui-même qui la mit en avant lorsque, quatorze ans après la mort d'Oscar, il écrivit, dans cette autobiographie, *Oscar Wilde and Myself*, qui se voulait un acte d'autodéfense, ces mots :

Il faut se rappeler que lorsque je fis la connaissance de Wilde, j'étais très jeune, et plus jeune encore de caractère et d'expérience. En fait, je n'étais qu'un enfant [24].

Ce plaidoyer, au regard de son passé, auquel Douglas se livrait là, Wilde l'anticipa à trois reprises, dans ce qu'il appela la « Théorie de l'enfant Samuel », cette confession épistolaire en forme de *mea culpa* tout autant que de réquisitoire où, tentant de plaider lui aussi en sa faveur, il dressa, du fin fond de sa geôle de Reading, un portrait au vitriol de son amant d'antan :

Car par un effet grotesque [...], ton père est appelé à vivre éternellement parmi les bons parents au cœur pur de la littérature à l'eau de rose, toi-même prends place à côté de l'enfant Samuel, tandis que moi, dans la fange la plus infâme de Malebolge, je siège entre Gilles de Rais et le marquis de Sade [25].

Et c'est bien comme le corrupteur de la jeune et malléable âme de Bosie, plus encore que pour outrage aux mœurs, que Wilde fut condamné, au premier chef, lors du procès que lui intenta en 1895 le marquis de Queensberry, soit cinq ans après la publication de son roman !

Mais il y a plus, encore, en cette similitude que l'on voit poindre ici dans le rapport unissant d'une part, sur le mode fictionnel, Lord Henry et Dorian Gray, et d'autre part, dans la vie réelle, Wilde et Bosie : un niveau intellectuel extraordinairement élevé pour le premier et singulièrement bas pour le second. Ainsi, Wilde avoue à Bosie :

> Voilà en vérité la grande, l'unique erreur psychologique de notre amitié, son déséquilibre radical. Tu t'es introduit de force dans une vie trop vaste pour toi, une vie dont l'orbite transcendait autant ta puissance de vision que ta capacité d'évolution, une vie qui [...] était grosse, à l'excès sans doute, de conséquences extraordinaires ou terribles[26].

Jean Gattégno a raison d'affirmer qu'« il n'est rien arrivé d'autre à Dorian Gray que d'être trop petit pour la destinée à laquelle l'avait promis son rêve fou, son *hybris* [...][27] ». À cette différence près, cependant : c'est Wilde, et non pas Bosie, qui, à l'inverse de ce qui se passe dans le *Portrait* dès lors que Lord Henry demeure impuni, paya, moyennant deux ans de travaux forcés, pour cette foncière petitesse de caractère chez son amant — une superficialité d'âme qu'il qualifie, en son *De profundis*, de « vice suprême » !

Cette précision apportée, Gattégno a vu juste lorsqu'il affirme que « le triomphe de Wilde » est, dès lors qu'il ne connaissait pas encore Bosie au moment où il rédigea son roman, « d'avoir permis que fût [...] vérifiée sa formule, déjà citée, sur son génie et son talent : il crée une œuvre d'art et ne peut s'empêcher ensuite que sa vie s'y conforme [28]. » Car, continue-t-il, « *Le Portrait de Dorian Gray* [...] est le portrait de la vie qu'Oscar Wilde et Alfred Douglas s'apprêtaient à mener, ou plutôt qu'Oscar Wilde attendait de pouvoir mener avec un Dorian Gray encore non incarné [29]. » Et de conclure : « C'est là qu'est la vraie fatalité, celle qui a marqué la conscience que Wilde avait de sa propre vie et dont *Le Portrait de Dorian Gray* offre une image répétée *ad infinitum* [...] [30]. »

C'est cette intense mais conflictuelle relation qui unit, en une passion où l'amour confina souvent à la haine, Oscar et Bosie, pendant près de sept ans, qu'il convient à présent, comme si ce *Portrait* nous en avait offert le prélude romanesque, d'examiner, jusqu'à la catastrophe finale.

En juin 1891, Wilde rencontra Bosie, âgé de vingt ans à peine, par l'intermédiaire d'une de ses conquêtes masculines, Lionel Johnson, alors étudiant à Oxford. Bosie venait d'entrer lui aussi, comme Wilde dix-sept ans auparavant, à Magdalen College. Johnson, en plus d'être un fervent admirateur de Walter Pater, était, au dire de Wilde, un poète au talent prometteur. Porté par ces affinités électives, Wilde lui offrit donc tout naturellement un exemplaire du *Portrait de Dorian Gray*, lequel finit par tomber fatalement dans les mains de l'un des amis homosexuels de Johnson : Bosie.

Ce dernier, fasciné à son tour par l'intrigue de ce roman, ne pouvait qu'être séduit par son auteur, comme bon nombre de jeunes gens à l'époque.

Le coup de foudre est réciproque. Wilde, en esthète qu'il était, se montra aussitôt captivé par la beauté de Bosie, éphèbe à la lignée tout aristocratique : Lord Alfred Douglas, né le 22 octobre 1870, était le troisième fils de John Sholto Douglas, huitième marquis de Queensberry, et de Sibyl Montgomery, dame issue de la haute bourgeoisie. Bosie quant à lui tomba immédiatement sous l'irrésistible charme de son aîné, et son charisme naturel auquel s'ajoutait, tout aussi envoûtante, une vivacité d'esprit mêlée d'une profonde culture. Et Oscar, dont l'épouse modèle ne se doutait de rien tant l'admiration qu'elle ne cessait de lui vouer la rendait aveugle, d'installer alors pratiquement chez lui son nouvel amant !

C'est dire si, alliant l'utile (sa femme) à l'agréable (son amant), tout semblait aller pour le mieux, à cette période de sa vie, pour Wilde, que ses deux fils comblaient de toutes les joies paternelles. D'autant que cette année 1891 s'avéra des plus fertiles, sur le plan éditorial, avec, outre la parution au mois d'avril, en un volume et dans sa version définitive, du *Portrait de Dorian Gray*, les publications successives de *L'Âme de l'homme sous le socialisme* (qui vit le jour, en février, dans la *Fortnightly Review* de Frank Harris), d'*Intentions* (ouvrage, paru le 2 mai, regroupant ses quatre principaux essais), du *Crime de Lord Arthur Saville et autres contes* (recueil paru en juillet) ainsi que d'*Une maison de grenades* (parue en novembre). Une seule ombre au tableau : après le fiasco de *Véra*, l'échec de sa deuxième pièce, *Guido Ferranti*, montée le 26 janvier 1891, au Broadway Theatre de New York. Qu'à cela ne tienne : loin de l'abattre, cette déconvenue ne fit que renforcer, en cet esprit dont l'amour-propre venait d'être piqué au vif, sa volonté d'écrire, soucieux d'émerger définitivement sur la scène du monde, une nouvelle pièce ! Ce fut *Salomé*, que Wilde, profitant du fait que Bosie devait quitter Londres pour retourner étudier à Oxford, s'en alla écrire en français à Paris, ville qu'il aimait toujours autant, entre les mois de novembre et de décembre de cette année-là.

Wilde descendit à l'Hôtel Normandie, à proximité du Palais-Royal, avant que de s'installer au Grand Hôtel, boulevard des Capucines. Là, il retrouva, plus actif que jamais, le rythme trépidant de la vie mondaine. Il fréquenta les salons de la princesse de Monaco, de Juliette Adam et de Mme Straus, ex-épouse de Georges Bizet (dont la Carmen, danseuse fatale, joua un certain rôle dans l'élaboration de sa *Salomé*). Et rencontra bien d'autres grands écrivains français, parmi lesquels Ernest Raynaud, Henri de Régnier, Maeterlinck, Heredia, Paul Fort, Pierre Louÿs et surtout, par l'entremise de ce dernier, André Gide, alors âgé de vingt-deux ans, dont il fit la connaissance le 27 novembre 1891 lors de l'un de ces dîners entre amis qui suivaient les fameux « mardis » de Mallarmé.

C'est là un épisode de sa vie que Gide raconte, y brossant l'un des plus fins portraits psychologiques de Wilde, avec force détails :

Habile à piper ceux qui font la mondaine gloire, Wilde avait su créer, par-devant son propre personnage, un amusant fantôme dont il jouait avec esprit. [...] De sa sagesse ou bien de sa folie, il ne livrait jamais que ce qu'il croyait qu'en pourrait goûter l'auditeur ; il servait à chacun, selon son appétit, sa pâture ; ceux qui n'attendaient rien de lui n'avaient rien, ou qu'un peu de mousse légère ; et comme il s'occupait d'abord d'amuser, beaucoup de ceux qui crurent le connaître n'auront connu de lui que l'amuseur. [...] Wilde me prit à part [...]. Il m'invita à le revoir. Cette année et l'année suivante je le vis souvent et partout [31].

Gide, cet automne-là, vit Oscar Wilde tous les jours, jusqu'au 15 décembre, date où le dandy s'apprêtait à repartir pour Londres afin d'y fêter Noël en famille. Subjugué par sa personnalité, il en était secrètement tombé amoureux ainsi que l'indique le ton de cette lettre qu'il écrivit à Paul Valéry :

Quelques lignes de quelqu'un d'abruti, qui ne lit plus, qui n'écrit plus, qui ne dort plus, ni ne mange, ni ne pense [...]. L'esthète Oscar Wilde, ô admirable, admirable celui-là [32].

Wilde cependant, bien qu'il l'appréciât sur le plan intellectuel, n'était guère séduit, physiquement, par Gide. D'autant que, Bosie restant toujours présent en son esprit, il avait alors bien d'autres chats à fouetter lors de ce séjour parisien. Outre la rédaction de sa *Salomé*, il devait aussi assumer la promotion de son *Portrait de Dorian Gray*. Ainsi se mit-il à distribuer, aux figures les plus éminentes de la vie culturelle parisienne des exemplaires de son roman, dont un à Stéphane Mallarmé, assorti d'une dédicace, rédigée en français : « En France, la poésie a beaucoup de laquais mais un seul maître [33]. »

Mallarmé, justement. C'est lors d'un précédent et bref séjour, cette même année et à Paris toujours, que Wilde le rencontra ainsi que l'atteste cette lettre, écrite en français elle aussi, envoyée de l'Hôtel de l'Athénée le 25 février 1891 :

Cher Maître,

Comment dois-je vous remercier pour la gracieuse façon avec laquelle vous m'avez présenté la magnifique symphonie en prose que vous ont inspirées les mélodies de génie du grand poète celtique, Edgar Allan Poe. En Angleterre nous avons de la prose et de la poésie, mais la prose française et la poésie dans les mains d'un maître tel que vous deviennent une seule et même chose. Le privilège de connaître l'auteur de *L'Après-midi d'un Faune* est on ne peut plus flatteur, mais de trouver en lui l'accueil que vous m'avez montré est en vérité inoubliable. Ainsi, cher maître, veuillez agréer l'assurance de ma haute et très parfaite considération [34].

De cet écrivain pour lequel il nourrissait une réelle admiration, c'est l'*Hérodiade* qui servit, aux côtés des tableaux de Gustave Moreau, de première source d'inspiration à sa *Salomé*. La pièce terminée, il la soumit à quelques-uns de ses amis, dont Adolphe Retté, Stuart Merrill, Marcel Schwob et Pierre Louÿs, son dédicataire, afin qu'ils en corrigent les éventuelles fautes de langue. Ceux-ci, toutefois, ne durent y apporter que des corrections minimes. Car son français, s'il n'était certes pas irréprochable du point de vue grammatical, s'avéra néanmoins dans l'ensemble parfaitement publiable.

Il est toutefois une autre œuvre à avoir inspiré, fût-ce indirectement, la *Salomé* de Wilde : *Hedda*

Gabler, l'une des pièces majeures d'Henrik Ibsen, dont la première anglaise avait eu lieu quelques mois auparavant, le 20 avril 1891. C'est là une thèse que laisse entrevoir cette insistance avec laquelle Wilde s'adressa, à la fin du mois de mars de la même année, à Elizabeth Robins, qui en interprétait le rôle-titre, pour lui demander qu'elle lui réservât une place de choix lors de cette représentation : « J'aimerais beaucoup assister à *Hedda Gabler*. [...] La pièce est très intéressante et il ne saurait être de meilleure interprète que vous pour rendre sa subtilité et son côté tragique[35]. »

Sa *Salomé* achevée, Wilde s'en retourna vivre à Londres, où il alla rejoindre aussitôt Bosie, après ces deux longs mois d'absence, laissant encore une fois Constance bien seule, quoique toujours flanquée de ses deux charmants bambins, Cyril et Vyvyan, alors âgés respectivement de six et cinq ans.

Un incident regrettable vint cependant troubler l'écrivain : un extrait du *Journal* d'Edmond de Goncourt publié dans *L'Écho de Paris* le 17 décembre 1891. Ce passage, qui fit tressaillir Wilde d'indignation, concerne la manière dont le médisant Goncourt y relata leur première rencontre en avril 1883, laquelle s'était concentrée autour de la figure de Swinburne, que l'auteur du *Portrait* aurait alors traité, en raison de sa supposée « pédérastie », de « fanfaron du vice[36] ». Pages auxquelles Wilde, qui fulmina toujours contre ce genre d'imprécations, se fit un devoir de répondre dans une lettre qu'il fit publier deux jours après, le 19 décembre 1891, dans cette même édition de *L'Écho*, journal dont le rédacteur en chef mit un point

d'honneur à présenter « l'esthète Oscar Wilde [...],
le *great event* des salons littéraires parisiens »
comme « une des plus curieuses personnalités de la
littérature anglaise contemporaine » :

Vous avez dit que je présentais Mr Swinburne comme un
fanfaron du vice. Cela étonnerait beaucoup le poète [...]. Voilà
ce que j'ai voulu dire. [...] Mr Swinburne a publié ses *Poèmes et
Ballades*, une des œuvres qui ont marqué le plus profondément
dans notre littérature une ère nouvelle. [...] Le public anglais [...]
hypocrite, prude et philistin, n'a pas su trouver l'art dans
l'œuvre d'art : il y a cherché l'homme [37].

Lignes essentielles qui ne font que réitérer ici,
par-delà leur prise de position en faveur de Swinburne, cette thèse à travers laquelle Wilde, moyennant cette distance qu'il y établit entre un artiste et
son œuvre, s'était déjà employé, dans ses lettres
adressées, un an et demi plus tôt, au directeur de
The Scots Observer, à défendre son propre *Portrait
de Dorian Gray* contre toute accusation d'immoralité. C'est dire si c'était en fait lui-même, plus que
cet écrivain, qu'il tentait désespérément, une fois
encore, de défendre face aux terribles attaques dont
il allait à nouveau être l'injuste mais constant objet
dès son retour à Londres. D'autant que Bosie,
esprit aussi survolté qu'immature et amant aussi
névrotique qu'envahissant, n'allait rien faire pour
lui épargner ce triste sort.

À peine Wilde s'en fut-il retourné à Londres que
Gide, qui avait récupéré ses esprits après sa crise
de désespoir, nota dans son *Journal* (à la date du
1er janvier 1892), manifestement soulagé de ce

départ : « Wilde ne m'a fait [...] que du mal. Avec lui, j'avais désappris de penser[38]. » Mots durs que ceux de Gide à l'égard de Wilde, fussent-ils dictés là par le ressentiment plus encore que par le dépit. Propos qui ne sont guère éloignés de ceux prononcés par Dorian Gray, à la fin du *Portrait*, bien que se référant à l'*À rebours* de Huysmans :

Vous m'avez jadis offert un livre empoisonné. [...] Harry, promettez-moi de ne plus jamais prêter ce livre à personne. Il fait du mal[39].

Ce fut là le principal argument utilisé par le marquis de Queensberry, qui apparut ainsi comme un père soucieux de protéger son jeune fils de cette âme maléfique qu'était supposé être l'auteur du *Portrait de Dorian Gray*, pour persuader la justice anglaise de condamner Wilde à la peine la plus sévère qui fût ! Mettant pour la deuxième fois en avant, dans son *De profundis*, sa « Théorie de l'enfant Samuel » :

Il aurait [...] été bon [...] que tu élèves une protestation contre la version de notre amitié que ton père présentait, [...] aussi absurde par rapport à toi qu'infamante par rapport à moi. Cette version est [...] considérée désormais comme une vérité historique [...] ; le prédicateur en fait la source de son sermon, le moraliste l'utilise pour ses discours stériles ; et j'ai dû, moi qui m'adressais à tous les siècles, accepter le verdict d'un être qui est un singe et un bouffon. [...] Il y avait quelque ironie à voir ton père devenir le héros d'une plaquette à l'usage des catéchumènes ; de te voir comparé au jeune Samuel ; et de me voir installé entre Gilles de Rais et le marquis de Sade[40].

Toutefois ce n'est qu'à partir de mai 1892, près d'un an après leur première rencontre, que cette simple quoique intense amitié se transforma, tel un feu dévorant tout sur son passage, en cette passion qui allait bientôt détruire Oscar Wilde.

C'est durant les cinq mois de relative quiétude qui s'étalèrent entre son retour à Londres et son engouement pour Bosie, que Wilde se consacra à *L'Éventail de Lady Windermere*, pièce créée le 20 février 1892 au St James's Theatre. Cette œuvre théâtrale, écrite dans le *Lake District* de Windermere, durant l'été 1891, allait lui assurer une véritable notoriété. La pièce, dont les cent quatre-vingt-dix-sept représentations londoniennes auront lieu à guichets fermés pendant cinq mois d'affilée, jusqu'au 29 juillet de la même année, connaît un triomphe phénoménal.

Si cette brillante comédie recueillit un tel succès, constituant un tournant décisif dans la carrière littéraire d'Oscar Wilde, c'est qu'elle contenait les ingrédients nécessaires à sa réussite, tant dans la forme que dans le fond, par-delà son côté subversif au regard de la société victorienne.

Sur le plan stylistique, d'abord, avec un florilège d'aphorismes plus éblouissants les uns que les autres, tel celui-ci : « La vie est une chose bien trop importante pour qu'on en parle jamais sérieusement. » Sur le plan narratif, ensuite, avec une série de situations types et de personnages parfaitement campés, comme ils le seront également, suivant en cela un procédé littéraire assez récurrent au sein du théâtre wildien, dans ses trois comédies ultérieures. À ces atouts s'ajoutait le fait qu'Oscar Wilde ne dédaignait pas de se mettre parfois lui-même en scène comme lorsqu'il arriva à l'improviste, une fois le rideau tombé lors de la première de l'*Éventail*, sur le devant de la scène de théâtre pour y tenir face à un public éberlué, une cigarette à bout doré en main et un œillet d'un bleu métallique à la boutonnière, le discours suivant, mi-cabotin mi-insolent :

J'ai pris un immense plaisir à cette soirée. Les acteurs ont interprété de manière [...] charmante cette pièce [...] délicieuse, et votre jugement, la concernant, s'avère des plus intelligents. Je vous félicite donc du succès considérable qu'a remporté votre prestation, laquelle me convainc que vous avez une opinion presque aussi haute de cette œuvre que j'en ai moi-même [41].

Et la salle, comble à craquer, d'applaudir à tout rompre face à pareille audace de la part de celui en qui elle vit soudain un authentique homme de théâtre ! Quant à Wilde, il s'en alla terminer clandestinement la soirée dans les bras du jeune Edward Shelley, qu'il avait invité à assister à ce mémorable *happening*, à l'Albemarle Hotel, palace situé non loin de son propre club, faussant ainsi pour la énième fois compagnie à la pauvre Constance et conjointement, bien qu'encore accessoirement à cette époque-là, à Bosie... lequel, furieux d'avoir été mis de côté, ne tarda pas à se manifester de nouveau à lui.

C'est au mois de mai 1892 que Lord Alfred Douglas réapparut de manière durable dans la vie d'Oscar Wilde. Mais pour une raison qui n'avait rien à voir avec une quelconque jalousie amoureuse : Douglas, qui avait pour habitude d'utiliser les services de jeunes prostitués, dut faire face à l'offensive de plusieurs maîtres chanteurs qui lui demandaient de l'argent. Wilde, déjà amoureux de ce jeune et bel aristocrate, mais désormais riche et célèbre surtout (les représentations théâtrales de *L'Éventail de Lady Windermere* lui rapportaient soixante-dix livres sterling par semaine, soit sept mille euros d'aujourd'hui), n'hésita pas, généreux qu'il était par nature, à lui fournir, par l'intermédiaire de son avocat Sir George Lewis, l'argent nécessaire pour mettre un terme à ce chantage.

Ainsi est-ce à partir de ce moment-là que leurs liens, parallèlement à leurs relations sexuelles, se consolidèrent véritablement, tant et si bien qu'ils ne se quittèrent alors pratiquement plus, si ce n'est pour de courtes périodes, jusqu'au procès de mai 1895. Trois années pendant lesquelles Wilde, à en juger par la liste de ses gains et dépenses que l'administration judiciaire publia lors de sa mise en faillite, dilapida, pour plaire à son amant, assouvir ses moindres désirs et satisfaire ses caprices, la coquette somme de cinq mille livres sterling, soit l'équivalent, de nos jours, d'un demi-million d'euros ! C'est ce que Wilde reproche à Bosie dans son *De profundis* :

Entre l'automne de 1892 et la date de mon emprisonnement, j'ai dépensé avec toi [...] plus de cinq mille livres sterling en espèces, sans parler des factures que j'ai dû payer. [...] Une vie simple et des pensers élevés étaient [...] un idéal que tu ne pouvais apprécier à l'époque, mais une telle extravagance était honteuse pour nous deux [42].

Ce train de vie ne put certes, en un monde codifié comme celui de la société victorienne, que le conduire à sa perte et finir ainsi par le ruiner, tant sur le plan artistique que financier, voire moral. C'est là un fait que Wilde, tout en faisant preuve d'une remarquable lucidité quant à sa part de responsabilité dans la catastrophe annoncée, atteste encore :

Installé ici dans cette sombre cellule, vêtu d'habits de forçats, ruiné, perdu de réputation [...], je me reproche d'avoir permis à une amitié dépourvue de toute dimension intellectuelle [...] de [...] dominer ma vie. Dès l'origine, un fossé bien trop large nous séparait. [...] Tu ne te rendais pas compte qu'un artiste [...] comme moi, c'est-à-dire un être dont la qualité de travail repose sur l'approfondissement de sa personnalité, a besoin pour que son art se développe d'une communauté d'idées, et d'une atmosphère intellectuelle faite de calme, de paix et de solitude. [...] Je me reproche également de t'avoir laissé m'entraîner dans un désastre financier total et infamant. [...] Mais plus que tout je me reproche la dégradation morale absolue que je t'ai permis de provoquer en moi. La base d'une personnalité, c'est la volonté, et ma volonté est devenue totalement soumise à la tienne [43].

Reste à savoir comment un être aussi intelligent et sensible, profond et cultivé, que Wilde, a pu se laisser entraîner aussi facilement, au moment même où il avait enfin obtenu, avec *L'Éventail de Lady Windermere*, cette gloire littéraire qu'il avait jadis tant recherchée aux quatre coins du monde, dans pareille déchéance existentielle, jusqu'à ne plus être à la fin de sa vie que l'ombre, pathétique et velléitaire, de lui-même.

Interrogation d'autant plus fondée que cette pulsion d'« autopunition », invoquée par Robert Merle pour rendre compte d'une telle tragédie, ne peut certes constituer, au vu de son ampleur, une raison suffisante, pour pertinente qu'elle soit. Ainsi est-ce ailleurs qu'il faut en chercher l'explication ultime.

Un fait précis vint se superposer de façon déterminante, dans la vie de Wilde, au moment même où Bosie alla le trouver pour le prier de remédier au chantage dont il était victime : la censure. En ce printemps de juin 1892, alors que tout était prêt pour la première représentation au Palace Theatre de Londres de *Salomé*, pièce à laquelle il attachait, depuis plusieurs années, une importance particulière, celle-ci fut interdite. Sarah Bernhardt devait en tenir le rôle-titre : « Chaque répétition a été une source de plaisir intense. Entendre mes mots prononcés par la plus belle voix du monde a constitué la plus grande joie artistique qu'il soit possible d'éprouver [44]. »

C'est le Chambellan de la Cour, assisté d'Edward F. Smyth-Pigott, responsable officiel de la censure théâtrale, qui, prétextant qu'un arrêté royal proscrivait toute présence de personnages bibliques sur scène, interdit la pièce. Alibi certes aussi stupide que fallacieux. Car c'était cette fibre éminemment érotique de *Salomé* que ces deux « maîtres censeurs » stigmatisèrent en fait là, scandalisés par ce qu'ils qualifièrent de « miracle d'impudence [...] écrit en un français mi-biblique et mi-pornographique [45] ». Mais il n'empêche : cet interdit dont l'on venait de frapper aussi brutalement son texte déstabilisa à ce point Wilde que celui-ci, d'autant plus outré que son *Éventail de Lady Windermere* se voyait parodié dans quelque obscur théâtre londonien, ne trouva alors rien de mieux à faire, par esprit de vengeance tout autant que de provocation, que d'aller se consoler, comme pour afficher son mépris à l'égard de la morale ambiante, dans le lit de Bosie, être aux mœurs ouvertement dépravées par contraste avec ces bourgeois au col monté.

Wilde fut affecté par cette funeste décision. C'est ce que laisse entendre le ton injurieux, utilisé dans la lettre qu'il écrivit, au début du mois de juillet 1892, à son ami William Rothenstein. Il se trouvait à Bad-Hombourg, station thermale alors fort prisée par l'aristocratie anglaise, où, invoquant auprès de sa femme une cure de repos, il était parti rejoindre son amant :

Le censeur des pièces de théâtre est nominalement le Chambellan de la Reine, mais, en réalité, un banal fonctionnaire [...], Mr. Pigott, qui favorise [...] l'hypocrisie du peuple anglais, en autorisant la basse farce et le mélodrame vulgaire. Il accepte même que le théâtre serve à caricaturer la personnalité d'artistes et au moment même où il a interdit *Salomé*, il a autorisé une parodie de *L'Éventail de Lady Windermere* où un acteur habillé comme moi imitait ma voix et mes manières [46] !

Quelques jours plus tard, le 22 juillet, il renchérit dans une lettre adressée à William Archer, l'un des rares critiques à l'avoir défendu :

Je prends les eaux ici et n'y possède pas un exemplaire de *Salomé*, sans quoi j'eusse été heureux de vous le prêter, bien que le Censeur ait refusé de laisser jouer ma tragédie en se basant uniquement sur son principe stupide et vulgaire, qui interdit de traiter un sujet biblique. [...] Je tiens à vous dire combien m'a flatté votre lettre [...] par sa vigoureuse protestation contre la méprisable tyrannie officielle qui existe en Angleterre à propos du drame [47].

Le summum, enfin : dans l'entretien qu'il accorde alors à la *Pall Mall Gazette*, Wilde affirme qu'il souhaite, après cet énième affront, s'expatrier à Paris et y demander la nationalité française... Une menace que seul Bosie, obligé de rester à Oxford pour y terminer ses études, le dissuada de mettre à exécution !

Wilde, dont Bosie était parvenu à apaiser la fureur, revint finalement à Londres pour en repartir cependant aussitôt, mais accompagné cette fois de sa femme et de ses deux enfants, afin de se remettre au travail, installé dans une maison de campagne qu'il loua sur la côte du Norfolk. C'est là, dans le village de Felbrigg, aux alentours de Cromer, qu'il rédigea, durant les mois d'août et de septembre 1892, année qui se révéla très prolifique sur le plan de la création, sa deuxième grande comédie : *Une femme sans importance** .

Mais le pire, en cette absurde et pénible affaire de censure qui vit Wilde soudain privé de sa *Salomé*, c'est que ce sont ceux-là mêmes qui se moquèrent de lui, avec cette mauvaise parodie intitulée *The Poet and the Puppets* (donnée au Comedy Theatre, le 19 mai 1892), qui furent les

---

* Le titre initial était *Une femme de bien*, pièce que lui avait commandée, après le triomphe de *L'Éventail de Lady Windermere*, Herbert Beerbohm Tree, directeur du Royal Theatre de Haymarket. La première eut lieu, recueillant un succès presque identique, le 19 avril 1893.

meneurs de la cabale destinée à réunir un maximum de témoignages à charge, lors du procès que
lui intentera, trois ans après, Queensberry. Ce sont
les mêmes qui, alors que Wilde, condamné à deux
ans de travaux forcés, se retrouvait menotté pour
être envoyé en prison, offrirent, le soir même, un
dîner au marquis pour, comble de l'infamie, fêter
l'événement !

C'est dire si Wilde, pour qui le dandysme était
« l'affirmation de la modernité absolue de la
Beauté [48] », comme il le déclara en ses *Maximes pour
l'instruction des personnes trop instruites*, avait
quelque raison d'être indigné par l'injuste traitement que l'*establishment* britannique ne cessa de lui
réserver tout au long de sa vie littéraire, comme s'il
avait voulu lui faire payer à tout prix son incontestable génie. Au fond, qu'avait-il écrit d'autre, prémonitoire, dans ce testament philosophique que
représente un texte tel que *Le Critique comme
artiste* : « Le public fait preuve d'une tolérance étonnante. Il pardonne tout sauf le génie [49] »...

C'est à cette terrible et fatale épreuve qu'il allait
lui-même être désormais confronté. Comme s'il ne
faisait jamais là qu'accomplir son propre et seul
destin, jusqu'à sa mort.

Une liaison dangereuse

> *Les gens ont trouvé que ce n'était [...] pas bien [...]*
> *d'avoir invité à dîner les mauvais éléments de la vie et*
> *d'avoir pris plaisir à leur compagnie. [...] Le plaisir que*
> *j'y prenais venait pour moitié du danger couru.*
>
> OSCAR WILDE, De profundis[1]

Le procès qui vit Wilde aux prises avec Queensberry fut précédé d'une série de péripéties qui ne purent qu'aboutir à cette tragique fin, l'homosexualité étant alors considérée comme un crime par la loi britannique.

Wilde et Bosie, au fur et à mesure que se resserraient leurs liens, commirent quelques graves imprudences, pour l'époque, dont la plus évidente consista à s'afficher ensemble en public, de manière souvent trop ostensible au goût de l'étiquette victorienne. Ainsi Wilde, alors même qu'il rédigeait *Une femme sans importance*, ne craignit-il pas d'inviter Bosie à venir passer une dizaine de jours chez lui, près de Cromer, avec sa famille. De même le pria-t-il, en cet automne, de le rejoindre à Babbacombe Cliff, localité située près de Torquay, dans le Devon, où il avait loué pendant un peu plus de trois mois (de fin novembre 1892 à début mars 1893), avec sa femme et ses deux enfants, le manoir de Lady Mount-Temple, lointaine cousine de Constance. Et puis, surtout, Wilde, entre ces deux longs séjours loin du tumulte de la capitale anglaise, alla rejoindre Bosie à Bournemouth, où il était en convalescence, logeant au Royal Bath Hotel, suite à une jaunisse qui l'avait affaibli. C'est là, dans une des chambres de ce luxueux hôtel, qu'eut lieu la première de leurs violentes disputes : de véritables scènes de ménage où les cris tout autant que les coups dont Bosie était coutumier, épouvantèrent plus d'une fois Wilde, le poussant à prendre parfois la fuite, comme il le rapporte, en son *De profundis*, y brossant un portrait peu flatteur de son amant :

Ces scènes incessantes qui [...] t'étaient presque physiologiquement nécessaires, au cours desquelles ton corps et ton esprit se décomposaient tandis que tu devenais quelque chose de terrifiant [...] ; ton incapacité absolue à contrôler tes émotions, dont témoignaient aussi bien tes longues périodes de silence buté, rancunier, que tes crises de rage subites, comme épileptiques ; tous ces traits [...] furent à l'origine [...] de mes capitulations fatales devant tes exigences [...]. Ce fut l'exemple même de cette tyrannie du fort par le faible [...] [2].

Et puis, un an plus tard, au mois de décembre 1893 :

Après une série de scènes qui connut son apogée, [...] révoltante, où tu vins me voir dans mon appartement du club [...], je me retrouvai le lendemain en train de [...] m'enfuir à l'étranger pour t'échapper [...]. Et je me revois [...], assis dans le wagon de chemin de fer qui m'emportait vers Paris, songeant à la situation [...] effrayante [...] où ma vie se trouvait réduite, si un homme mondialement connu comme moi était [...] contraint de fuir l'Angleterre pour tenter de se débarrasser d'une amitié qui menaçait de détruire [...] tout ce qu'il y avait en lui d'intellectuellement ou de moralement beau[3].

Autant de scènes qui ne sont pas sans évoquer, par leur pathologie tout autant que leur fréquence, celles d'un autre couple célèbre, non moins infernal et tout aussi « maudit », de la littérature : Verlaine et Rimbaud. À cette différence près que Bosie, même s'il n'était pas un mauvais poète, n'avait certes pas leur génie, et que Wilde jouissait, contrairement à eux, en cette glorieuse époque de sa vie, de considérables sommes d'argent, qu'il ne se priva pas de dépenser, pour plaire à son amant, en fastueux dîners dans les plus grands palaces et somptueux cadeaux chez les plus chers bijoutiers, comme le prouve cette autre confidence extraite de sa confession épistolaire, instructive quant à la série de dettes qu'il contracta :

Les dîners au Savoy [...], tout cela doit encore être payé. Les soupers chez Willis [...], tout cela ne peut rester impayé, comme dettes honteuses d'un client malhonnête. Même les [...] boutons de manchette [...] que je [...] fis réaliser chez Henry Lewis spécialement pour toi [...] doivent être payés[4].

Cet aveu de Wilde a posteriori, formulé alors qu'il se trouve emprisonné à Reading, prend ici tout son sens dramatique :

Je me laissai aller à de longues périodes de loisirs insensés et sensuels. Je m'amusai à être un *flâneur*, un dandy, un homme à la mode. Je m'entourai de [...] petits esprits. Je dilapidai mon

229

propre génie, et pris un plaisir étrange à gaspiller une jeunesse éternelle. Lassé d'être sur les hauteurs, je descendis volontiers dans les abîmes à la recherche de nouvelles sensations. Ce que le paradoxe était pour moi dans la sphère de la pensée, la perversité le devint dans la sphère de la passion. Le désir finit par être une maladie, ou une folie, ou l'une et l'autre. [...] Je prenais du plaisir quand cela me plaisait [...]. Je cessai d'être mon propre maître. Je n'étais plus le capitaine de mon âme [...]. Je te permis de me dominer, et à ton père de m'effrayer. Je finis dans un déshonneur épouvantable [5].

Et, quelques pages plus loin, de préciser, y faisant de certains épisodes de son œuvre comme le reflet de sa propre et double vie, jusqu'à cet acte de repentance que constitue ce même *De profundis*, après que les affres de la prison l'eurent amené à se convertir au christianisme :

Je ne regrette pas [...] d'avoir vécu en quête de plaisirs. Je l'ai fait pleinement [...]. Je jetai la perle de mon âme dans une coupe de vin. [...]. Mais c'eût été une erreur de poursuivre la même vie [...]. Il me fallait aller plus loin. Pour moi aussi l'autre moitié du jardin avait ses secrets. Tout cela est annoncé [...] dans mon œuvre. [...] Il s'en dissimule une bonne part dans la note de fatalité qui court comme un fil de pourpre dans la trame dorée de *Dorian Gray*. [...] Il prend chair dans le poème en prose consacré à l'homme qui, à partir de l'image de bronze du Plaisir qui ne demeure qu'un instant, doit faire l'image de la Douleur qui dure éternellement [6].

Prudence, toutefois ! Car croire que Wilde n'aurait été, comme il n'a de cesse de se présenter en son *De profundis*, que la victime consentante de Bosie, une sorte de jouet détraqué dans les mains du cruel marquis de Queensberry ainsi qu'un bouc émissaire pour le puritanisme de l'*establishment* d'alors, serait aller vite en besogne, et cela quel que soit le degré de compassion que l'on éprouve pour lui. La vérité exige ici un minimum d'objectivité. Afin de rétablir quelque équilibre en cette affaire, ne sera-t-il guère inutile de rappeler que ce fut Wilde lui-même qui souvent, quoi qu'il prétende en ce réquisitoire, insista pour que son amant vînt le rejoindre en ses diverses retraites ; comme celle de l'hiver 1892-1893, où, loin des mondanités londoniennes, il s'ennuyait à mourir. Preuve en est cette ardente déclaration d'amour qu'il lui envoya de Babbacombe Cliff, en janvier 1893, alors que sa femme, comme ses deux fils, y était présente, dévouée comme à son habitude :

Mon ami à moi seul,
Votre sonnet est absolument adorable et il est merveilleux que ces lèvres d'un rouge de pétale de rose qui sont les vôtres aient été faites non moins pour l'harmonie du chant que pour la folie des baisers. Votre agile âme d'or évolue entre passion et poésie. Je sais que Hyacinthe, qu'Apollon aima si follement, était vous au temps grec. Pourquoi êtes-vous seul à Londres [...] ? Venez ici quand vous voudrez. Le site est ravissant, vous seul y manquez [...].

Toujours vôtre,
avec un amour éternel
votre Oscar[7].

L'envoi de cette lettre enflammée fut l'un des gestes les plus périlleux que Wilde accomplît lors de sa liaison avec Bosie. C'est elle qui, après qu'elle eut été volée dans l'une de ses poches, servit, à deux reprises, de pièce à conviction. Lors d'un chantage orchestré par quelques-uns des compagnons de débauche de Bosie, puis lors du procès intenté par

Queensberry. Ce dernier ne se priva évidemment pas de la faire lire, en plein tribunal, afin que le juge pût se rendre compte, selon lui, des crimes commis par Oscar Wilde. Comme pour venir envenimer la situation, *The Spirit Lamp*, revue littéraire d'Oxford qu'Afred Douglas dirigea de novembre 1892 à juin 1893, publia, quelques semaines après, un sonnet de Pierre Louÿs faisant explicitement référence à cette lettre.

Mais, plus risqué encore de la part de Wilde, c'est de cette époque — mars 1893 — que datent ses premières aventures avec de jeunes prostitués, dont certains n'avaient pas dix-huit ans. En compagnie de Bosie, il se mit à fréquenter assidûment un bordel clandestin du 13 Little College Street, rue située dans le très policé quartier de Westminster. Parmi eux : Alfred Taylor, qui lui servait de rabatteur et qui comparut en même temps que lui lors de son procès, ainsi que Charles Parker, Fred Atkins, Sidney Mavor et Alfred Wood, lesquels furent appelés à la barre en qualité de témoins à charge. Nier qu'ils furent des intimes de l'écrivain aurait d'ailleurs été impossible. Car Wilde avait alors pris l'indiscrète habitude de leur offrir des cadeaux, comme des étuis de cigarettes où étaient gravées ses propres initiales. Ce geste à ce point inconsidéré servit évidemment de pièce à conviction lors de ce procès.

C'est à eux que Wilde fait allusion, lorsqu'il parle, afin d'expliquer cette attirance teintée de morbidité qu'il éprouvait pour ce genre d'individus, de ces « mauvais éléments de la vie » en compagnie desquels il aimait tant dîner, en une atmosphère toute baudelairienne où volupté et danger se mêlaient étroitement, avec des « panthères »… sans s'être jamais aperçu, tant l'esthète qu'il était avait alors pris le dessus sur les autres facettes de sa personnalité, qu'après l'avoir ainsi amadoué, ces félins si racés lui auraient sournoisement planté leurs griffes dans le dos :

> [...] ces êtres, sous l'angle où l'artiste en moi les approchait, étaient riches de suggestions et de stimulations délicieuses. C'était festoyer avec des panthères. Le plaisir que j'y prenais venait pour moitié du danger couru. J'éprouvais les sensations que doit éprouver le charmeur de serpents [...]. Ils étaient pour moi les plus brillants des serpents dorés. Leur poison était partie intégrante de leur perfection. Je ne savais pas que lorsqu'ils m'attaqueraient, ce serait au son de ta flûte et grâce aux subventions de ton père[8].

Que Wilde employât, pour décrire ce genre de séduction, la métaphore du « charmeur de serpents » n'est guère surprenant puisque c'est, dans un contexte tout aussi exotique, lors d'une escapade avec Bosie, entre janvier et février 1895, dans les bas-fonds d'Alger et à Blida, localité où se pratiquait alors communément le tourisme homosexuel, qu'il eut, accompagné par Gide, qu'il rencontra là inopinément, ses contacts charnels les plus intenses, tarifés toujours, avec des adolescents mineurs. Pis : c'est lui, Wilde, qui, plus argenté que les deux autres, payait à ses compères ce type de plaisir pour lequel, à Paris comme à Londres, ils auraient été tous trois inculpés d'outrage aux mœurs ! C'est la thèse défendue par Odon Vallet dans *L'Affaire Oscar Wilde* :

> [...] dès lors que des amours reçoivent l'opprobre de la loi et du peuple, ce qui est fascinant dans un livre devient repoussant dans la vie et l'on passe vite du sublime de l'œuvre d'art au sordide du fait divers[9].

C'est en novembre 1892, tandis qu'il revenait de Bournemouth et s'apprêtait à partir pour Babbacombe Cliff, que Wilde, encore pour quelques jours à Londres, commit cependant la plus grande de ses imprudences. À moins que son attitude, toujours aussi insolente, ne fût dictée, une fois de plus, par son incompressible sens de la transgression. Car ce qu'il fit là enfreignit toute convenance au regard de l'étiquette victorienne : inviter à déjeuner Bosie, dont les poses maniérées étaient sans équivoques aux yeux du public, au très central Café Royal, lieu prisé par la haute société londonienne, mais que fréquentait surtout régulièrement Queensberry. Et, de fait, qui vit-on y entrer ce jour-là ? Le marquis, lequel, interloqué, ne put que constater à quel point Wilde, ce poète que la rumeur disait dévergondé, et Bosie, son propre fils, étaient proches !

Cette première rencontre entre Wilde et Queensberry se déroula toutefois mieux que prévu. L'écrivain, habile, invita poliment le marquis à sa table, et la conversation fut si joviale que Bosie, qui avait un autre rendez-vous, n'hésita pas à prendre congé d'eux, les laissant ainsi discourir, le vin aidant, en tête à tête. C'est ainsi que Wilde réussit, en un premier temps, à séduire, par son intelligence tout autant que son humour, jusqu'à l'irascible Queensberry, lequel, éméché, finit même par reconnaître, en cette occasion-là, qu'il l'avait peut-être mal jugé. L'embellie, cependant, ne fut que de courte durée. Car un événement — et non des moindres — vint assombrir, puis ruiner définitivement leurs relations : la publication, le 22 février 1893, trois mois après qu'ils eurent fait connaissance, de la version française de *Salomé*, pièce déjà interdite de toute représentation dans les théâtres anglais, dont la thématique comme le traitement s'avéraient contraires aux mœurs victoriennes. Et cela d'autant plus que la page de titre de ce nouveau livre était illustrée par un dessin aussi suggestif qu'iconoclaste de Félicien Rops, maître incontesté de l'érotisme satanique. On y voyait une femme à l'allure démoniaque, affublée d'ailes d'ange et d'une queue de poisson. Parachevant le tout, une légende, écrite en latin, et aux résonances singulièrement perverses — *non hic piscis omnium*, signifiant « ce poisson n'est pas pour tous » —, laissait clairement entendre que ce texte n'était pas à mettre entre toutes les mains. Le critique attitré du très officiel *Times* ne laissa au texte aucune chance, lui reprochant d'être un condensé de « sang et de cruauté, morbide, bizarre, dégoûtant et [...] offensant dans sa manière d'adapter les Saintes Écritures à des situations qui sont à l'exact opposé du sacré [10] ». Le rusé marquis de Queensberry, bien qu'athée, ne sera pas loin de soutenir cette même thèse, lors du procès qu'il intentera deux ans plus tard à Wilde, conforté, en ce jugement, par la toute-puissante cohorte des bien-pensants de son temps.

C'est donc au début du mois de mars 1893, après avoir passé l'hiver à Babbacombe Cliff, que Wilde regagna Londres, où, plutôt que de rentrer vivre tranquillement chez lui dans le cocon familial de Tite Street, il prit cependant l'encore plus imprudente habitude de louer, au Savoy ou à l'Albemarle, d'onéreuses chambres d'hôtel. C'est là, invoquant comme prétexte à ce genre d'escapade le besoin de solitude nécessaire à l'écriture, que Wilde commença à recevoir, s'y prélassant dans un luxe tapageur, Bosie et, à sa traîne, une kyrielle de jeunes prostitués.

C'est du Savoy même, où il logea pendant tout le mois de mars, y dépensant une fortune tout en y fortifiant sa mauvaise réputation, que Wilde, bravant le danger, envoya à Bosie ce mot pathétique, destiné à l'attendrir, suite à la dispute de Babbacombe Cliff, et le faire revenir auprès de lui, après qu'il fut parti retrouver sa mère dans sa résidence de Salisbury :

> Ami le plus cher de tous mes amis,
> [...] je suis triste et bouleversé. Bosie, vous devez éviter de me faire des scènes. Elles me tuent, elles saccagent la beauté de la vie. Je ne puis vous voir, vous si grec et gracieux, défiguré par la passion. Je ne peux écouter vos lèvres incurvées me tenir des propos atroces. [...] Il faut que je vous voie bientôt. Vous êtes la créature divine dont j'ai besoin, une créature de grâce et de beauté. [...] Pourquoi n'êtes-vous pas ici, mon cher, mon merveilleux ami ? Je crains d'être obligé de partir [...] avec un cœur de plomb.
>
> Votre Oscar à vous seul [11].

Bosie, que cette clémence avait ébranlé, finit par rejoindre Wilde au Savoy, dont la suite qu'il y louait se transforma alors en une sorte de lupanar où ne cessaient de défiler, parfois sous le regard hébété du personnel, les pires gigolos. D'autant que l'un des fantasmes de Bosie, être vaniteux et tyrannique chez qui se « mêlait tant de grâce à ses façons despotiques d'enfant gâté » comme le décrivit Gide, consistait à exiger que la société anglaise fût témoin de leur idylle ainsi que celui-ci l'indique, rapportant là une confidence de Wilde, dans *Si le grain ne meurt* :

> Bosie [...] m'a fait une scène, aoh ! une scène terrible [...]. « Je ne veux pas, me disait-il, je ne tolère pas que vous entriez par la petite porte. J'exige que vous entriez par la grande porte avec moi ; je veux que tout le monde dans le restaurant nous voie passer et que chacun se dise : C'est Oscar Wilde et son mignon. » Aoh ! n'est-ce pas qu'il est terrible [12] ?

Constance, pendant ce temps-là, seule dans sa maison de Tite Street, élevait ses deux enfants et continuait à se morfondre, assistant, impuissante, à la déchéance d'un mari qui la trompait publiquement et la faisait sombrer ainsi dans le déshonneur le plus effroyable aux yeux de la société victorienne. Dépitée, elle se rendit à plusieurs reprises au Savoy, ne craignant pas d'affronter quolibets et moqueries, pour le supplier, le cœur gros mais toujours prête au pardon, de regagner le foyer conjugal. En vain. Wilde, non sans une consternante dose de cynisme, lui répondit que cela faisait si longtemps qu'il n'était pas passé par Tite Street qu'il en avait désormais oublié jusqu'au numéro de leur demeure ! De cet affront dont il fut le témoin embarrassé, Pierre Louÿs, de passage à Londres pour assister à la première d'*Une femme sans importance*, se montra à ce point heurté qu'il rompit, dès son retour à Paris, toute relation avec Wilde.

C'est à cette époque que Wilde, après avoir à nouveau brièvement séjourné dans la capitale française, fut le plus cruellement brocardé, en raison de cette homosexualité toujours plus notoire, par la presse anglaise. Et avec une efficacité dont les malheureuses conséquences le conduiront tout droit, à côté de bien d'autres éléments à charge, vers les tribunaux. Et, de là, en prison. De fait, la pochade que lui décocha alors, dans l'*Ephemeral*, revue estudiantine à l'influence non négligeable dans les milieux universitaires, Alfred Hamilton Grant égratignant ses origines celtiques s'intitulait *Ossian le Sauvage*. Wilde y était décrit comme un « homme aux mœurs impures et à l'esprit plus impur encore ».

Quant à Wilde, qui se souciait toujours aussi peu des ragots courant sur sa personne, multipliant au contraire les outrances tout autant que les provocations, il ne fit qu'encourager la propagation de la rumeur publique puisqu'il ne trouva rien de mieux, pour répondre à ce genre d'infamie, que de publier, dans *The Spirit Lamp*, son deuxième poème en prose : *Le Disciple*, dont la thématique, d'inspiration païenne, fortement teintée d'homosexualité, prolongeait, à partir d'un texte aussi subversif que celui du *Portrait de Dorian Gray*, le mythe grec de Narcisse. Pis : Wilde et Bosie se rendirent ensuite tous deux, le 12 juin 1893, dans la localité de Goring-on-Thames, où, accompagnés du jeune Walter Grainger, leur valet occasionnel et partenaire de débauche, ils louèrent, jusqu'au début du mois d'octobre, pendant quatre mois d'affilée, une maison qu'ils baptisèrent du nom de « Cottage » ! C'est dans ce village que Wilde commença à rédiger, lorsque le caractère intempestif de Bosie le lui permettait, les premières lignes d'*Un mari idéal*, texte au titre on ne peut plus ironique au vu de sa situation familiale, et dont l'un des personnages principaux, en même temps que l'un des dandys les mieux campés de son œuvre théâtrale, se nomme, suivant cette habitude qu'il avait de donner à ses héros des noms de lieux où il avait séjourné, Lord Goring. C'est à Londres cependant, où il ne retourna qu'en octobre 1893, qu'il écrivit les deuxième et troisième actes de cette pièce, dans un appartement qu'il loua, jusqu'à la fin de mars 1894, aux 10 et 11 de St James's Place.

Depuis mars 1893, date où il quitta le manoir de Lady Mount-Temple, à mars 1894, date où il laissa sa résidence de St James's Place, cela faisait maintenant un an qu'Oscar n'habitait plus sous le même toit que sa femme, sans réintégrer, ne fût-ce que pour une nuit, le lit matrimonial. C'est dire si Constance avait tous les droits de demander, l'adultère homosexuel de son mari étant avéré, le divorce : requête que, consciente des graves poursuites judiciaires que le père de ses deux fils aurait alors encourues, elle ne consentit cependant jamais à introduire auprès des instances juridiques. En outre, elle souhaitait demeurer fidèle au sacrement du mariage.

Wilde se révéla aussi ingrat envers son épouse que celle-ci se montra loyale envers lui, multiplia à l'égard de Bosie les erreurs de jugement, au rang desquelles figurait, dramatique, le fait de lui avoir confié la traduction anglaise de sa *Salomé*. La connaissance que ce dernier avait du français étant rudimentaire, Wilde regretta rapidement de lui avoir proposé cette tâche. Bosie ne voulut cependant rien entendre. Davantage : il estimait, entêté, que son travail était irréprochable, et ne tolérant aucune réprimande, entrait, lorsque son amant osait y pointer du doigt quelque défaillance linguistique, dans des colères noires. Cette attitude stupide ne fit que détériorer davantage encore leurs relations, jusqu'à les mener au bord de cette rupture que Wilde, tiraillé par ses sentiments souvent contradictoires, souhaitait aussi secrètement, en son for intérieur, qu'il la redoutait. Voici comment Wilde relate ces divers épisodes :

[...] en juin, nous voilà à Goring. [...]. Tu me fis une scène si affreuse, si pénible, que je te déclarai qu'il nous fallait nous séparer. Je me revois [...] en train de te faire observer que nous nous gâchions mutuellement la vie, que tu ruinais [...] la mienne et qu'à l'évidence je ne te rendais pas heureux, de sorte qu'une rupture irrévocable, une séparation complète, était la seule décision sage que nous puissions prendre. [...] En septembre, de nouvelles scènes se produisirent, provoquées par mes remarques touchant aux fautes de collégien que tu avais faites dans ton essai de traduction de *Salomé*. [...] Dans l'une des lettres pleines de violence que tu m'écrivis à ce sujet, tu déclaras que tu n'avais aucune obligation intellectuelle [...] envers moi. [...] J'eus le sentiment que c'était la seule vérité que tu m'eusses jamais écrite [...] [13].

Après cette épouvantable scène, Wilde décida, épuisé, d'aller se reposer, pendant deux semaines, à Dinard, ville maritime française située non loin

1 Oscar Wilde photographié à New York par Napoleon Sarony en 1882.
Washington, Library of Congress.

« *Le dandysme est l'affirmation*
de la modernité absolue, de la Beauté. »

2

3

2 Oscar Wilde vers 1857.
Daguerréotype coloré.

3 Lady Wilde, « Speranza ».
Aquarelle de Bernard Mulrenin,
vers 1850.

4 Sir William Wilde en 1847
par Maguire.

5 John Pentland Mahaffy.

6 Walter Pater.

7 William Bell Scott, John Ruskin
et Dante Gabriel Rossetti en 1863.

4

5

*« Il faut soit être une œuvre d'art,
soit porter une œuvre d'art. »*

6

7

8

8 Constance et Cyril Wilde en 1889. Photo Cameron Studio.

9 Vyvyan Wilde vers 1891.

10 Oscar Wilde et Lord Alfred Douglas, dit Bosie, à Oxford en 1892.

11 Le marquis de Queensberry en 1896.

12 Reginald Turner et Robert Ross.

11
12

9
10

> « Nous passons nos jours à tenter de découvrir le secret de la vie. Eh bien ! le secret de la vie se trouve dans l'art. »

13 Couverture de *Salomé* conçue par Aubrey Beardsley en 1894 mais qui ne fut utilisée que pour l'édition de 1906.

14 Page de titre et premiers vers du *La Sphinge* illustrés par Charles Ricketts, 1894.

15 Oscar Wilde en 1889.

16 James A. Whistler.

17 Oscar Wilde par Toulouse-Lautrec. Aquarelle, 1895. Coll. part.

oscar wilde. July. '91.

15

16

THE SPHINX.

...GER THAN
...RNO GLOOM;

...THAT REEL.
...O FLOW
...THERE.
...S CURIOUS CAT
...TH GOLD.
...HER
...S.
...NIMAL!
...O UPON MY KNEE!
...LIKE THE LYNX!
...GEASP
...VELVET PAWS!

A. THOUSAND

17

18 Oscar Wilde sur son lit
de mort à l'hôtel d'Alsace
le 30 novembre 1900.

19 Le tombeau de Wilde
par Jacob Epstein,
cimetière du Père-
Lachaise.

« *Je n'ai mis
que mon talent
dans mes œuvres ;
j'ai mis tout
mon génie
dans ma vie.* »

de Saint-Malo, où il retrouva enfin, en vacances, sa femme et ses deux enfants, avec lesquels il s'amusait parfois, en père attentionné qu'il savait être malgré tout, à construire, sur la plage, des châteaux de sable qu'il garnissait de soldats de plomb.

Puis, de retour à Londres, il s'empressa d'aller trouver, en secret, la mère de Bosie afin de lui exposer les griefs, voire les appréhensions, qu'il nourrissait à l'encontre de son cher mais impulsif Alfred, dont elle-même ne connaissait que trop ce caractère semblable, à bien des égards, à celui de son horrible mari, dont elle venait de divorcer. Il lui expliqua, tout en se gardant bien de lui livrer la véritable teneur de leurs relations, à quel point son fils avait un tempérament « hystérique », combien son existence était « oisive, dépourvue de tout objectif et même de tout intérêt, misérable et absurde, tragique et pathétique[14] ». Et de lui conseiller, dans la foulée, de l'éloigner pendant un certain temps de l'Angleterre : conseil qu'elle suivit puisqu'elle ne tarda pas à l'envoyer chez Lord Cromer, alors diplomate en Égypte.

Il valait mieux, d'autre part, que Wilde et Bosie, qui ne s'étaient déjà que trop compromis en d'embarrassantes affaires de mœurs, se fissent momentanément oublier, loin des projecteurs de la capitale anglaise, avant que le père du beau Claude Dansey, jeune étudiant belge qui passa cet été-là quelques jours à Goring, ne mît ses menaces à exécution : les poursuivre tous deux en justice pour avoir abusé, sexuellement, de son fils mineur !

Bosie partit donc, le 2 décembre 1893, pour Le Caire, tandis que Wilde, qui retrouva provisoirement une paix aussi salutaire qu'inespérée, se rendit à nouveau, sans laisser d'adresse tant il craignait les incartades de son impétueux amant, à Paris, où il put achever à son aise, loin du tumulte de la vie amoureuse et de l'émoi ainsi suscité au sein de la société victorienne, le quatrième et dernier acte d'*Un mari idéal*, pièce particulièrement intéressante, par-delà son brio, tant les références autobiographiques y sont évidentes.

Quant à la traduction anglaise de sa *Salomé*, qui vit le jour deux mois et demi après, le 24 février 1894, Wilde lui apporta une solution qui, pour définitive qu'elle fût, avait tout du compromis. Ce livre serait dédié, sans que le nom de son amant apparût sur la couverture, « à mon ami Lord Alfred Bruce Douglas, traducteur de ma pièce », tandis que ses illustrations, indissociables du texte lui-même (y compris dans sa version française), seraient l'œuvre d'Aubrey Beardsley, bien qu'il eût préféré, pour décrire cette « mystique sœur de *Salammbô* » ainsi qu'il se plaisait à la qualifier, l'érotisme symboliste d'un Gustave Moreau.

Mais Wilde, pendant ce trimestre que Bosie passa en Égypte, réussit à accomplir, profitant du répit que lui procurait cette absence, bien d'autres choses encore en matière de littérature, dont un texte en vers, *Une tragédie florentine*, centré sur le rapport existant entre le mensonge et la vérité, et une pièce poétique, *La Sainte Courtisane*, dont le titre illustre à lui seul la cœxistence, au sein d'un même être, de deux états d'âme a priori opposés, l'ascèse et l'hédonisme. Œuvres qui restèrent cependant inachevées, car Bosie, que ses activités diplomatiques du Caire ennuyaient plus qu'elles ne le distrayaient, revint bien vite à la charge, sollicitant à nouveau le bon et charitable Wilde, lequel, après avoir longtemps hésité à répondre à ses télégrammes, refusant tout contact avec lui et repoussant ses assauts psychologiques, quand ce ne fut pas ses chantages au suicide, finit comme d'habitude par céder. Ils se retrouveraient donc, lui communiqua-t-il, à Paris. Autant dire que ces retrouvailles, en une ville alors aussi éloignée des convenances londoniennes, ne présageaient rien de bon pour Wilde !

Ces retrouvailles, où Bosie le supplia, sanglotant, de renouer avec lui, furent, pour Wilde, à la hauteur de ses espérances comme de ses craintes :

Quand j'arrivai à Paris, tes larmes [...] ; la joie non feinte que tu manifestais en me voyant [...], comme [...] un enfant qui se repent ; ta contrition [...] ; tout cela me fit consentir à renouer notre amitié [15].

Car Wilde et Bosie, que ce repentir fût feint ou sincère, se réconcilièrent à nouveau et s'en retournèrent ensemble à Londres. Deux jours plus tard, ils allèrent déjeuner au Café Royal, où le marquis de Queensberry les surprit, en un tête-à-tête amoureux qui n'avait rien de discret. Cette deuxième rencontre fut fatale à Oscar Wilde :

Deux jours après que nous fûmes rentrés à Londres, ton père nous vit déjeuner ensemble au Café Royal [...] et, ce même après-midi, par l'intermédiaire d'une lettre à toi adressée, lança sa première attaque contre moi [16].

Ce jour-là, 1er avril 1894, Queensberry, une fois rentré chez lui, écrivit en effet une lettre à son fils Bosie, où, après lui avoir reproché son « intimité avec cet individu, ce Wilde », il le menaça de lui couper les vivres et, s'il persistait dans son erreur, de le déshériter. Et, dans la foulée, de décrire la scène dont, horrifié, il venait d'être le témoin oculaire lors de ce déjeuner :

Je ne vais pas essayer d'analyser cette intimité [...], mais [...] poser à quelque chose est aussi mal que l'être. De mes propres yeux, je vous ai vus dans les termes les plus détestables et répugnants, à en juger par votre attitude [...]. Rien d'étonnant que les gens parlent comme ils le font. Je viens aussi d'apprendre de bonne source, mais c'est peut-être faux, que sa femme réclame le divorce pour sodomie et autres crimes. Est-ce vrai ou l'ignorez-vous ? Si je croyais la chose vraie, et qu'elle devînt de notoriété publique, je serais parfaitement en droit de l'abattre à vue. [...]

Votre père prétendu et dégoûté,
Queensberry [17].

Queensberry, que Wilde avait surnommé le « marquis écarlate » en raison de son tempérament colérique, ne s'arrêta pas là. Ainsi, deux jours plus tard, s'en prit-il directement à Wilde, lui ordonnant, en une lettre au ton non moins offensant, de ne plus jamais revoir son fils, sous peine de s'exposer à un terrible scandale, étant donné le tort que, selon lui comme aux yeux de la société, laquelle jasait toujours plus sur son compte, il lui causait. Mais si Wilde ne s'en soucia guère, indifférent à l'égard de cet énième chantage, Bosie, aussi fougueux qu'inexpérimenté, lui répondit par un télégramme au contenu si insolent — « quel drôle de petit bonhomme vous êtes [18] ! » lui lança-t-il — que son père, furibond, menaça de lui administrer une correction dont il se souviendrait. Comme pour venir attiser sa haine, s'ajoutait une autre déconvenue, non moins avilissante pour l'ancien champion de boxe qu'il était : son fils aîné, le vicomte Drumlanrig, entretenait lui aussi, secrètement, une relation homosexuelle avec une personnalité des plus en vue puisque son amant n'était autre que Lord Rosebery, alors ministre des Affaires étrangères. Avoir deux fils « sodomites » comme il les qualifiait, c'était plus qu'il n'en pouvait supporter ! D'autant que le marquis de Queensberry venait lui-même d'essuyer un affront des plus humiliants au regard de sa prétendue virilité : sa jeune épouse, Ethel Weeden, avec qui il s'était remarié quelques jours auparavant, avait engagé, une semaine après leur première nuit de noces, une procédure d'annulation de leur union, invoquant chez lui « une malformation des organes génitaux » qui le rendait impuissant. C'est dire si Queensberry, dont la frustration avait atteint son comble, pestait et, écumant de rage, cherchait fiévreusement quelque solide vengeance. Aussi est-ce sur Wilde, dont la personnalité ambiguë tout autant que le succès grandissant en faisaient un bouc émissaire idéal, que se focalisèrent ses foudres. Et cela d'autant plus facilement que l'écrivain était bien plus vulnérable que le ministre Rosebery.

Bosie, qui savait à quel point son père pouvait

se montrer dangereux lorsque s'emparaient de lui d'irrationnels accès de fureur, préféra s'éloigner momentanément de l'Angleterre pour se réfugier à Florence, où il séjourna pendant un mois, dans ce qu'il appelait une *pensione*. Wilde, dont *La Sphinge* devait paraître deux mois plus tard, illustrée par des dessins de Charles Ricketts, était resté, quant à lui, à Londres, où malgré la fortune que continuaient à lui rapporter ses deux premières pièces de théâtre, il recommençait, poursuivi par ses créanciers et une horde d'huissiers, à avoir de sérieux ennuis d'argent. Ainsi, ne pouvant plus payer aussi facilement qu'autrefois ses luxueuses chambres d'hôtel, se décida-t-il à regagner son foyer de Tite Street où, sans pour autant reprendre sa vie conjugale, il languissait d'ennui, sans les ardeurs de son amant, ainsi qu'il lui écrivit, dans une lettre au ton toujours aussi passionné, le 16 avril 1894 :

> Mon très cher petit,
>
> [...] Vous me manquez infiniment. L'enfant gai, doré, gracieux est parti — et je hais tous les autres gens : ils sont fastidieux. De plus, je suis dans les vallées rouges du désespoir et nulle pièce d'or ne tombe du ciel pour m'égayer. Londres est très dangereux : les justiciers sortent la nuit et vous arrêtent, le rugissement des créanciers à l'aube est effrayant et les avoués devenus enragés mordent les gens. [...]
>
> Toujours vôtre avec une immense tendresse [19].

Wilde, que cette absence prolongée de Bosie rendait nostalgique, parfois grincheux, ne put se résoudre à attendre patiemment cette sorte de retour du guerrier auprès d'une femme qu'il n'aimait déjà plus depuis longtemps. Il s'embarqua donc à nouveau, quelques jours après, pour Paris, où il resta jusqu'au 6 mai : laps de temps que son ami et peintre William Rothenstein mit à profit pour faire de lui un portrait au pastel que Wilde offrit ensuite, pour sceller leurs liens, à Bosie, qu'il ne tarda pas à rejoindre à Florence, où ils passèrent deux semaines.

Là, en plein centre de la capitale toscane, Wilde rencontra par hasard André Gide, lequel, dressant un tableau plutôt ingrat de son ami, relate ainsi à sa mère cet événement aussi fortuit qu'embarrassant :

Qui rencontrai-je ici ? Oscar Wilde ! Il est vieilli et laid, mais toujours extraordinaire conteur, un peu je pense comme Baudelaire a dû l'être, mais peut-être moins aigu et plus charmant [20].

Le même Gide, plus tard, confiera à Paul Valéry que Wilde, en cette occasion, avait été « fort peu flatté [...] de la rencontre, car il se croyait clandestin [21] » !

Si cette escapade florentine dura moins que prévu, c'est que les finances de Wilde continuaient de fondre. Mais la rage de Queensberry, elle, ne s'était guère atténuée, bien au contraire. Ainsi, à peine les deux furent-ils revenus à Londres que l'« écarlate marquis » reprit ses sinistres habitudes, dont ce goût suspect pour le harcèlement. Le 30 juin 1894, ce comportement maladif atteignit son paroxysme, quand Queensberry et l'un de ses sbires firent irruption chez Wilde, ainsi que celui-ci le raconte, écœuré, dans son *De profundis* :

> Je n'avais éprouvé qu'une autre fois dans ma vie un tel sentiment d'horreur face à un être humain. C'était le jour où, dans ma bibliothèque de Tite Street, agitant ses petites mains dans une crise de fureur épileptique, ton père, avec entre nous son garde du corps [...], s'était mis à débiter toutes les grossièretés que son esprit pouvait lui suggérer, et avait hurlé les menaces abjectes qu'il devait ensuite, avec tant d'habileté, traduire en actes. [...] Je le chassai [22].

C'est alors que Wilde, qui commençait à s'inquiéter de la tournure des événements, décida d'aller consulter un avocat. Ainsi s'adressa-t-il à nouveau à George Lewis, lequel l'avait déjà aidé à résoudre deux importantes affaires de chantage : celle que Bosie avait dû affronter lorsqu'il était étudiant à Oxford et celle dont il avait été lui-même victime lorsque Alfred Wood avait tenté de monnayer une de ses propres lettres. Mais Queensberry, qui avait eu la même idée et qui l'avait ainsi devancé en ce projet, avait déjà obtenu, pour sa défense, les services de Lewis. Aussi Wilde se dirigea-t-il alors vers Charles Humphreys, avocat, tout aussi réputé mais moins aguerri, que lui avait recommandé Robert Ross.

La mère de Bosie, qui comprit que la machine judiciaire était en train de s'emballer, tenta de tempérer Wilde, allant même jusqu'à demander à l'un de ses neveux, George Wyndham, alors député à la Chambre des Communes, de dissuader l'écrivain d'engager quelque procédure que ce fût à l'encontre de son ex-mari, dont elle ne connaissait que trop les réactions caractérielles. Bien plus : Humphreys écrivit à Queensberry pour le sommer de retirer ses accusations, particulièrement injurieuses à l'égard de son client, sous peine de lui intenter un procès pour diffamation. Mais rien n'y fit! Le père de Bosie, prêt à en découdre avec l'amant de son fils, répliqua que, ne l'ayant jamais accusé nommément, sa requête s'avérait infondée et qu'il n'exigeait, au fond, qu'une seule chose : que Wilde et Bosie arrêtent de se fréquenter! Ainsi poussa-t-il le vice jusqu'à prévenir les directeurs des restaurants les plus chics de la capitale, tels le Café Royal, Willis's Rooms ou l'Albemarle Club, lieux où Wilde et Bosie avaient l'habitude de prendre leurs repas, qu'il n'aurait de cesse de les attaquer physiquement, les rossant publiquement et provoquant le scandale, partout où il les découvrirait ensemble : menaces qui ne firent qu'accroître la furie de Bosie puisque celui-ci lui rétorqua que, non seulement il le ferait condamner pour calomnies, mais qu'il lui tirerait dessus, si d'aventure il osait l'agresser, avec le revolver qu'il portait toujours sur lui : « Si vous essayez de m'agresser, je me défendrai avec le revolver chargé dont je ne me sépare jamais ; et si je vous tire dessus, nous serons entièrement dans notre droit puisque nous aurons agi en légitime défense contre une brute violente et dangereuse [23] », lui écrivit-il.

C'est dire si Wilde, dont la personnalité devenait le véritable enjeu de cette rivalité ayant toujours existé entre ces deux êtres au psychisme vipérin, était, en cette sale affaire, mal embarqué, comme pris en tenaille. Pressentant le danger, il écrit à Bosie :

Quand ton père m'attaqua pour la première fois, ce fut [...] dans une lettre qu'il t'adressa en privé. Dès que j'eus lu cette lettre, pleine de menaces ignobles et de violences grossières, je vis sur-le-champ qu'un terrible danger se dessinait à l'horizon de mes jours troublés ; je te déclarai que je refusais d'être un jouet entre vous deux dans cette vieille haine que vous vous portiez l'un à l'autre ; [...] qu'il serait injuste de me placer [...] dans une telle situation ; et que j'avais mieux à faire de ma vie que d'avoir des scènes avec l'ivrogne, le déclassé, le semi-débile qu'il était. Il fut impossible de te le faire comprendre. [...] Tu avais expédié à ton père, en guise de réponse, un télégramme stupide et vulgaire. [...] Ce télégramme commanda l'ensemble de tes relations ultérieures avec ton père, et, par voie de conséquence, toute ma vie [24].

Wilde, malgré la tourmente et cette tension de plus en plus palpable, auxquelles s'ajoutaient des difficultés financières, ne s'arrêta pas, pour autant, de se consacrer à son œuvre, trouvant même le temps de s'occuper de ses dernières parutions, dont ses six *Poèmes en prose* en juillet 1894. Ainsi, s'il est vrai qu'il détestait écrire, tant « le simple fait de coucher quelques lignes sur le papier [lui] était pénible [25] », comme il le confia à son amie Adela Schuster, Wilde ne s'efforça-t-il pas moins, malgré cela, de s'atteler, dès cet été-là, à la rédaction, ne fût-ce que pour renflouer ses caisses, d'une nouvelle pièce de théâtre. Il quitta donc à nouveau Londres, où Queensberry continuait à le pourchasser inlassablement, pour se réfugier, toujours à la recherche de cette quiétude qui lui était nécessaire pour créer, à Worthing, station balnéaire située dans le Sussex, où il composa, dans une petite maison qu'il loua pour une somme relativement modique, sa quatrième et dernière grande comédie (une «comédie frivole pour gens sérieux»). *L'Importance d'être constant*, chef-d'œuvre de dérision, de pathétisme et de drôlerie à la fois, sera à l'origine, tant par son inénarrable comique de situation que par la virtuosité de ses joutes de langage, du théâtre de l'absurde.

Wilde, toujours aussi amoureux, justifia, dans une lettre qu'il adressa en juillet 1894 à Bosie, les raisons de son départ pour Worthing :

J'ai un découvert de 41 livres sterling en banque ; ce manque d'argent est réellement intolérable. Je n'ai pas un penny. Je ne peux supporter cela plus longtemps, mais je ne sais que faire. Je pars pour Worthing demain. J'espère y travailler. [...] Tout vaut mieux que Londres. Votre père recommence à se comporter comme un fou. Il est allé au *Café Royal* pour s'enquérir de nous, proférer des menaces. [...] Il est odieux d'être poursuivi par un maniaque. [...] Quelles pourpres vallées de désespoir il nous faut traverser ! Heureusement il est au monde une personne à aimer.

Toujours vôtre,
Oscar[26].

Mais Wilde, à Worthing, ne faisait cependant pas que s'adonner à la rédaction de sa nouvelle comédie. Il y prenait même un réel plaisir à flirter sur la plage, nonobstant la présence de sa femme ainsi que de ses deux enfants, avec des jeunes gens du pays pour les emmener ensuite faire du bateau, et parfois bien d'autres choses moins innocentes, au large de la Manche, dans laquelle, étant un excellent nageur, il plongeait souvent allégrement. Et puis Bosie, que Wilde continuait envers et contre tout à idéaliser telle «l'atmosphère de beauté à travers laquelle [il] voyait la vie» en même temps que

« l'incarnation de toutes les choses adorables[27] », ainsi qu'il lui écrivit en une lettre datée d'août 1894, finit par l'y rejoindre. Mais il n'empêche : c'est à Worthing, malgré ces nombreuses distractions, que Wilde acheva *L'Importance d'être constant* en moins de deux mois, fin août-début septembre 1894.

Un événement non négligeable, puisqu'il était indirectement lié au sort de Wilde, vint cependant déstabiliser cette relative insouciance de Worthing en cet été fructueux sur le plan littéraire. Le 12 août 1894, la police londonienne fit une descente au 46 Fitzroy Street, immeuble abritant alors un autre lieu de rencontres pour hommes, où elle arrêta, parmi une vingtaine de jeunes prostitués pris en flagrant délit, Alfred Taylor, qui avait déjà été, au temps où il travaillait dans le bordel du 13 Little College Street, un pourvoyeur d'éphèbes pour Wilde. Certes Taylor, dont les accointances avec certains membres du Parlement étaient susceptibles d'être dévoilées sur la place publique, fut-il, par peur du scandale politique, assez vite relâché. Mais, enfin : cet incident, pour rapidement clos qu'il fût, ne fit que renforcer dans l'esprit de Wilde cette idée pénible mais fondée que l'étau se resserrait, aidé en cela par les gesticulations outrancières de Queensberry. D'autant que ses ennemis jurés, dont certains, de plus en plus nombreux au fur et à mesure que son succès grandissait, avaient la haine tenace et la vindicte vorace, concoururent alors, en une fronde d'une rare cohérence malgré sa cacophonie, à tisser de manière toujours plus perfide les mailles de cet inextricable filet qui allait bientôt se refermer sur lui, l'entraînant dans son irréversible chute.

Au sein de cette cabale qui avait tout d'une conspiration, la presse britannique occupait une bonne place. En première ligne, le *Sunday Sun*, qui, n'hésitant pas à pousser cette machination jusqu'à l'extrême, se mit à fabriquer, pour mieux s'assurer de sa perte, une série de faux en écriture. Parmi ceux-ci, en août 1894, un poème anonyme qui, bien que médiocre, lui fut néanmoins attribué étant donné sa teneur subversive sur le plan sexuel. C'est dire si l'infamie, malgré les deux démentis successifs que Wilde fit publier dans la *Pall Mall Gazette*, avait alors atteint son irrespirable et souvent nauséabond sommet. Le lynchage médiatique relayait le complot juridique !

Et puis encore, non moins fétide, la parution en septembre d'une satire intitulée *L'Œillet vert* et pastichant *Le Portrait de Dorian Gray*. Son auteur, Robert Hichens, homosexuel secrètement amoureux de Bosie, nourrissait à l'encontre de Wilde une redoutable jalousie. C'est ce brûlot à l'homo-érotisme caricatural, où Oscar et Bosie étaient brocardés sous les traits d'Esmé Amarinth et Lord Reggie, en plus de bouffonnes allusions au marquis de Queensberry, qui servit, lors du procès intenté à Wilde, de principal élément à charge pour prouver à quel point son homosexualité, parallèlement à l'influence néfaste qu'il exerçait sur son jeune fils, était désormais, aux yeux du public, un fait notoire.

Wilde et Bosie, en attendant, se trouvaient toujours à Worthing, qu'ils quittèrent, après que l'écrivain eut apporté quelques ultimes retouches à son *Importance d'être constant*, le 4 octobre 1894, pour se rendre alors à Brighton, où ils descendirent, à la demande du jeune lord, au Grand Hôtel. Hélas, le soir de leur arrivée, Bosie tomba soudain malade, terrassé par une mauvaise grippe. C'est à cette occasion-là que Wilde se montra le plus dévoué et patient, pendant cinq jours d'affilée, envers celui dont il demeurait, malgré ses caprices, éperdument amoureux ainsi qu'il le relate, non sans âcreté étant donné ce comportement détestable dont fera ensuite preuve Bosie, en son *De profundis* :

> J'ai veillé sur toi, t'ai soigné, te procurant non seulement tous les luxes [...] que l'argent peut acheter, mais aussi l'affection, la tendresse et l'amour [...]. Je ne quittai jamais l'hôtel. [...]. J'inventai des moyens de te faire plaisir, je restai soit à tes côtés, soit dans la chambre voisine, passai chaque soirée avec toi pour t'apaiser ou te distraire [28].

À peine Bosie fut-il rétabli, que c'est Wilde qui tomba à son tour malade, fiévreux et cloué au lit pendant trois jours, sans que jamais son amant, toujours aussi égoïste, daignât jeter un seul regard sur lui, faisant preuve là d'une rare ingratitude envers lui. Allant jusqu'à l'abandonner à son sort pour s'en aller faire la fête à Londres !

La raison de ce subit désintérêt de la part de Bosie ? Le fait que Wilde, dont les ressources financières tarissaient, fut contraint de quitter, dès que son ami fut guéri, le Grand Hôtel de Brighton pour emménager, dans cette petite ville de province, dans un modeste appartement de villégiature.

« Quand tu n'es pas sur ton piédestal, tu n'es pas intéressant. La prochaine fois que tu seras malade, je m'en irai aussitôt [29] », lui lança Bosie, hautain, en guise d'explication à son odieuse conduite. Saisi tout à coup par une hargne incontrôlable, quasi hystérique, il se livra alors à une scène à ce point effrayante, tant dans sa violence verbale que physique, que Wilde, terrorisé, bondit de son lit, s'enfuit de sa chambre et dévala la cage d'escalier pour aller se réfugier auprès du propriétaire, alors accouru sur les lieux tant les cris de son locataire l'avaient mis en alerte. Excédé par les reproches de son amant malade, Bosie avait apparemment eu l'intention, en cette dramatique nuit du 13 octobre 1894, de le tuer avec ce revolver dont il avait pourtant dit réserver les balles pour son père !

Cette scène, Wilde, qui en fut traumatisé pendant les six années qu'il lui restait à vivre, la relate, elle aussi, dans *De profundis* :

Tu m'accablas de tous les mots abjects qu'un caractère incontrôlé [...] peut suggérer. Selon la monstrueuse alchimie de l'égoïsme, tu changeas ton remords en rage. [...] Tu commenças à répéter la même scène en mettant plus [...] de violence dans tes affirmations. Je finis par te demander de quitter la pièce [...] mais [...] avec un rire brutal et une rage hystérique, tu t'avanças brusquement vers moi. [...]. Avais-tu sur toi le pistolet que tu avais acheté pour [...] effrayer ton père [...] ? Ta main était-elle en train de se diriger vers un vulgaire couteau de table [...] ? [...] un sentiment d'horreur extrême m'avait envahi, [...] tu étais sur le point de faire [...] quelque chose qui [...] aurait constitué pour le reste de ta vie un motif de honte [30].

Ce fut donc à nouveau là, entre ces amants terribles, la même et sempiternelle litanie : dispute, rupture puis réconciliation. À cette différence près que ces dernières scènes eurent lieu à l'occasion d'un événement encore bien plus tragique : la mort accidentelle, lors d'une partie de chasse, du vicomte Drumlanrig, frère de Lord Douglas, lequel, très attaché à son aîné, s'en montra profondément affecté. D'autant que les circonstances de ce décès ne furent jamais élucidées, contrairement à ce que prétendit la version officielle, puisque d'aucuns y soupçonnèrent un suicide destiné à faire taire les rumeurs concernant sa relation avec Lord Rosebery.

Wilde, ému par la tristesse éprouvée par Bosie, finit donc, n'écoutant à nouveau que son cœur plutôt que sa raison, par céder, pour la énième fois, à ses demandes de pardon ainsi que l'indique cette lettre que, dans le sillage de ces retrouvailles, il écrivit à George Ives : « C'est un coup dur pour Bosie : le premier noble chagrin de son existence de jeune homme. Les ailes de l'ange de la mort l'ont frôlé [...] et je me vois obligé de partager sa douleur [31]. »

Quant à Queensberry, il était plus que jamais décidé à venger la mort absurde de son fils, dont le responsable, outre tout ce beau et hypocrite monde victorien, porteur selon lui de cette « dégénérescence » appelée homosexualité, n'était autre que l'un de ses plus illustres représentants : Oscar Wilde, dont le Tout-Londres continuait à applaudir les pièces de théâtre !

Wilde, à cette époque, n'écrivit cependant pas que de brillantes et corrosives comédies à destination du grand public. Particulièrement en verve cet automne-là, il publia également, le 17 novembre 1894, ses *Maximes pour l'instruction des personnes trop instruites*. Dans cette série de dix-neuf aphorismes, aussi décapants les uns que les autres, tout en réitérant sa proverbiale hostilité à l'égard de l'Angleterre, il faisait à nouveau l'éloge, via une critique tout aussi radicale de l'éducation nationale, de ce dandysme qu'il incarnait et, partant, de l'Art tout autant que de la Beauté.

Celui que le succès toujours plus affermi de ses œuvres rendait toujours plus impertinent, venait-il de commettre une nouvelle imprudence ? À n'en pas douter, si l'on rattache ces diverses sentences à ces deux poèmes, intitulés *Éloge de la honte* et *Deux amours*, que Bosie fit paraître, en décembre de la même année, dans *The Chameleon*, revue littéraire dont le propos socio-politique était voué à la cause de l'homosexualité. La formule utilisée par Bosie dans son second poème pour désigner cette dernière, cet « amour qui n'ose pas dire son nom », fut exploitée par le marquis de Queensberry, conseillé par d'habiles avocats, pour enfoncer Wilde, en lui attribuant abusivement, lors de son procès, la paternité de ce texte.

Il est vrai que ce fut parfois Wilde lui-même à aller chercher seul, toujours aussi inconscient du danger qui le guettait, ces verges qui n'allaient pas manquer de servir ensuite à le flageller, dans ce contexte particulièrement pudibond où baignait la société de son temps. C'est bien ce qui se passa lorsque, persistant dans cette démarche intellectuelle et renchérissant quant à sa liberté de ton, il proposa, quelques semaines plus tard, ses *Formules et maximes à l'usage des jeunes gens* : trente-cinq aphorismes de même acabit, mais plus percutants encore, que les dix-neuf précédents.

Car que revendiquait-il de si essentiel, dans ces préceptes où il prônait désormais avec une rare audace, si ce n'est une totale indépendance quant aux moyens de développer en dehors de tout tabou, de toute contrainte morale comme de toute norme sociale, sa propre personnalité ? « Le premier devoir dans l'existence, c'est d'être aussi artificiel que possible. Ce qu'est le second, personne ne l'a encore découvert », commence-t-il par proclamer. Et encore, quintessence du dandysme : « Il faut soit être une œuvre d'art, soit porter une œuvre d'art. » Puis, après avoir fait étalage de bien d'autres principes, de conclure, conformément à ce qu'avait déjà laissé sous-entendre Lord Henry dans *Le Portrait de Dorian Gray* : « S'aimer soi-même, c'est se lancer dans une belle histoire d'amour qui durera toute la vie [32]. »

C'est dire si ce flot continu de provocations, ce florilège d'insolences, ce vent de rébellion et ce souffle de liberté, ces constants appels à l'insoumission commençaient à peser lourd, non seulement dans la cervelle obtuse de Queensberry, mais aussi dans l'aveugle balance de la Justice.

En attendant, c'est à guichets fermés, une fois encore, qu'eut lieu la première d'*Un mari idéal*, le 3 janvier 1895, au Haymarket Theatre. Son succès fut presque aussi retentissant que celui de ses deux précédentes comédies malgré les critiques qu'elle dut essuyer de la part d'écrivains aussi reconnus que H.G. Wells ou Shaw. Jusqu'au lendemain, 6 avril 1895, jour de l'arrestation de Wilde, elle avait tenu l'affiche durant cent quatre-vingt-quatre représentations ! Et, encore, ce spectacle ne put-il être totalement occulté, malgré les remous provoqués par cette affaire, puisque, déplacé alors, afin d'éviter un bien plus ample scandale, dans une salle moins prestigieuse de Londres, le Criterion Theatre, il fut donné, tandis que son auteur était déjà derrière les barreaux, jusqu'au 27 avril 1895. L'intuition formulée par Wilde dans ses *Quelques maximes* était fondée bien qu'il écornât un peu plus l'image de son pays d'adoption : « Le seul lien qui nous reste actuellement en Angleterre entre la Littérature et le Théâtre, c'est l'affiche de la pièce [33] » !

Harassé par tant de labeur et de déboires à la fois, Wilde partit, aux environs du 15 janvier, pour Alger, où, deux jours plus tard, il s'installa pendant près de deux semaines, avec Bosie, à l'Hôtel de l'Europe. Puis il se rendit, en compagnie de son amant, à Blida : « Les monts de Kabylie, écrivit-il à Robert Ross, sont remplis de villages peuplés de faunes [...] et nous étions constamment suivis [...] par d'adorables créatures basanées. Les mendiants ont, ici, une certaine allure : ce qui permet de résoudre facilement le problème de la pauvreté [34]. » Une manière, à peine voilée, de faire allusion à la prostitution masculine, à laquelle il ajouta, lors de ce séjour, une expérience inédite, la drogue, puisque c'est à cette occasion qu'il s'initia au haschich.

C'est aussi à Blida que Wilde rencontra une nouvelle fois Gide, lequel, comme la plupart des étrangers, était descendu au Grand Hôtel d'Orient.

Voici comment Gide relate cette nouvelle rencontre avec Wilde. Elle eut lieu le 27 janvier 1895.

> Un extraordinaire hasard croisa de nouveau nos deux routes. C'est en janvier 95. [...] J'avais fui d'Alger vers Blidah. [...] Wilde avait [...] changé. On sentait dans son regard moins de mollesse, quelque chose de rauque en son rire et de forcené dans sa joie. Il semblait à la fois plus sûr de plaire et moins ambitieux d'y réussir ; il était enhardi, affermi, grandi. Chose étrange, il ne parlait plus par apologues ; durant les quelques jours que je m'attardai près de lui, je ne pus arracher de lui le moindre conte. [...] Il marchait dans les rues d'Alger précédé, escorté, suivi d'une extraordinaire bande de maraudeurs ; il conversait avec chacun ; il les regardait tous avec joie et leur jetait son argent au hasard. [...] Je restais devant tout cela plein d'étonnement, d'admiration et de crainte. Je savais sa situation ébranlée, les hostilités, les attaques et quelle sombre inquiétude il cachait sous sa joie hardie. Il parlait de rentrer à Londres ; le marquis de Q*** l'insultait, l'appelait, l'accusait de fuir [35].

Et Gide, frappé par cette idée du « plaisir le plus tragique » que n'avait de cesse de revendiquer Wilde, de préciser que ce fut ce même Wilde qui lui dit, conscient de cette « fatalité qui le menait » et mettant « tout son soin, sa vertu, à s'exagérer son destin [36] », que, loin de s'en tenir à cette prudence que lui conseillaient ses amis, il entendait bien, au contraire, ne point « revenir en arrière ». Et même, poussant le défi jusqu'à son extrême limite, à aller « aussi loin que possible », jusqu'à ce « qu'il arrive quelque chose... quelque chose d'autre [37]... ».

Ce comportement suicidaire de Wilde, Gide le mettra à nouveau en évidence dans *Si le grain ne meurt*, en revenant longuement sur cette insolite rencontre de Blida. Car cette «grandissante inquiétude» que Gide avait alors cru percevoir en lui témoignait déjà, à l'en croire, «d'une confuse appréhension, d'une attente de il ne savait quoi de tragique, qu'il redoutait mais souhaitait presque, à la fois[38]». Et d'insister sur ce fait, espérant ainsi se dédouaner au regard de la postérité, que ce fut encore ce «débauché» de Wilde, dont les appétits sexuels étaient apparemment aiguisés par ce grand tentateur qu'était Bosie, à lui avoir proposé, soudain pris d'«un rire éclatant, non pas tant joyeux que triomphant [...], interminable, immaîtrisable, insolent», de lui «offrir» les services d'un jeune flûtiste tandis que lui, Wilde, s'était réservé les faveurs d'un joueur de darbouka — «Dear, vous voulez le petit musicien[39]?» lui aurait alors demandé Wilde, friand de ce genre d'éphèbe, ainsi que Gide le confesse presque honteusement. Puis, dès le lendemain, 28 janvier 1895, Wilde quitta enfin l'Algérie, tandis que Bosie resta une vingtaine de jours de plus, jusqu'au 18 février à Biskra.

La fin de cette histoire est connue, comme le conclut Gide dans l'hommage qu'il lui rendit en 1902 : ce «quelque chose d'autre» vers quoi Wilde semblait ainsi courir éperdument, ce fut le *hard labour*... deux ans de travaux forcés dans les pires geôles d'Angleterre !

Un ultime coup d'éclat, avant ce dramatique dénouement, devait encore venir illuminer sa courte mais dense vie : la création, le 14 février 1895, au St James's Theatre, de *L'Importance*

d'être constant, pièce « délicieusement frivole »
quoique empreinte d'une réelle « philosophie de la
vie » comme il la dépeignit, et dont il supervisa,
deux semaines durant, les répétitions. Là aussi,
comme pour ses trois comédies précédentes, même
succès de foule, avec une critique, cette fois,
unanimement positive. C'est donc un véritable
triomphe, doublé d'une *standing ovation*, que l'assistance, tombée sous le charme de cette écriture
virevoltante, lui réserva à nouveau lorsque, une fois
le spectacle terminé, il se présenta sur le devant de
la scène, comme il l'avait déjà fait lors de la première de *L'Éventail de Lady Windermere*, avec son
éternelle cigarette à bout doré en main et, toujours
aussi élégant mais frimeur, son non moins légendaire œillet vert à la boutonnière.

Cette représentation, pourtant, s'annonçait mal.
Le centre de Londres était paralysé, en cette froide
soirée d'hiver, par une tempête de neige. Les rues,
à peine éclairées tant le brouillard sévissait sur les
bords détrempés de la Tamise, étaient bloquées
par d'énormes congères. Et les fiacres, de plus en
plus nombreux au fur et à mesure que l'on s'approchait du théâtre, avançaient avec difficulté,
glissant sur le sol gelé, pataugeant dans la gadoue.
Et puis, surtout, le marquis de Queensberry avait
la ferme intention, ce soir-là, de provoquer un
scandale encore bien plus grand que celui auquel
il n'avait que trop habitué, déjà, Wilde. Ainsi
avait-il réservé un fauteuil d'orchestre d'où il
comptait dénoncer publiquement, débitant ses
insanités et vociférant à tue-tête, les « impostures »
de ce dramaturge à succès. Wilde, que son ami

Algy Bourke avait averti de ce possible incident, parvint néanmoins, à force de stratagèmes, à l'empêcher de pénétrer dans l'enceinte de cette salle, qu'il avait fait garder, en en surveillant tous les accès, par une vingtaine de policiers. C'est ainsi que le marquis, qui rôda pendant plusieurs heures tout autour du théâtre, piaffant sur le trottoir glacé comme les chevaux dans la neige sale, dut finalement se contenter, en guise d'invectives, de déposer devant la principale porte d'entrée, ravalant sa rage et ruminant sa future vengeance, une dérisoire botte de navets !

Ces détails, c'est Wilde qui les exposa dans une lettre qu'il adressa, trois jours plus tard, à Bosie, qui se trouvait toujours à Biskra, depuis l'Avondale Hotel, à Piccadilly, puisqu'il n'avait alors toujours pas regagné, au grand dam de Constance, le domicile conjugal :

> Le marquis revêtu d'écarlate avait comploté de haranguer l'assistance à la première de *L'Importance d'être constant* ! [...] on n'a pas laissé entrer votre père. Il fut chargé de me remettre une grotesque botte de légumes ! Cela rend [...] sa conduite idiote et lui retire toute dignité. [...] Il a rôdé aux alentours pendant trois heures, puis a décampé en marmonnant comme un monstrueux singe[40].

Scènes éminemment burlesques, qui firent que le Tout-Londres ne put, pris d'un immense éclat de rire malgré son air pincé, que s'en moquer à gorges déployées. C'était compter sans l'étonnante dose de ténacité, à laquelle s'ajoutait une non moins redoutable faculté de nuisance, dont le teigneux marquis était capable pour porter atteinte, de façon souvent efface malgré sa foncière bêtise, à ses ennemis. Le 28 février 1895, deux semaines après avoir été la risée de ses concitoyens, Queensberry, plus décidé que jamais à ruiner l'amant de son fils, revint à la charge, précipitant Wilde en une nuit plus noire encore que le plus sombre de ses cauchemars.

Ce jour-là, en effet, Wilde se rendit à son club, l'Albemarle, où il n'était plus allé depuis son retour d'Alger. Quand il arriva, le portier, dont la mine semblait embarrassée, le salua cordialement tout en lui remettant une carte de visite qui, insérée dans une enveloppe non cachetée, avait été déposée à son intention dix jours auparavant, le 18 février (quatre jours après son esclandre manqué), par le fameux marquis. Quelques mots peu lisibles y avaient été griffonnés à la hâte puisqu'ils comportaient une grossière faute d'orthographe, signe aussi tangible qu'indélébile de l'ignorance, en ces délicates matières, de son auteur : « *To Oscar Wilde posing as somdomite* [sic] », c'est-à-dire, littéralement, « Pour Oscar Wilde qui pose au somdomite [sic] » !

Car c'est à ce mot absurde et vif auquel le dramaturge, se sentant alors blessé au plus profond de lui-même et comme irrémédiablement atteint en son honneur, se crut obligé de répondre. Il accusa donc à son tour Queensberry de l'avoir diffamé, et lui intenta un procès qui finit, paradoxalement, par se retourner contre lui, tel un imprévisible mais fatidique boomerang. De cette inexorable chute, Wilde, malheureusement pour sa personne comme pour la littérature, ne se relèvera plus jamais, sinon, longtemps après sa mort, lorsqu'il sera enfin réhabilité.

Le procès

Je suis passé, non pas de l'obscurité à la célébrité momentanée que donne le crime, mais d'une sorte de gloire éternelle à une sorte d'infamie éternelle [...].

OSCAR WILDE,
De profundis[1]

Ainsi Wilde, dont cet être « ordurier » qu'était Queensberry semblait « briser toute la vie », la faisant « s'écrouler sur le sable » comme il le confia, le jour où il reçut cette « carte de visite portant des mots odieux », à Robert Ross, ne vit-il, exaspéré, « d'autre solution que de le poursuivre en justice[2] ». Certes cet ami lui conseilla-t-il de ne point tomber dans le piège tendu par le marquis et d'ignorer ce billet. Mieux : il l'enjoignit de ne plus répondre à Queensberry et de le laisser régler seul le vieux et lourd contentieux qu'il avait avec son fils Bosie. Celui-ci ne l'entendit cependant pas de cette oreille. Aussi est-ce lui qui, désireux de voir son père traîné devant les tribunaux, incita Wilde à intenter ce procès en diffamation. Dans *De profundis* Wilde reconnaît avoir commis là une erreur monumentale :

Lors du moment suprêmement et tragiquement crucial de toute ma vie, juste avant que je ne prenne la décision lamentable d'intenter cette absurde action en justice, j'avais d'un côté ton père, qui m'attaquait en déposant à mon club des cartes ignobles, et de l'autre toi-même, qui m'attaquais au moyen de lettres tout aussi abjectes. [...] Pris entre vous deux, je perdis la tête. Toute capacité de jugement m'abandonna. La terreur s'y substitua. Je ne vis aucun moyen [...] qui me permît d'échapper à l'un ou l'autre d'entre vous. Je titubai, aveuglé, comme un bœuf qu'on conduit à l'abattoir. J'avais commis une énorme erreur psychologique[3].

Avant de mettre l'infernale machine judiciaire en marche, Wilde alla donc consulter son avocat, Charles Humphreys, lequel lui demanda s'il y avait un quelconque fond de vérité dans ce dont l'accusait Queensberry : ce à quoi il répondit que non. Et Humphreys, à qui Wilde avait menti de façon éhontée en lui cachant son homosexualité, objectivement fondée, de lui prédire qu'il gagnerait son procès, puisque la diffamation était en ce cas avérée. Ce mensonge, venant clore une série d'erreurs d'évaluation tout aussi catastrophiques, se révéla fatal quant à l'issue du procès, que l'écrivain avait pratiquement perdu ainsi d'avance. D'autant que Wilde, que la mère et l'autre frère aîné de Bosie, Percy, n'aidèrent guère sur le plan financier, contrairement à leurs engagements, ne disposait alors déjà plus de l'argent nécessaire pour mener à bien pareille procédure.

Mais, en attendant, dès le lendemain, 1er mars 1895, de cette soirée où il prit connaissance à son club de ce funeste mot, Wilde se rendit, en compagnie de Bosie et d'Humphreys, au commissariat de

Marlborough Street où, arguant de son innocence face au crime dont l'accusait Queensberry, il obtint un mandat d'arrêt contre celui-ci, lequel, après avoir été interpellé, au Carter Hotel, par deux officiers de police, fut emmené au commissariat de Vine Street puis, de là, au tribunal d'instance de Great Marlborough Street, où il fut inculpé de diffamation.

Premier round. C'est donc le 2 mars 1895 qu'Oscar Wilde et John Douglas, marquis de Queensberry, se retrouvèrent, pour la première fois, devant le tribunal. Robert Milnes Newton, le président de séance, donna la parole à Charles Humphreys, qui lui expliqua que son client, homme marié et père de deux enfants, était persécuté, depuis un certain temps déjà, par Queensberry. Ce fut ensuite au tour de Sidney Wright, le portier de l'Albermarle Club, qui relata les circonstances dans lesquelles cette fameuse carte de visite lui avait été remise, puis de Thomas Greet, l'inspecteur de police qui avait arrêté le marquis. À l'issue de cette première séance, le juge se borna à enregistrer ces diverses déclarations, puis, sans émettre de verdict, accorda à Queensberry sa mise en liberté sous caution, annonçant que la prochaine audition aurait lieu la semaine suivante.

Les deux adversaires se retrouvèrent donc, le 9 mars 1895, devant ce même tribunal, où, dans une salle bondée, l'audience reprit devant le même juge d'instance. Wilde était toujours assisté par Charles Humphreys, tandis que Queensberry, insatisfait de la mollesse de Sir George Lewis, avait changé d'avocat. Et quel avocat puisque celui-ci n'était autre qu'Edward Carson, celui-là même qui s'était déjà révélé, du temps de Trinity College, l'un des étudiants les plus hostiles à ce comportement parfois facétieux du jeune Oscar, dont il connaissait parfaitement le caractère : ses points forts comme ses faiblesses. Particulièrement révélatrice, cette remarque qu'eut alors Wilde : « Je vais me faire questionner par ce vieux Ned Carson. [...] Nul doute qu'il accomplira sa tâche avec tout ce surplus d'acrimonie dont seul un ancien camarade de classe est capable [4]. » Et de fait, il ne se trompait pas.

Ce que cette deuxième déposition de Wilde entendait déterminer, c'était si sa plainte était suffisamment fondée pour justifier ce procès en diffamation contre un notable aussi irréprochable que Queensberry, mis à part ses accès de colère lorsqu'il était sous l'emprise de la boisson. Certes Humphreys avança-t-il, avec raison, qu'il existait bien d'autres preuves concrètes, dont une multitude de lettres injurieuses, pour attester du bien-fondé des griefs émis par son client à l'encontre du marquis. Mais cet argument ne porta pas. Car lorsque la parole fut donnée à la partie adverse, à Carson tout autant qu'à Queensberry, ce dernier, que les conseils de son avocat avaient subitement ragaillardi, se présenta alors, commençant à renverser les rôles, comme un père protecteur, soucieux du seul bien-être de son fils. « Votre Honneur, [...] j'ai écrit cette carte dans la seule intention de précipiter les choses [...] afin de sauver mon fils. Et je maintiens ce que j'ai écrit [5] », lança-t-il au juge, lequel, troublé par cette déclaration d'un apparent bon père de famille, leva aussitôt la séance pour la reporter, toujours sans qu'aucune sentence fût prononcée, à une date ultérieure mais surtout, devant une autre juridiction. Les choses ayant soudain pris une tournure plus sérieuse que celle initialement prévue, le juge préconisa de renvoyer l'affaire devant la bien plus redoutable « Cour pénale principale » de l'Old Bailey : étant donné la gravité des soupçons pesant sur l'écrivain, il fallait recourir aux services de la cour d'assises de Londres !

Car si Queensberry, dont la position commençait à s'équilibrer par rapport à son adversaire, réussissait à prouver l'homosexualité de Wilde, c'est sous le coup de la loi criminelle anglaise de l'époque que celui-ci tombait, alors. En 1895, année du procès d'Oscar Wilde, dix ans s'étaient en effet déjà écoulés, en Grande-Bretagne, depuis que le très puritain Parlement de Westminster avait adopté un paragraphe (*Amendment Act* défendu par Henry Labouchère) complétant la *Criminel Law* en vigueur : « Tout homme qui [...] commet un acte d'indécence grave avec une autre personne du sexe masculin [...] se rend coupable d'un délit passible [...] d'une peine de prison n'excédant pas deux ans, avec ou sans travaux forcés [6]. »

C'est donc à un procès aussi partial qu'inique, dans la mesure où la justice britannique d'alors épargna, pour les mêmes méfaits, un lord (Alfred Douglas) tandis qu'elle condamnait un poète (Oscar Wilde), que Wilde dut faire face. Son avocat, Charles Humphreys, qui n'était pas dupe, se déchargea d'ailleurs, sentant le vent tourner, de cette délicate affaire et lui conseilla alors de s'en remettre, pour assurer sa défense de manière plus efficace, à l'un des ténors du barreau londonien, Sir Edward Clarke, lequel n'accepta, à son tour, qu'à une seule mais impérieuse condition : que Wilde, une fois encore, jurât sur l'honneur, en tant que « *gentleman* anglais », que les accusations de Queensberry étaient infondées. Et Wilde, qui ne voyait là aucun parjure dans la mesure où ses origines irlandaises firent qu'il ne se sentit jamais véritablement « anglais », de lui en faire le serment. Ce mensonge, d'un rare aplomb, fut encore plus décisif, pour son malheur, que le premier !

Wilde, inconscient du péril qui le guettait, se laissa convaincre, poussé par son amant, de quitter, pendant quelques jours, Londres. « Je pars pour une semaine avec Bosie, puis je reviendrai me battre contre les panthères », écrivit-il le 13 mars 1895, présumant de ses forces, à Ada Leverson. Destination ? Monte-Carlo, « le plus révoltant des lieux que Dieu ait faits[7] » où, dépensant encore et toujours des sommes faramineuses, ils s'installèrent, alternant les jeux de casino et les parties de baccara, à l'Hôtel Prince-de-Galles.

Lorsqu'il revint une dizaine de jours plus tard, le 24 mars, Wilde, que ces événements ne laissaient pas d'inquiéter, alla trouver Frank Harris, dont la position sociale — il était directeur de magazines aussi influents que la *Fortnightly Review* et la *Saturday Review* — pouvait lui être d'une aide non négligeable. Celui-ci, qui craignait que les thèses soutenues dans *Le Portrait de Dorian Gray* ne soient exploitées, au détriment de son auteur, par les avocats de Queensberry, lui suggéra de retirer sa plainte : « Tu es sûr de perdre[8] », lui dit-il.

Wilde, pétrifié, faillit céder. Mais Bosie, borné et toujours aussi vindicatif envers son père, revint à la charge. « Ce que vous dites prouve que vous n'êtes pas un ami d'Oscar[9] », lança-t-il à Harris, lequel, abasourdi par cette réaction aussi puérile qu'injustifiée, comprit alors que ce n'était pas Wilde qui avait dévoyé Bosie, en cette périlleuse affaire de mœurs, mais que c'était celui-ci qui, contrairement aux apparences, manipulait celui-là. Harris, préoccupé, le signala à Wilde, qui, agacé, se contenta de lui répondre par ces mots sibyllins : « Je n'y peux rien, Frank. Je me sens impuissant. Tu ne fais, en me prédisant une catastrophe, que m'angoisser davantage encore[10]. » C'est dire si le sort de Wilde, dont l'indolence n'avait d'égale que son imprévoyance, semblait, en ces jours-là, déjà scellé, tant il se savait sous l'emprise de Bosie. Une page de *De profundis* donne un résumé parfait, lucide et articulé, de la situation :

Une fois le mandat d'arrêt contre ton père accordé, ta volonté [...] dirigea tout. Au moment où j'aurais dû être à Londres, à consulter des personnes avisées et à peser sereinement le piège abominable auquel je m'étais laissé prendre — l'attrape-nigaud, comme ton père l'appelle [...] —, tu insistas pour que je t'emmène à Monte-Carlo [...]. À notre retour à Londres, ceux de mes amis qui voulaient réellement mon bonheur me supplièrent de me retirer à l'étranger, et de ne pas affronter un procès impossible. [...] Tu m'obligeas à rester pour crâner à la barre, et accumuler sous serment les plus absurdes [...] des mensonges. Au bout du compte, je fus [...] arrêté et ton père devint le héros du moment[11].

Que les motifs d'inquiétude n'aient pas manqué, c'était donc une chose que Wilde savait pertinemment. Car il n'ignorait pas que Queensberry, dont la rudesse tout autant que l'obstination étaient notoires, avait lancé à ses trousses, à Londres comme à Brighton et à Goring comme à Worthing, une meute de limiers chargés de l'espionner, à grand renfort d'argent, partout où il allait en compagnie de Bosie : les hôtels et les restaurants, mais aussi des lieux bien plus infréquentables, comme le bordel clandestin du 13 Little College Street.

À ces soucis venaient s'ajoutaient les éternelles difficultés financières, que les folies monégasques n'avaient fait qu'aggraver. Elles étaient d'autant plus préoccupantes que Wilde devait régler sans plus attendre, s'il ne voulait pas se retrouver seul en ce procès mal engagé, les honoraires de ses avocats. En désespoir de cause, il se tourna vers les rares amis qu'il lui restait encore. Les indéfectibles Ada et Ernest Leverson lui prêtèrent immédiatement cinq cents livres.

Réconforté par la beauté du geste, Wilde, deux jours avant le début de cet important mais hasardeux procès, dont la première séance avait été fixée à la date du 3 avril 1895, tint alors, après avoir enfin réintégré le domicile conjugal, à afficher publiquement sa superbe tout autant que sa désinvolture, et, à défaut de son innocence, sa bonne foi. Il alla donc dîner, en compagnie de Constance et de Bosie, dans un des restaurants les plus chics, là où il ne manquerait pas d'être remarqué par la haute société victorienne, de la capitale anglaise. Puis il se rendit, avec eux deux toujours, au St James's Theatre, où il avait fait réserver une loge, afin d'assister à la représentation de son

Importance d'être constant. Car ce qu'il recherchait avant tout, c'est que Constance, sa femme légitime, lui servît, en public, d'alibi destiné à le laver de tout soupçon quant à cette rumeur courant, avec insistance, sur son homosexualité et donc, parallèlement, sur les rapports ambigus qu'il entretenait avec Bosie. Constance, dont l'intuition lui faisait pressentir l'imminence du danger, ne put cependant dissimuler ses craintes. Lorsqu'il la salua avant de la quitter, Bosie remarqua qu'elle avait les yeux embués et quelque peu rougis par la tristesse, emplis de ces larmes auxquelles les nombreuses infidélités de son mari ne l'avaient que trop habituée déjà et que, ployant à présent sous le poids d'un possible déshonneur, elle ne parvenait plus à contenir, désormais, qu'à grand-peine.

Ce fut là la dernière fois qu'ils se retrouvèrent — elle, l'épouse mortifiée, et lui, l'amant écervelé — en présence l'un de l'autre, avec Wilde posant, doté là d'une invraisemblable morgue, au centre du trio.

Deuxième round. Après les deux audiences préliminaires, il se déroule entre le mercredi 3 et le vendredi 5 avril 1895, devant la très solennelle cour d'assises de l'Old Bailey, pleine à craquer.

Ainsi, en ce matin d'avril, le juge Richard Henn Collins, qui présida au bon déroulement de ces séances, donna-t-il tout d'abord la parole, comme le requérait la procédure, à l'avocat du plaignant, Sir Edward Clarke, qui fit alors, en un premier temps, l'historique de ces liens exclusivement amicaux, et dénués de toute ambiguïté, qui unissaient son célèbre client, écrivain de réputation mondiale, à Lord Alfred Douglas. Ce jeune gentleman, expliqua-t-il, était reçu régulièrement par Oscar et Constance Wilde, couple marié, et son client fréquentait, de manière non moins formelle, aussi bien la mère, Lady Queensberry, que le frère d'Alfred Douglas, Percy. Quant à ces autres faits qu'il évoqua ensuite, telle cette lettre naguère volée à Wilde par quelques maîtres chanteurs et censée être une déclaration d'amour adressée à Bosie, ce n'était là, affirma-t-il de façon non moins péremptoire à défaut d'être convaincante, que le brouillon littéraire d'un sonnet devant être publié, comme il le fut le 4 mai 1893, dans une revue estudiantine intitulée *The Spirit Lamp* et dirigée, en son temps, par Lord Alfred lui-même. Il fut également fait référence au brillant cursus universitaire de Wilde comme au succès remporté, sur les scènes des plus grands théâtres, par ses pièces. Ce déplorable incident auquel Wilde fut confronté lorsque Queensberry vint le menacer, en compagnie de l'un de ses sbires, dans sa maison du 16 Tite Street ne fut pas oublié, lui non plus, par Clarke, lequel poussa son professionnalisme jusqu'à se risquer à faire d'un roman tel que *Le Portrait de Dorian Gray* une analyse assez pertinente dès lors qu'il prit soin d'y distinguer, à l'instar des préceptes prônés par son auteur, le plan narratif de l'aspect moral. Ce plaidoyer de Clarke ne fit l'objet d'aucune contestation de la part de la partie adverse.

Le ton changea brusquement lorsque, après avoir patiemment écouté tous ces discours, l'avocat de Queensberry, Edward Carson, toujours

aussi aguerri envers son ancien rival de Trinity College, entra en scène.

Carson, qui connaissait tout de l'enfance comme
de la jeunesse de son vieil ami dublinois, fit tout
d'abord malicieusement observer devant cette cour
que Wilde, dont la coquetterie n'avait d'égale que
son insouciance, avait délibérément triché, bien
qu'il eût prêté serment, sur son âge réel puisqu'il
s'était alors dit âgé de trente-neuf ans seulement
alors qu'il avait dépassé, fût-ce depuis peu, la quarantaine. Fait qui, pour anodin qu'il fût sur le plan
légal, s'avérait néanmoins révélateur, insista-t-il
tout aussi tendancieusement pour d'emblée le dis-
créditer aux yeux du jury, de sa fâcheuse propension au mensonge. Cette première estocade du
malin Carson fut bel et bien dévastatrice pour la
crédibilité d'Oscar Wilde, qui n'avait pourtant rien
perdu de son panache, et arborait toujours à la
boutonnière son immanquable œillet vert.

Vint ensuite une série de questions basées sur les
enquêtes policières, que Queensberry avait fait
mener à l'insu de Wilde, relatives aux endroits dans
lesquels ce dernier avait séjourné en compagnie
d'Alfred Douglas. Wilde, courtois, y répondit de
manière ponctuelle, sans manifester le moindre
embarras. Les choses se compliquèrent, cependant,
lorsque Carson aborda certaines des thèses déve-
loppées dans la revue *The Chameleon*, où Alfred
Douglas, dans son poème intitulé *Deux amours*,
avait parlé, faisant allusion là à l'homosexualité, de
cet « amour qui n'ose pas dire son nom ». De même
demanda-t-il à Wilde s'il trouvait « malséant » un
texte, contenu lui aussi dans *The Chameleon*, tel

que *Le Prêtre et l'Acolyte*. Ce à quoi, fidèle à ses principes, l'écrivain, qui se plaçait là au seul niveau de la littérature, répondit que « pour un homme de lettres, il est impossible de juger un texte autrement que par ses défauts littéraires [12] ». Une manière, là, de réitérer ce précepte, fondamental dans son esthétique, qu'il avait déjà naguère énoncé, sous forme d'aphorisme, dans la préface du *Portrait de Dorian Gray* :

Il n'existe pas de livre moral ou de livre immoral. Un livre est bien écrit ou mal écrit, un point, c'est tout [13].

Carson, qui avait également lu cette œuvre majeure, bondit sur l'occasion, rêvée pour la suite de son réquisitoire : « Je crois que vous êtes dans l'opinion, Mr Wilde, qu'il n'existe pas de livre immoral [14]. » Et Wilde, oubliant là qu'il était devant une cour d'assises et non sur une scène de théâtre, d'acquiescer fièrement en lançant au jury, tel un acteur s'adressant au public, une boutade, concernant ce *Prêtre et cet Acolyte*, qui, tout en provoquant l'hilarité générale, le fit lui-même rire aux éclats. « Il est pire que cela : il est mal écrit [15] », s'exclama-t-il, ne faisant que confirmer là, du haut de ses éternelles poses, à quel point il n'avait que dédain, du moins en matière de littérature, pour la morale. Si la réplique ne manqua pas de susciter quelque effet positif sur l'assistance, elle fut reçue par les juges avec consternation. Wilde, qui, surestimant ses talents de comédien, semblait interpréter là un rôle théâtral, sans s'être entouré d'aucune précaution oratoire, allait payer très cher ses rodomontades...

Carson, qui avait compris tout le parti qu'il pouvait tirer de cette « bourde », saisit à nouveau la balle au bond, revenant alors sur l'aspect « blasphématoire » d'un texte comme *Le Prêtre et l'Acolyte*, lequel, fût-ce de manière implicite, contenait, dans les descriptions de ses scènes liturgiques, des insinuations d'ordre sexuel. Wilde, qui privilégiait toujours l'esthétique au détriment de l'éthique, se refusa, là aussi, à employer, à propos de cette œuvre, le terme de « blasphématoire », préférant utiliser, quant à lui, celui, exclusivement qualitatif, de « répugnant ». C'en était trop aux yeux de Carson : Wilde ne cessait là, comme il le fit dans ses œuvres les plus subversives, de se situer, dans la lignée des philosophes « dégénérés », par-delà bien et mal. Sa vérité était décidément par trop subjective !

La suite de ce premier contre-interrogatoire, qui dura tout l'après-midi de ce 3 avril 1895, vit s'opposer Wilde à Carson en une joute intellectuelle non moins explosive. Car celui-ci, profitant de cette distinction qu'un livre tel que *Le Portrait de Dorian Gray* ne cessait d'établir, dès sa préface, entre l'art et la morale, demanda alors brutalement à son auteur, et de manière aussi pernicieuse qu'adroite, si « un livre immoral mais bien écrit [...] qui défendrait des opinions sodomitiques pourrait être un bon livre[16] ». Ce à quoi Wilde, qui commençait à voir où Carson voulait en venir, rétorqua, non moins habilement, qu'il ne savait pas ce qu'il entendait au juste par l'expression « roman sodomitique ». Et Carson de sauter alors, à nouveau, sur l'occasion. « Eh bien, je vous suggère *Dorian Gray*. Est-il possible de l'interpréter comme un livre sodomitique [17] ? » lui redemanda-t-il d'autant plus sournoisement et comme pour faire enfin allusion à ce crime dont Queensberry l'accusait. La réponse de Wilde fut des plus cinglantes :

> Seulement pour des brutes épaisses. [...] Les opinions des philistins sur l'art ne peuvent être comptées, car leur stupidité est incalculable. Vous ne pouvez me demander quelles interprétations erronées de mon œuvre les béotiens, les ignares, les imbéciles peuvent avoir. Cela ne me concerne pas. [...] Je me soucie comme d'une guigne de ce que les autres peuvent en penser [18].

Mais il n'empêche, Carson, froissé par cette repartie avec laquelle Wilde entendait en fait viser Queensberry, se mit alors à lire à haute voix, comme pour prouver le bien-fondé de ses conclusions, un passage du *Portrait*... celui-là même, particulièrement explicite, où Basil Hallward avoue à Lord Henry son amour, fût-il platonique, pour Dorian Gray.

Wilde, quelque peu décontenancé mais néanmoins toujours aussi sûr de lui, ne se laissa cependant pas désarçonner par cette nouvelle manœuvre de Carson. Aussi se lança-t-il à son tour, pour la contrecarrer, dans une tirade destinée à établir une nette distinction entre une « belle personne » et une « belle personnalité ». Soit ! admit Carson, crispé. Mais, insista-t-il insidieusement auprès de Wilde : « Avez-vous jamais éprouvé ce sentiment de folle adoration envers une belle personne de sexe mas-

culin plus jeune que vous de plusieurs années [19] ? »
Et la réponse de Wilde de fuser alors comme une
balle jaillissant d'un fusil... à cette différence près
que cet excès d'esprit, à la limite de l'insolence,
finit, là aussi, par se retourner contre lui. « Je n'ai
jamais éprouvé d'adoration envers quiconque,
sinon moi-même [20] », s'esclaffa-t-il, toujours aussi
bluffeur, en un nouvel et bruyant éclat de rire.

C'en était décidément trop pour Carson, en-
goncé qu'il était en son dogmatisme comme dans
sa toge. Wilde, dont la désinvolture frisait l'outre-
cuidance, avait dépassé là, en cette énième saillie,
les bornes de ce qu'il est tolérable d'entendre dans
une cour d'assises. L'impardonnable sommet de
cette arrogance fut atteint, cependant, lorsque
Wilde, qui, présomptueux, avoua être parfois en
admiration face à la beauté de certains de ses
propres écrits, reprocha avec véhémence à Carson
d'avoir mal lu une phrase extraite de cette lettre
d'amour, pourtant des plus compromettantes, qu'il
avait jadis adressée à Bosie. C'est alors que Carson, dont l'orgueil venait d'être mis à rude épreuve
par ces mots vexatoires, se déchaîna, citant ainsi
un à un, pour enfoncer définitivement son rival, le
nom de tous ces jeunes prostitués auprès desquels
Wilde était allé chercher, tantôt en les payant gras-
sement, tantôt en leur offrant des cadeaux (ces
fameux étuis à cigarettes en or ou en argent), les
faveurs sexuelles : Taylor, le crapuleux entremet-
teur du bordel de Little College Street ; Wood,
Allen et Cliburn, cette bande de piètres mais fief-
fés maîtres chanteurs ; Edward Shelley, ce vaurien
qu'il emmenait dîner dans les meilleurs hôtels du

pays ; Alfonso Conway, minable gigolo rencontré sur les plages de Worthing ; et, encore, Sidney Mavor, qui, mû par le seul appât du gain, ne se privera pas, quelques jours plus tard, d'incriminer, avant de se rétracter, son protecteur d'antan ; et puis surtout, dans les luxueuses suites du Savoy Hotel, là même où les domestiques trouvèrent d'honteuses taches de sperme sur les draps de lit défait, Alfred Douglas en personne, jeune et beau *gentleman* qu'il avait réussi à débaucher de manière non moins sordide.

C'est sur ces révélations particulièrement accablantes pour Wilde que se termina cette première séance de son procès. Autant dire qu'il n'avait que très peu de chances d'en sortir indemne.

Wilde, fatigué, désorienté, commit alors, procurant là quelque argument supplémentaire à ses ennemis, une nouvelle imprudence. Au lieu de rentrer sagement chez lui, il se rendit, en compagnie de Bosie, à l'Holborn Viaduct Hotel, où ses deux avocats, Humphreys et Clarke, le rejoignirent afin de faire le point sur cette première et dure journée de combat. Ils ne s'avouèrent guère optimistes, en êtres raisonnables et avisés qu'ils étaient, quant à la suite des événements.

La deuxième journée de ce procès, celle du jeudi 4 avril 1895, ne s'avéra pas moins éprouvante pour Wilde, lequel, du statut de plaignant, commençait à endosser ainsi, par une subite mais adroite inversion des rôles qui le fit finalement appeler à la barre, les fautes de l'inculpé. Car Carson, qui avait décidé de ne plus lâcher sa proie, revint à la charge, continuant d'égrener, au fil de ces événements que les limiers de Queensberry n'avaient certes pas manqué de lui rapporter, les noms de ces autres jeunes gens, issus pour la plupart de milieux plutôt défavorisés et incultes, sur lesquels Wilde avait jadis jeté son dévolu.

Les noms de ces prostitués notoires qu'étaient Taylor et Mavor furent donc à nouveau évoqués, mais avec bien plus de détails, encore, dans la description de cette relation purement physique qu'ils avaient entretenue, pendant un certain temps, avec Wilde. Puis ce fut au tour de ces autres escrocs, petites frappes appartenant aux milieux londoniens les plus louches, qu'étaient Charles Parker et Fred Atkins ; en ce qui concerne ce dernier notamment, Wilde l'avait emmené un jour à Paris, où ils avaient logé ensemble à l'hôtel, spécifia Carson. C'est dire quel était alors leur degré d'intimité ! Il y eut également, lui rappela-t-il, le jeune Ernest Scarfe, qu'il conduisit, en compagnie d'un deuxième lascar, Sidney Mavor toujours, à l'Avondale Hotel, où ils organisaient parfois des orgies.

Wilde, jusque-là, avait certes réussi à esquiver, maniant humour et dérision, les coups de Carson. Mais, soucieux de séduire son auditoire par d'incessants mots d'esprit plutôt que de se défendre au moyen d'arguments solides, il commit alors, emporté par ce succès qu'il semblait avoir remporté par rapport à son adversaire, une erreur qui se révéla fatale. Lorsque, ensuite, Carson lui demanda, à brûle-pourpoint et pour mieux le déstabiliser, s'il avait jamais embrassé le jeune Walter Grainger, son ancien majordome, il répondit, avec une moue de dégoût, par ces mots qui résonnèrent alors, paradoxalement, comme un terrible aveu quant à son homosexualité : « Oh non, jamais, jamais ! C'était un garçon singulièrement quelconque. [...] Son apparence était hélas... très laide[21]. » Car dire qu'il ne s'était refusé à embrasser ce pauvre garçon qu'en raison de sa seule « laideur », insista lourdement Carson comme pour parfaire sa démonstration, revenait à avouer, selon lui, qu'un esthète comme Wilde ne se serait certes pas privé d'accomplir un tel geste si, d'aventure, Grainger avait été, au contraire, « beau ». Carson, qui connaissait les penchants de Wilde pour les éphèbes, savait exactement de quoi il parlait !

Wilde, acculé au point que même son légendaire sens de la repartie sembla soudain l'abandonner à son triste sort, perdit définitivement pied, puis la partie, en cette bataille. S'enlisant lamentablement en ses mensonges comme un voyageur égaré dans les sables mouvants, il commença alors à s'embrouiller, à bafouiller et à se contredire : le comble pour ce « prince du paradoxe » ! Le dandy, jusque-là presque parfait, manqua dès lors toujours plus d'assurance, de sérénité et d'allure, s'empêtrant dans sa propre rhétorique et s'enferrant dans ses seuls sophismes, tant et si bien que Carson, qui sentait la victoire enfin à sa portée, finit par prendre, irrémédiablement, le dessus. Aussi le reste, après que cette deuxième phase du procès fut ajournée pour le déjeuner, ne fut plus pour lui qu'une simple formalité. Fort de son succès, il reprit donc, multipliant les critiques quant au caractère profondément « immoral » de l'œuvre de Wilde, cet argument initial consistant à mettre en lumière ce désir, louable entre tous, qu'avait le marquis de Queensberry de sauver son fils, Lord Alfred, de pareil enfer. Davantage : il annonça qu'il appellerait également à la barre, à titre de témoins à charge, tous ces jeunes gens dont le nom avait été cité lors de ces audiences. Bref : cette cause, en vint alors à conclure Clarke, avocat bien trop tendre pour les griffes acérées de Carson, était en effet perdue... et la personne même de Wilde, à n'en pas douter, avec elle !

Ainsi donc, à la fin de cette séance du jeudi 4 avril, Clarke conseilla-t-il à Wilde de retirer sa plainte tout en reconnaissant, parallèlement, le bien-fondé des accusations de Queensberry. Il l'enjoignit même de quitter au plus vite l'Angleterre et d'aller se réfugier à Paris, qu'il connaissait si bien. Wilde, à l'instar de sa mère en ses jeunes et folles années de nationalisme révolutionnaire, lui répondit cependant, non sans un certain héroïsme, que jamais il ne fuirait son destin et qu'au contraire il comptait bien rester à Londres pour mener à terme ce difficile combat. Carson, lui, ne demandait pas mieux tant il souhaitait en découdre, enfin, avec son vieux concurrent de Trinity College.

Prudence, toutefois, là encore ! Car c'est un motif bien moins glorieux — ses dettes — que Wilde invoque, en son *De profundis*, pour justifier ce refus de quitter l'Angleterre :

En ce fatal vendredi, au lieu d'être dans l'étude de Humphreys, victime timidement consentante à ma propre ruine, j'aurais été libre et heureux en France, loin de toi et de ton père [...], si j'avais pu quitter l'hôtel Avondale. Mais les gens de l'hôtel refusèrent catégoriquement de me laisser partir. Tu avais passé là dix jours avec moi ; mieux même, tu y avais [...] amené [...] un de tes amis [...] ; l'addition [...] s'élevait à près de cent quarante livres sterling. Le propriétaire déclara qu'il ne pouvait laisser mes bagages quitter l'hôtel tant que je n'aurais pas réglé l'intégralité de l'addition. Voilà ce qui me retint à Londres. Sans cette note d'hôtel, je serais parti pour Paris le jeudi matin [22].

Le procès reprit donc le matin du vendredi 5 avril. La salle était toujours aussi comble, mais la séance fut, en ce troisième et dernier jour, beaucoup plus courte. Carson réitéra ses accusations tout en réaffirmant la pertinence des soupçons de Queensberry. C'est alors que Clarke intervint, afin que les choses ne se gâtassent pas, en clamant que son client acceptait, tout bien considéré, le verdict de « non coupable » au bénéfice de l'accusé. Le juge, satisfait, invita alors le jury, ahuri, à se prononcer en ce sens. Ainsi, après une courte délibération, Queensberry fut-il acquitté. Les frais du procès incombèrent à Wilde, et le marquis quitta la salle sous les acclamations. Puis la cour, à onze heures et quart, se retira, et Wilde, quarante-cinq minutes plus tard, à midi, quitta à son tour, cette fois sous les huées de la foule, l'Old Bailey.

Les choses, pourtant, auraient pu aller autrement et, la vérité éclatant alors au grand jour, tourner à l'avantage de Wilde si celui-ci avait consenti à ce que Bosie témoignât contre son père. Wilde, dont l'amour qu'il éprouvait pour son amant consistait aussi à le protéger des préjugés de la société tout autant que des foudres de sa famille, l'en dissuada cependant et préféra porter ainsi, seul, ce fardeau, et, avec lui, celui de l'ignominie. S'étant à nouveau réfugié à l'Holborn Viaduct Hotel, il l'écrivit, ce 5 avril 1895, au directeur de l'*Evening News* :

> Il m'eût été impossible de défendre ma cause sans mettre Lord Alfred Douglas dans le banc des témoins qui eussent déposé contre son père. [...] Plutôt que de le mettre en si pénible situation, j'ai décidé de retirer ma plainte et de porter sur mes seules épaules la honte et l'ignominie qui eussent pu résulter des poursuites engagées par moi contre Lord Queensberry [23].

Il envoya également un court billet à Constance dans lequel, anxieux, il lui recommandait de ne laisser entrer personne dans leur maison de Tite Street, et surtout pas dans son bureau. De même l'enjoignit-il de ne voir, dorénavant, que leurs amis les plus sûrs. Probablement redoutait-il que la police n'aille perquisitionner chez lui et n'y trouve, en fouillant dans ses papiers, quelque autre document compromettant.

Wilde, effectivement, avait de sérieuses raisons de s'inquiéter. Car Queensberry, malgré son acquittement, n'en démordait toujours pas : c'est lui qui, inversant alors définitivement les rôles, voulait à présent faire mettre Wilde en accusation et, si possible, l'envoyer en prison.

Troisième et dernier round. Carson, dont la soif de vengeance était aussi inextinguible que celle de son client, fit parvenir au procureur de la Reine le procès-verbal de ces débats l'ayant mis aux prises, pendant ces trois journées d'audience, avec l'écrivain. Queensberry, que rien n'arrêtait, possédait, en outre, un autre argument de taille, dont il userait et abuserait, moyennant un énième chantage s'il le fallait, au cas où sa requête ne fût pas satisfaite, ainsi qu'il le spécifia à son nouvel avoué, Charles Russell : l'homosexualité de certains hommes politiques britanniques, parmi lesquels Lord Rosebery, l'ancien amant de son fils Drumlanrig, dont la mort prétendument accidentelle l'avait empli de haine pour la classe dirigeante de son pays. C'est ainsi que, par peur d'un scandale public de bien plus ample envergure encore, la procédure judiciaire, lancée contre Wilde, s'accéléra soudainement. Aussi, à quinze heures trente, ce 5 avril 1895, un mandat d'arrêt pour attentat à la pudeur fut-il délivré à son encontre, sans que même le très influent député George Wyndham, cousin de Bosie, pût intercéder en sa faveur.

Tout, pourtant, n'était pas fini. Wilde, qui, pour échapper à la meute des journalistes, s'était entretemps déplacé au Cadogan Hotel, disposait encore de quelques heures, devant lui, pour se présenter, spontanément, au poste de police de Bow Street. Il avait donc largement le temps de s'enfuir, ainsi que l'y encouragèrent Robert Ross et Reginald Turner, en sautant dans le premier train pour Douvres puis, de là, dans un bateau qui l'aurait aussitôt emmené en France, où il aurait aisément trouvé refuge auprès de ses pairs. Peine perdue : Wilde, malgré leurs supplications, refusa, obstinément, de partir !

Pourquoi une telle attitude, qui relevait tout autant de l'orgueil que de la lassitude ? C'est Yeats qui, rapportant les mots de la mère d'Oscar, Lady Wilde, prononcés alors qu'elle rejoignait son fils au Cadogan Hotel, lors de ses dernières heures de liberté, en donne l'explication la plus plausible : « Si vous restez, et même si vous allez en prison, vous serez toujours mon fils. Cela ne changera rien à l'affection que j'ai toujours eue pour vous. Mais si vous partez, je ne vous adresserai jamais plus la parole [24]. » « Le train est parti ; il est trop tard [25] ! » se limita alors à répondre Wilde, tout en s'affalant dans un fauteuil avec un verre de vin blanc à la main, à Ross et Turner, comme s'il n'avait fait là que céder, une fois de plus, au chantage affectif de sa vieille mère.

Wilde, qui but en cette fin d'après-midi jusqu'à l'ivresse, eut cependant encore le courage, en même temps que la lucidité, de demander à Ross d'aller voir sa femme pour l'informer des derniers événements. Leur entrevue fut certes douloureuse, mais Constance trouva néanmoins la force de lui dire qu'elle espérait que son mari puisse s'enfuir. Ross, certain de convaincre ainsi son ami à partir enfin pour l'étranger, vint immédiatement rapporter ces propos à Wilde, lequel, saoul, demeura avachi, blême et apathique, vautré dans son siège. Puis ce fut au tour d'un reporter du *Star*, lequel s'était toujours montré bienveillant envers lui, à accourir au Cadogan pour tenter de le persuader de fuir sans plus tarder. Il était dix-sept heures, et la situation était désespérée. Wilde, se sentant menacé, cerné de toutes parts, eut un bref sursaut, allant même jusqu'à demander à Ross de lui procurer la somme d'argent nécessaire au voyage. Résigné, il finit par balbutier, comme en un ultime soupir d'abandon :

Je resterai et purgerai ma peine, quelle qu'elle soit [26] !

Renonçant définitivement à toute tentative d'évasion, il prit une feuille de papier et, de sa plus belle plume malgré sa main qui tremblait sous l'effet de l'alcool, rédigea un billet à l'adresse de son amant : « Mon cher Bosie, Je serai ce soir au poste de police de Bow Street. Libération provisoire impossible [...]. Voulez-vous télégraphier à Humphreys de se présenter à Bow Street pour me défendre [...]. Venez me voir. Tout à vous, Oscar [27]. » Queensberry, pendant ce temps-là, exultait. La bière coulait à flots, et ses nombreux partisans purent enfin se laisser aller à raconter les blagues les plus triviales concernant le pauvre Wilde.

À dix-huit heures précises, cette lamentable affaire connut enfin son dénouement : deux inspecteurs de Scotland Yard se présentèrent, munis d'un mandat d'arrêt, à la porte de la chambre 53 du Cadogan Hotel. Wilde, ivre, se laissa passer les menottes, sans mot dire, et les suivit, titubant, vers une voiture qui le conduisit aussitôt au poste de police de Bow Street, où il fut officiellement inculpé d'outrage aux mœurs. Il encourait une peine de deux ans de travaux forcés.

Le lendemain matin, samedi 6 avril 1895, Wilde comparut, en même temps qu'Alfred Taylor, devant la chambre d'accusation de Bow Street, alors présidée par Sir John Bridge. Furent également convoqués, mais à titre de seuls témoins à charge, quatre des prostitués du 13 Little College Street.

Oscar Wilde, à qui le juge avait refusé la libération sous caution en attendant son deuxième procès, commença sa vie derrière les barreaux. Ironie du sort, c'est en cette même prison de Holloway, là où il fut immédiatement transféré après son inculpation, qu'Algernon Moncrieff, personnage de *L'Importance d'être constant*, se voit menacé d'être incarcéré, lorsqu'il ne peut faire face à ses dettes.

La presse, pendant ce temps-là, continua à se déchaîner, sur un ton toujours aussi injurieux, contre l'écrivain. « Oscar Wilde est perdu et voué à la damnation [28] », vitupéra l'*Echo*; tandis que la *Pall Mall Gazette* déclarait que « l'on commençait à respirer, avec l'arrestation de Wilde, un air plus sain [29] ». De même le *National Observer* estima-t-il que Wilde n'était qu'un « imposteur obscène [30] » ; alors que le *Daily Telegraph* concluait, sur un ton triomphant : « nous en avons plus qu'assez de M. Oscar Wilde [31] ». Il n'était pas jusqu'à certains de ses anciens amis homosexuels, tel Aubrey Beardsley, qui lui devait pourtant une partie de sa renommée grâce à ses illustrations de *Salomé*, qui ne rentrèrent alors dans le rang, comme pour se dédouaner de toute faute, aboyant eux aussi, tous en chœur, en cette meute de chiens enragés.

Ainsi Wilde, à partir de cette date-là, ne cessa-t-il plus, jusqu'à son exil parisien, d'être livré en pâture et comme, diabolisé, voué aux gémonies. Ses livres mêmes, au premier rang desquels figurait *Le Portrait de Dorian Gray*, furent retirés de la vente et, si les représentations de pièces telles *qu'Un mari idéal* ou *L'Importance d'être constant* se poursuivirent encore, pour de veules et seuls motifs commerciaux, jusqu'au mois de mai de la même année, son nom, quant à lui, fut purement et simplement effacé des affiches comme des programmes, ce qui eut pour conséquence immédiate de le priver de tous ses droits d'auteur et, partant, de ses revenus :

incidence qui ne fit qu'accroître la furie de ses créanciers, lesquels, face à pareil engrenage, ne se privèrent pas à leur tour, faisant preuve là d'une effarante mesquinerie, de porter plainte, pour des sommes parfois dérisoires, contre lui, l'enfonçant ainsi d'autant plus en sa misère. Bref : une chute d'autant plus impressionnante qu'il n'est pas jusqu'à Henry James, qui n'aimait pourtant guère Wilde, qui ne s'en émût : cette affaire est « horriblement, atrocement tragique » [32], confia-t-il à Edmund Gosse. Rares étaient ceux, du reste, qui, face à un tel ostracisme, un tel climat de haine et une telle chasse aux sorcières, osaient encore avouer, fût-ce de manière discrète, leur homosexualité. Certains, effrayés qu'ils étaient à l'idée de devoir subir éventuellement pareil sort, allèrent même jusqu'à quitter l'Angleterre, comme John Gray et André Raffalovich, qui partirent pour Berlin, ou Reginald Turner et Robert Ross, qui s'installèrent à Calais.

Bosie, lui, préféra rester à Londres, où, faisant preuve d'une indéniable dose de courage, il s'attela à répondre, secondé par Will Rothenstein, à ce torrent de calomnies que ne cessait, encore et toujours, de déverser, sur son amant désormais placé sous les verrous, la presse britannique. Mieux : il vint lui rendre visite, presque chaque jour, à la prison de Holloway, où Wilde, mal rasé et les cheveux ébouriffés, le recevait chaque fois, empli de gratitude, les larmes aux yeux : « Un être fluet, aux cheveux d'or comme ceux d'un ange, se tient toujours à mes côtés. Sa présence me protège. [...] Quelle catastrophe s'est abattue sur moi ! [...]. Je n'ai cherché qu'à le défendre de son père. Je n'ai cherché rien d'autre et maintenant [33]... » Et de renchérir dans une missive adressée à More Adey et Robert Ross, empreinte elle aussi d'effusion sentimentale : « Bosie est si merveilleux que je ne pense à rien d'autre [34]. »

Bosie, « merveilleux » ? C'était certes oublier là un peu vite, toujours aussi faible qu'il était envers celui qu'il appela encore « un être dont le nom est amour [35] », à quel point son amant avait précipité sa déchéance. D'autant que ce sera lui, Bosie, qui le trahira le premier, puis l'abandonnera, sans scrupule ni remords, lorsque Wilde sera définitivement jeté, pendant deux longues et cruelles années, en prison.

C'est le 11 avril 1895, une semaine après son arrestation, que Wilde comparut, pour la deuxième fois, devant le tribunal de Bow Street. Cette audition ne fut que la répétition de la première. À cette différence près qu'y furent appelés à témoigner, en plus des prostitués du 13 Little College Street, domestiques et logeuses, lesquels ne firent que l'accabler davantage. À cette avalanche d'accusations, vinrent s'opposer, comme par miracle — mais sans effet sur le déroulement du procès —, les quelques lettres de soutien que ses amis parisiens, artistes et intellectuels confondus, n'avaient pas manqué, indignés du sort qui lui était réservé, de lui envoyer. Parmi elles, celle de Pierre Louÿs, Edmond de Goncourt, Jean Moréas et Sarah Bernhardt, laquelle, pourtant riche et célèbre, ne consentit toutefois jamais, malgré l'insistance que Wilde mit à vouloir lui vendre les droits (pour dix mille francs) de sa *Salomé*, à l'aider financièrement...

Désemparé et plus seul que jamais, les traits tirés et amaigri, sa tenue vestimentaire d'autant plus négligée qu'on ne l'avait toujours pas autorisé à recevoir quelque colis que ce fût, Wilde fut convoqué une troisième fois, devant ce même tribunal, le 18 avril 1895. Les poursuites à son encontre furent alors déclarées « fondées », conformément à l'article XI du *Criminal Law Amendment Act*, par un grand jury, composé de vingt-trois membres, que présidait un journaliste français, Paul Villars, correspondant londonien du *Figaro*. Cinq jours plus tard, le 23 avril, la procédure dans laquelle était également engagé Alfred Taylor fut jointe — ce qui ne fit qu'aggraver son cas — à celle d'Oscar Wilde, qui décida cependant, face à cette nouvelle épreuve, de plaider « non-coupable »… et ce contre l'avis de son avocat, Sir Edward Clarke, qui s'était pourtant résolu, apitoyé par cette misère dans laquelle était plongé son client, à le défendre gratuitement.

À cette débâcle s'ajouta, comme pour venir l'achever, un énième drame, plus douloureux encore pour un esthète tel que lui. Ses nombreux créanciers, auxquels s'associa Queensberry qui exigeait le règlement immédiat de ses frais judiciaires, demandèrent alors, face à l'incapacité dans laquelle il se trouvait de rembourser ses dettes (lesquelles se chiffraient à environ mille livres sterling), sa faillite personnelle et, par voie de conséquence, la vente de tous ses biens aux enchères. C'est ainsi que, le 24 avril 1895, sa belle et riche maison de Tite Street fut, après qu'il eut été déclaré « insolvable » (alors que ses seules pièces de théâtre étaient censées lui rapporter cinq mille livres sterling par an), vidée de tous ses inestimables trésors. Tout disparut, vendu pour une bouchée de pain : non seulement ses meubles et ses objets personnels, mais également un grand nombre de ses manuscrits, lesquels furent parfois même volés. Vendus, disparus, dispersés, les eaux-fortes de Whistler, ses dessins de Blake et de Burne-Jones, ses tableaux de Simeon Salomon et de Monticelli, les tapis de William Morris, le sonnet écrit de la main de John Keats, ainsi que des dizaines de livres dédicacés par les plus grands auteurs du XIX\ᵉ siècle. Il n'est pas jusqu'aux œuvres de ses propres parents, comme aux jouets de ses deux enfants, qui ne furent liquidés, eux aussi, pour quelques sous...

Le pire, cependant, était encore à venir pour Wilde, que la vie, ainsi qu'il s'en ouvrit, le 23 avril 1895, à Ada Leverson, « semblait avoir quitté », et qui se sentait pris « dans une horrible nasse [36] ». Le 26 avril 1895, débuta, à nouveau devant la cour d'assises de l'Old Bailey, son deuxième procès.

Ce procès, présidé par Sir Arthur Charles, où Oscar Wilde adopta alors, changeant de stratégie de défense, un ton beaucoup plus humble, se déroula cependant mieux que prévu. Et ce même si Charles Gill, substitut du procureur de la Reine, s'arrangea avec l'avocat d'Alfred Douglas pour que le nom de son client ne fût jamais cité au cours des débats, faisant ainsi reporter sur les seules épaules de Wilde, contre lequel la société victorienne en son ensemble s'était alors liguée, toute la responsabilité de cette affaire. Gill, qui craignait que le fils du marquis de Queensberry ne fût éclaboussé par ces révélations, finit, au quatrième jour de ce procès, par abandonner l'accusation pourtant préalablement requise, au vu de ce qui s'était réellement tramé dans les salons frelatés du 13 Little College Street, de « constitution d'association de malfaiteurs ». Cette rétractation fut perçue, par le jury, comme un élément positif à mettre à l'actif du prévenu. Wilde, qui reprit alors espoir, tout en continuant à faire profil bas, eut en outre, par rapport à cet « amour qui n'ose pas dire son nom », un mot des plus inspirés. N'était-ce pas là cette formule même, lança-t-il en une tirade digne des meilleures tragédies, qu'employaient naguère, pour définir ce sentiment noble entre tous qu'est cette affection pure que peuvent parfois éprouver, sur le plan intellectuel, les plus grands esprits, Platon, Shakespeare, Montaigne ou Michel-Ange ? Mieux, conclut-il, faisant soudain résonner là sa mélodieuse et claire voix d'homme cultivé, sous un tonnerre d'applaudissements :

C'est seulement pour elle, pour cette amitié aussi subtile que parfaite, naturelle mais pourtant tellement incomprise, par nos sociétés, que l'on ne peut l'appeler désormais que par « l'amour qui n'ose pas dire son nom », que je me trouve, en ce moment, ici [37].

Wilde venait de regagner du terrain... Était-il, pour autant, rassuré quant au sort qui l'attendait, si la prison et le « déshonneur » qui s'ensuivait devaient être son « lot », ainsi qu'il le spécifia, dans une lettre datée du 29 avril 1895, à Bosie, sa « jonquille » et sa « fleur de lys », lequel se trouvait toutefois depuis le 25 avril déjà, en compagnie d'un certain Charlie, dans la capitale française ? Apparemment pas, à en croire le contenu de cette missive puisque, tout en lui redisant son amour « éternel », il lui conseilla, s'enlisant à nouveau en de puériles et tout aussi pathétiques envolées lyriques, de fuir l'Angleterre pour aller vivre en Italie ou sur quelque « île enchantée de la Méditerranée », où ils passeraient, unis jusqu'à ce que mort les sépare, leurs vieux jours.

En attendant, il restait à se plier au verdict de ce deuxième procès, dont le débat final reprit, trois jours plus tard. Le juge Charles, homme intègre, posa alors au jury quatre questions capitales. Wilde avait-il commis des actes réputés « indécents » ou « immoraux », tombant sous le coup de la loi, avec des personnes du sexe masculin ? Taylor lui avait-il servi de rabatteur ? Wilde et Taylor avaient-ils tenté d'amener d'autres jeunes gens à se comporter de manière « inconvenante » ? Taylor avait-il commis des actes « répréhensibles » avec d'autres hommes ? Les membres du jury se retirèrent pour se consulter et, après avoir délibéré pendant plus de trois heures, ne s'accordèrent cependant que sur un seul point : ni Wilde ni Taylor n'avaient rien accompli là d'illicite. Quant aux trois autres questions, ils avouèrent, perplexes faute de preuve, leur impossibilité d'y répondre de manière formelle.

C'est ainsi que, face au doute et à la confusion créée par tous ces témoignages, une nouvelle instruction fut ordonnée et le procès renvoyé. Wilde fut donc reconduit à la prison de Holloway, où il passa les cinq jours suivants. Ada Leverson, qu'il avait surnommée « Sphinx », lui fit parvenir quelques livres. Il les lut tous. Mais les journées continuaient à lui paraître interminables. D'autant que, dévoré par l'ennui, tenaillé par l'angoisse, il dormait mal. Le 6 mai 1895, il écrit à Ada Leverson :

Je n'ai pas reçu aujourd'hui un mot de Fleur-de-Lys. [...]. Je suis trop malheureux quand il me laisse sans nouvelles et, aujourd'hui, cet emprisonnement me rend malade [...]. Les jours me paraissent sans fin [...]. Oh ! combien je souhaite que tout s'arrange et que je puisse revenir à l'Art et à la Vie ! Ici je meurs d'inanition [38].

Heureusement, une bonne nouvelle arriva enfin, le lendemain matin, pour lui : sa demande de liberté provisoire venait de lui être accordée par le juge Pollock. À la condition qu'il verse immédiatement une caution fixée à deux mille cinq cents livres sterling. Somme énorme, mais dont Percy Douglas, le frère de Bosie, réussit néanmoins à réunir la moitié, tandis que la seconde partie fut versée par le révérend Stewart Headlam, lequel estimait que ce procès était loin d'être équitable. Le 7 mai 1895, Wilde quittait la prison de Holloway.

Wilde, dont la femme et les enfants jouissaient de l'hospitalité de Lady Mount-Temple, prit alors aussitôt la direction du Midland Hotel, situé près de la gare de Saint-Pancras, où Ernest et Ada Leverson lui avaient réservé, à son nom, une chambre. Mais, à peine arrivé, il dut rebrousser chemin : le directeur, que les hommes de Queensberry avaient menacé de représailles au cas où il l'hébergerait, lui signifia qu'il ne pouvait loger dans son établissement. Il ne lui resta donc plus, faute d'argent pour s'offrir une autre pension, où l'accès lui aurait été de toute façon refusé, qu'à s'abaisser à demander le gîte à son frère Willie, au 146 Oakley Street, chez qui, peu avant minuit, il trouva refuge. Lady Wilde, impatiente de revoir son fils enfin libre, se trouvait également là. Oscar, que Willie ne cessait de réprimander face à ce désastre contre lequel il l'avait pourtant mis en garde, n'y passa cependant que quelques jours. Déprimé et désormais alcoolique, il préféra s'installer chez les Leverson, lesquels l'accueillirent chez eux, dans leur maison du 2 Courtfield Gardens, jusqu'au 25 mai, date du dernier jour de son troisième et ultime procès.

Là, où il fut reçu, tel un hôte de marque, avec les honneurs qui étaient dus à son rang, Wilde retrouva, quasiment intacte, sa dignité. Mieux : c'est d'une magnifique preuve de caractère tout autant que de bravoure qu'il fit incontestablement preuve lorsque Constance, qui était allée consulter une voyante de Mortimer Street au sujet de son avenir, le supplia, certaine qu'elle était de sa future condamnation, de quitter dans les plus brefs délais l'Angleterre. Il refusa à nouveau de prendre la fuite. Comme il l'écrit dans la lettre qu'il adresse à Bosie le 20 mai 1895 : « J'ai décidé qu'il était plus noble et plus beau de rester. Nous n'aurions pu partir ensemble et je ne voulais pas être traité de lâche ou de déserteur. Un nom d'emprunt, un travesti, une vie traquée, tout cela n'est pas pour moi [39]. » Au faîte d'un idéalisme que les plus grands des romantiques de son siècle n'auraient certes pas désavoué, il conclut : « Ô le plus délicieux des êtres, le plus aimé de tous les amours, mon âme s'unit à votre âme, ma vie est votre vie et, dans tous les univers de peine et de plaisir, vous êtes mon idéal d'admiration et de joie[40]. »

Et, de fait, c'est d'un courage encore bien plus grand que Wilde dut alors s'armer pour affronter, la tête haute et le regard fier, ce troisième procès, lequel, en ce jour du 20 mai 1895, reprit donc, pour la dernière mais décisive fois, devant l'intimidante et sévère cour de l'Old Bailey.

La salle du tribunal était à ce point comble que Queensberry fut obligé de rester debout, n'ayant pas trouvé de place assise, pour suivre les débats. Le très pointilleux Sir Alfred Wills en était le président, tandis que Sir Frank Lockwood, dont le rigorisme moral était connu de tous, avait été choisi, pour l'occasion, comme procureur de la Reine ; des nominations qui en disaient long sur la volonté qu'avait la Couronne de mettre un terme, par la plus exemplaire des peines, à cette sombre affaire. L'avocat de Wilde, Sir Edward Clarke, obtint, cependant, que les procès de Taylor et de son client fussent séparés dès lors qu'une partie de l'accusation avait été abandonnée. En réalité, cette indulgence n'arrangeait guère Wilde. Jugé le premier, une éventuelle condamnation de Taylor aurait de néfastes conséquences sur son propre cas.

Ce troisième et définitif procès, qui ne fut qu'une sorte de redite des deux premiers, dura cinq jours. Aucune des plaidoiries, lesquelles se succédèrent à un rythme d'enfer, n'ébranlèrent le moins du monde le président, dont les positions, contrairement à celles du précédent juge, étaient parfaitement arrêtées. Selon lui, il ne faisait aucun doute que l'accusation de « sodomie » portée par Queensberry contre Wilde dans le but de sauver son fils était justifiée. Aussi était-il inutile de continuer de se perdre en palabres, conjectures, gesticulations, et autres effets de manche destinés à amadouer le public. Impitoyable, arc-bouté sur son seul code pénal, il invita donc le jury à se retirer pour délibérer. Puis, après deux heures de concertation, vint enfin, en ce 25 mai 1895, le verdict, implacable et sans appel : l'accusé était « coupable d'outrage aux bonnes mœurs » ! Le juge Wills, manifestement satisfait, condamna Wilde et Taylor à la peine maximale prévue par le *Criminal Law Amendment Act* : deux ans d'emprisonnement, avec effet immédiat, assortis de travaux forcés.

À l'énoncé de cette sentence, que Taylor accueillit sans broncher, Wilde, le visage décomposé et le regard perdu, vacilla légèrement, hagard, en bredouillant, d'une voix cassée, ces quelques mots, dérisoires au vu de cette immense et lourde porte qui venait, soudain, de se refermer sur lui :

Et moi, Votre Honneur, ne puis-je rien dire ? Car c'est moi, après tout, le plaignant en cette affaire [41] !

Oscar Wilde, plus habile à jongler avec les mots qu'à défendre sa propre cause, n'avait alors déjà plus droit à la parole, condamné qu'il était, désormais, à jouer, comme bon nombre de poètes avant lui, le seul rôle, par-delà sa noblesse d'âme, que la société lui laissait : celui de corps expiatoire. Impassible et sans même daigner le regarder, le juge, d'un geste ferme et hautain, fit signe aux deux policiers qui l'encadraient de l'emmener, menottes aux mains, dans la cellule attenante au prétoire. Puis un fourgon vint le chercher pour le conduire, sous les ricanements de prostituées en liesse à l'idée de se voir ainsi débarrassées d'une partie de la concurrence masculine, à la prison de Newgate, où il passa deux jours, avant que d'être expédié au pénitencier de Pentonville, son nouveau lieu de détention, avant celui de Wandsworth, dont les conditions de vie se révélèrent des plus atroces, puis de Reading, où il purgea, brisé comme rarement homme de lettres le fut avant lui, le reste de sa peine.

Mais le plus navrant, en cette affaire, c'est qu'il n'est pas jusqu'au fourbe marquis de Queensberry qui, dès le lendemain, ne célébrât joyeusement, lors d'un festin où il convia une quarantaine de dignitaires londoniens, ce terrible verdict.

Quant aux amis de Wilde — Bosie en tête, lequel tenta en vain de le faire gracier par la reine — ils furent, bien évidemment, atterrés. Certains des écrivains britanniques les plus célèbres essayèrent même, quoique timidement tant ils redoutaient les représailles, de le défendre. Parmi eux : Hardy, Swinburne, Browning, Shaw, Wells, Arnold, Meredith et même Henry James.

Mais c'est de Paris, une fois encore, que vinrent les protestations les plus vives. Ainsi Louis Lormel, pseudonyme de Louis Libaude, fit-il paraître dès le 15 avril 1895, dans *La Plume littéraire, artistique et sociale*, un article intitulé *À M. Oscar Wilde,* dans lequel il fustigeait la notion d'« immoralité ». De même, quelques semaines plus tard, en août 1895, Hughes Rebell écrivit-il, dans *Le Mercure de France*, un texte, tout aussi véhément, ayant pour titre *Défense d'Oscar Wilde* : « Un acte détestable, inouï, [...] vient de déshonorer Londres. Oscar Wilde, l'un des plus éminents écrivains de l'Angleterre, s'est vu d'un coup enlevé de son domicile, jeté dans une cellule, traduit devant un tribunal, outragé par l'auditoire et les magistrats, et finalement condamné aux travaux forcés [42]. » Et de conclure : « Avec quelle joie je verrais Pentonville en flammes ! Et ce n'est pas seulement à cause de Wilde que je me réjouirais, mais à cause de nous tous, artistes et écrivains païens, qui en sommes de droit les prisonniers honoraires [43]. » Paul Adam, dans le numéro du mois de mai 1895 de *La Revue blanche*, ne se montra pas moins virulent à l'égard des ennemis du dramaturge, tout comme Laurent Tailhade, sympathisant anarchiste et admirateur de Jaurès, lequel, dans son pamphlet intitulé *Un martyr*, publié par *L'Écho de Paris* du 29 mai 1895, tempêtait contre ces juges anglais « tout emperruqués d'hypocrisie [44] ». Dans ce même journal prirent encore position, en faveur de Wilde, le critique littéraire Henry Bauër ainsi que Jean Lorrain : « C'est la littérature qui a été atteinte [...]. Quand on pense que des passages du *Portrait de Dorian Gray* ont été lus et reprochés à l'auteur au cours des interrogatoires [45]. » Octave Mirbeau fut, lui aussi, de la partie en dénonçant, dans *Le Journal* du 16 juin 1895, l'aspect inhumain de la peine infligée à un être aussi sensible que Wilde. Mais c'est Stuart

Merrill qui se révéla cependant, en cette douloureuse affaire, le plus judicieux et le plus opiniâtre à la fois. Celui-ci, alerté par une lettre dans laquelle Robert Sherard, qui venait de rendre visite à Wilde, se disait horrifié par ce que leur ami endurait, fit part de ses inquiétudes, le 15 novembre 1895, à Léon Deschamps, alors directeur de *La Tribune libre* : « C'est un grand artiste que l'on tue en secret », lui confia-t-il tout en s'insurgeant contre le sort qui lui était réservé. Aussi lui proposa-t-il de publier dans son journal une pétition, à adresser à la reine Victoria, que n'auraient pas manqué de signer, pensait-il, les plus grands noms de l'intelligentsia française. Une sorte de manifeste des intellectuels, en somme, calqué sur le *J'accuse* d'Émile Zola en faveur d'Alfred Dreyfus, autre célèbre affaire à l'époque, avec, en bas de page, les signatures d'écrivains aussi prestigieux, outre Zola, que Proust, Mallarmé, Verlaine, Heredia, Barrès, Alphonse Daudet, Paul Fort, François Coppée ou Jules Renard. Face à un procès aussi problématique que celui de l'homosexualité, beaucoup refusèrent de s'engager et la pétition resta lettre morte...

Il n'est pas jusqu'à Gide, lequel fut un des premiers à stigmatiser ce « scandaleux procès intenté contre Wilde [46] », qui ne dût se résigner, lui aussi, à rentrer, à l'instar de bon nombre de ses pairs, dans le rang : ce rang hors duquel Wilde, l'un des plus grands esprits de son temps, avait cru à tort pouvoir sortir, nanti de son seul génie littéraire, indemne. Oscar Wilde, suffisamment connu en tant qu'écrivain pour que sa punition fût brandie à titre d'exemple au peuple, mais pas assez puissant d'un point de vue socio-politique pour que sa personne fût inattaquable ni même épargnée, était, aux yeux de la société victorienne comme de la morale de son époque, le parfait bouc émissaire.

La geôle de Reading :
De profundis clamavi

Doux Christ ! Les murs mêmes de la prison
Soudain semblèrent chanceler,
Et le ciel sur ma tête se changea
En un brûlant casque d'acier.

OSCAR WILDE,
La Ballade de la geôle de Reading[1]

Il ne lui restait qu'un peu plus de cinq années à vivre lorsque Wilde, alors âgé de quarante ans, fut enfermé, à partir du 28 mai 1895, dans la prison de Pentonville, laquelle, bien plus dure que celles de Holloway ou de Newgate, avait été spécialement conçue, à l'époque, pour les forçats les plus récalcitrants. Ainsi, une fois arrivé en ce pan d'enfer sur terre, le nouveau détenu fut-il contraint de se soumettre, humilié et comme déjà rappelé à l'ordre, aux formalités d'usage. Il dut se déshabiller complètement, remettre ses vêtements et objets personnels à un gardien, puis se laisser ausculter, nu comme un ver, jusqu'aux parties les plus intimes de son corps. Un autre surveillant, tout aussi taciturne, prit ensuite note de ses signes particuliers. On lui rasa également les cheveux, comme à un vulgaire bagnard, puis on l'obligea à prendre un bain dans une eau froide et trouble. Enfin, suprême honte, on lui remit son hideuse tenue de prisonnier — le tristement célèbre pyjama rayé — avant de l'emmener, menottes aux poings et fers aux pieds, dans une cellule, exiguë et sans fenêtres, où régnait, privée de toute aération, une odeur pestilentielle. Et pour cause : c'était un simple seau d'aisance, rouillé et poreux, qui servait, en cet obscur taudis, de toilette !

Le lit n'était guère plus confortable : une planche de bois, sans matelas, recouverte de deux draps sales et d'une vieille couverture mangée par les mites. Quant à la nourriture, elle était particulièrement épouvantable : un brouet de bouillie d'avoine, comme on en donnait aux chevaux de trait, accompagné d'un quignon de pain noir. Cet incroyable état de déchéance, Wilde l'évoque, avec une force inégalée, dans *De profundis* :

Après ma terrible condamnation, quand j'eus revêtu l'habit de prisonnier, et que la prison se fut refermée sur moi, je me retrouvai assis parmi les ruines de ma vie merveilleuse, écrasé d'angoisse, hébété de terreur, étourdi de douleur [2].

C'est donc du fin fond de pareille misère que Wilde dut accomplir, pendant tout le premier mois de cette période d'emprisonnement, le plus éprouvant, tant sur le plan mental que physique, de ses travaux forcés : le *treadmill*, ou « moulin de discipline », énorme roue de bois que le détenu, debout à l'intérieur, était obligé de faire tourner continuellement, six heures par jour, en actionnant, à l'aide de ses pieds nus, de petites palettes mobiles. Ce dispositif barbare, proche de l'instrument de torture, Sir Edward Clarke, l'avocat de Wilde, le décrivit comme suit :

Figurez-vous une immense roue à l'intérieur de laquelle se trouvent des marches circulaires. Oscar Wilde, placé sur une des marches, fait mouvoir aussitôt la roue à l'aide de ses pieds. Les marches se succèdent sous son pas à un rythme rapide et régulier. Ses jambes sont soumises à un mouvement précipité qui produit une fatigue énervante et affolante au bout de quelques minutes. Mais il dit maîtriser cette fatigue, cet énervement, cette souffrance, et il lui faut continuer à jouer des jambes sous peine d'être renversé, enlevé et projeté par l'action même de la roue. Cet exercice fantastique dure un quart d'heure. On donne à Wilde cinq minutes de repos. Puis l'exercice recommence pour une durée totale de six heures[3].

C'est dire, au vu de semblable description, si Octave Mirbeau avait raison de comparer cette épreuve particulièrement cruelle à l'un de ces infâmes supplices médiévaux. Voici ce qu'il écrit dans un article du *Journal* du 16 juin 1895 qui suscita une juste indignation auprès des défenseurs de l'écrivain : « La vision de cet infortuné, et de mille autres martyrs obscurs, tournant la roue du supplice, avec cette terreur constante de la mort si à bout de force, à bout de courage, ils s'arrêtent un instant de tourner, m'obsède comme un affreux cauchemar. Et rien n'y manque, pas même la face louche et rasée du *clergyman*, remplaçant ici le moine à cagoule, et qui vient chaque jour parler à ces êtres douloureux de la justice des hommes et de la bonté de Dieu[4]. »

Mais bien d'autres types de corvées, tout aussi

aberrantes, furent imposées à Wilde. Ainsi le força-t-on à transporter, d'un bout à l'autre d'une cour, des boulets de canon qu'il devait ensuite amonceler en une série de piles parfaitement symétriques, avant de les défaire pour les reconstruire, en une suite de gestes tout aussi absurdes, une nouvelle fois. Et puis, non moins abrutissant, expliqua enfin Clarke, Wilde, seul dans sa cellule, fut encore contraint de « procéder pendant un certain nombre d'heures, assis sur son escabeau, à la réduction en tous petits morceaux d'énormes cordes goudronnées, de ces cordes dont on se sert pour amarrer les navires. Il fait ce travail à l'aide d'un clou et de ses ongles. Travail pénible, atroce, fait pour déchirer et abîmer irrémédiablement les mains[5] ».

Inutile de préciser qu'un très petit nombre de condamnés seulement survivaient à ce régime particulièrement éreintant. Et cela d'autant plus que, comme pour mieux l'isoler encore et diminuer ainsi de manière plus efficace sa capacité de nuire, tout en augmentant son sens de la culpabilité, toute correspondance comme toute visite lui furent, pendant les trois premiers mois de son incarcération, interdites. On ne daigna même pas l'informer, tenu au secret qu'il était, de la parution sous forme de livre, le 30 mai 1895, de son *Âme de l'homme sous le socialisme*. Quant à la lecture, seule celle de la Bible et des livres de prières destinées à la repentance lui fut, pendant cette période, autorisée. Le pénitencier de Pentonville, comme tout établissement de ce genre, était doté lui aussi d'une bibliothèque, mais dont les étagères étaient constituées, pour l'essentiel, d'ouvrages cléricaux que le détenu ne pouvait emprunter, à raison d'un par semaine, qu'après un avis favorable de l'aumônier.

C'est dire si tout ici était mis en œuvre, depuis les travaux forcés jusqu'aux offices religieux, auxquels tout prisonnier était tenu d'assister chaque matin sous peine de cachot en cas de refus, pour faire ployer les individus.

Wilde, que sa sensibilité d'âme et des années de dandysme avaient rendu particulièrement vulnérable face à la laideur du monde, supporta mal ces terribles conditions de vie. Insomniaque et sous-alimenté, il ne tarda pas, victime également du manque d'hygiène, à tomber malade, souffrant d'infections intestinales, de diarrhées, et de violents accès de fièvre, à un tel point qu'il n'était pas jusqu'à ses gardiens qui ne craignissent, à le voir ainsi prostré dans l'obscurité de sa cellule, pour sa santé mentale. Wilde, qui dépérissait à vue d'œil, songea, en ces heures d'effroi, au suicide. Une expertise fut ordonnée. Mais le médecin de ce lieu infâme s'arrangea pour établir un diagnostic trafiqué : Wilde était, selon lui, tout à fait capable de faire tourner, à l'aide de ses seuls mollets, ce moulin disciplinaire.

Mais, alors même qu'il s'apprêtait à mettre un terme à sa vie, il reçut une aide soudaine lors d'un événement non dénué d'importance. Richard Burdon Haldane, député libéral que le ministre de l'Intérieur avait chargé d'enquêter sur l'administration pénitentiaire, vint, en ce début de juin 1895, rendre visite à Wilde, qu'il avait rencontré autrefois et dont il appréciait le talent littéraire. Ému par son sort tant il l'avait trouvé amaigri et désespéré, il lui proposa, dérogeant à la règle, de lui procurer quelques livres dont ils auraient établi la liste. Non pas, certes, les ouvrages mis à l'index, mais, tout de même, certains à la qualité philosophique indiscutable. Et Wilde de recevoir alors, entre juillet et septembre 1895, les livres demandés : quinze volumes, dont les *Confessions* de saint Augustin, les *Pensées* de Pascal et des essais de John Henry Newman et de Walter Pater, deux de ses principaux maîtres à penser lorsqu'il était étudiant à Oxford.

La dure vie carcérale de Wilde, alors momentanément distrait de ses idées les plus noires, poursuivait cependant, implacable, son cours. Ainsi fut-il transféré, le 4 juillet 1895, à la prison de Wandsworth, où les conditions de détention n'étaient guère moins exécrables, bien au contraire : « La prison de Wandsworth est la pire de toutes. Il ne peut exister de pire cachot au fin fond de l'enfer [6] », confia-t-il quelques années plus tard à Frank Harris. Son état de santé physique, de plus, continuait de se détériorer. D'autant qu'il fut alors victime d'un accident qui, faute de soins appropriés, lui laissa, jusqu'à la fin de sa vie, de graves séquelles.

Cela se passa, le 13 octobre 1895, dans la chapelle de la prison de Wandsworth. Wilde y était allé pour se recueillir, mais, en proie à de subites pertes d'équilibre étant donné son état de faiblesse, il y fit une chute lors de laquelle, se cognant la tête contre le coin d'un banc, il se blessa gravement à l'oreille droite. Le tympan fut atteint, perforé, et l'hémorragie assez abondante, mais ainsi qu'en témoigna Robert Sherard lorsqu'il vint lui rendre visite à l'infirmerie du pénitencier, il ne fut pas correctement soigné : « Il n'est plus qu'une épave, et il affirme qu'il ne va pas tarder à mourir. » Wilde, qu'un début de folie guettait, tant il était dépressif, n'était alors déjà plus que l'ombre de lui-même. Cette douleur à l'oreille ne le quitta plus jamais, tantôt supportable, tantôt lancinante, jusqu'à ce que, une otite étant venue aggraver subitement les choses au soir de sa vie, une terrible infection, ajoutée à une recrudescence de cette syphilis qu'il avait contractée dans sa jeunesse, l'emportât, cinq ans après.

Rien d'étonnant, donc, à ce qu'un de ces forçats de Wandsworth, ému lui aussi par cet état de déchéance dans lequel l'écrivain semblait ainsi sombrer irrémédiablement, lui murmure un jour, alors qu'ils effectuaient leur ronde dans la cour de la prison, cette phrase emplie de compassion : « Je vous plains. C'est plus dur pour des gens comme vous que pour nous[7] ! » Mais même cette simple réflexion, si inoffensive fût-elle, Wilde dut la payer, aux yeux de ses tortionnaires. Car, touché à son tour par ces mots miséricordieux, il lui répondit aussitôt, enfreignant ainsi cette interdiction de parler entre prisonniers, que « tout le monde, en cet endroit, souffrait de la même façon[8] ». Un maton l'ayant alors surpris en train de dialoguer avec un autre détenu, le condamna à trois jours de mitard, avec pour seule nourriture du pain rance et de l'eau poisseuse.

Et Bosie, lui, que devenait-il pendant que son ancien amant, le grand Oscar Wilde, naguère le plus dandy des dandys d'Angleterre, croupissait ainsi seul, pour l'avoir trop chéri et aimé envers et contre tout, au fond de sa geôle ? Toujours aussi insouciant, sinon indifférent au sort de son ami, il bronzait au soleil, en compagnie de jeunes gens, dans le sud de l'Italie, sur les plages de la baie de Naples. Désireux d'acquérir quelque notoriété littéraire, il caressait même l'ambitieux mais inquiétant projet d'écrire, pour *Le Mercure de France*, un texte consacré à l'« affaire Wilde », où auraient été annexées les fameuses lettres incriminées, si intimes et si personnelles. Wilde, que Bosie n'eut jamais la décence de consulter sur ce point, mais que Sherard avait eu l'intelligence d'informer, s'y opposa fermement, indigné qu'il était à l'idée de voir ainsi cette partie de sa vie la plus secrète jetée aussi vulgairement, sans la moindre pudeur, à la face d'un public avide de seules sensations. C'est là ce qui ressort, une fois encore, de son *De profundis* :

Robert Sherard [...] me dit que [...] tu es sur le point de publier un article sur moi accompagné d'extraits de mes lettres. Il me demande si cela répond [...] à un souhait de ma part. Je fus grandement surpris et très irrité, et donnai l'ordre qu'on empêchât tout cela immédiatement. [...] Que tu aies pu [...] te proposer de publier une sélection des lettres restantes me parut proprement incroyable. [...] Ce furent les premières nouvelles que j'eus de toi. Elles me déplurent [9].

Heureusement le livre d'Alfred Douglas ne vit jamais le jour. Puis ce fut au tour de Constance, qui avait entre-temps adopté le patronyme de « Holland », deuxième prénom de son frère Otho, car le nom de Wilde était désormais fort encombrant pour elle et ses deux enfants. Le 21 septembre 1895, n'écoutant comme toujours que son cœur et prenant encore une fois son courage à deux mains, elle put enfin aller le voir, quoique séparée de lui par un double grillage, à la prison de Wandsworth, où elle en profita pour lui montrer quelques photos de leurs deux enfants, que Wilde contempla, silencieux, en fondant en larmes.

Bien que ravagée par le chagrin, Constance trouva encore, espérant que son mari allait enfin s'amender, le moyen de se rassurer. Toujours aussi ingénue et se berçant d'illusions, elle confie à Sherard : « Oscar dit qu'il s'est comporté comme un fou, pendant ces trois dernières années, et que, s'il voyait Douglas, il le tuerait [10]. »

Mais c'est à un événement plus pénible encore, auquel Wilde, que cette visite impromptue de sa douce femme n'avait déjà que trop perturbé, fut confronté quatre jours plus tard. Le 25 septembre 1895, le tribunal des faillites prononça, après leur vente aux enchères, la liquidation de tous ses biens : tribunal devant lequel il fut obligé de se présenter près de deux mois après, le 12 novembre, pour s'entendre notifier de vive voix cette définitive disgrâce de sa personne ! Tétanisé par ce destin qui s'acharnait sur lui avec tant de cruauté, il s'enfonça à nouveau dans de graves et profondes crises de neurasthénie. Alarmé par son profond état de prostration, où le mutisme le plus complet le disputait à l'apathie la plus totale, le directeur de la prison en vint à penser qu'il était peut-être en train de perdre la raison. Il fit donc appeler deux psychiatres alors affectés à l'asile d'aliénés de Broadmoor, lesquels, tout en insistant sur le fait que Wilde ne souffrait d'aucune déficience mentale, malgré ces symptômes de dépression nerveuse, préconisèrent toutefois, afin que son moral ne s'effondrât pas davantage, un changement d'atmosphère, en dehors de Londres si possible, le tout assorti, en guise de thérapie, d'activités comme le jardinage ou la reliure.

Oscar Wilde, après six mois passés, enchaîné, dans les pénitenciers de Pentonville et de Wandsworth, fut transféré, le 20 novembre 1895, et sur avis médical, à la prison de Reading, où il finira sa peine, en cet autre lieu de misère, après un an et demi de réclusion.

C'est durant le trajet qui le menait jusqu'à sa nouvelle prison que Wilde, surveillé par deux policiers armés, eut à subir l'humiliation la plus douloureuse de ces deux années d'emprisonnement. Cela se passa sur le quai central de la gare de Clapham Junction, où, en tenue de bagnard et menottes aux poignets, il fut contraint d'attendre, pendant une demi-heure, le train pour Reading. La foule l'ayant reconnu, il dut faire face à une avalanche de quolibets plus monstrueux les uns que les autres, à un torrent d'insultes et de sarcasmes auxquels il ne pouvait répondre. Affront suprême : un homme lui cracha même au visage.

Une fois arrivé à destination, il découvrit, terrifié, la prison : une sorte de laide et massive forteresse de brique rouge dont les hauts murs d'enceinte, tous garnis de meurtrières par où ne filtrait qu'une pâle lueur, étaient surmontés de fils de fer barbelé et de tourelles abritant des sentinelles. C'est son directeur, l'austère et bourru Henry B. Isaacson, militaire à la retraite dont Frank Harris dit qu'il était « presque inhumain », qui le reçut en

premier, fier qu'il était d'avoir été choisi pour
« rééduquer » ce célèbre détenu, avant de l'emmener aussitôt, après qu'on lui eut à nouveau tondu
la tête, dans sa cellule : la troisième du troisième
étage du bloc « C »... raison pour laquelle Wilde
fut alors affublé, ayant définitivement perdu là
toute identité, du matricule C.3.3 !

Certes les conditions de détention n'étaient-elles
guère plus favorables, à Reading, qu'à Pentonville
ou à Wandsworth, et Wilde, dont l'esprit foncièrement rebelle répugnait toujours autant à obéir aux
ordres de ses geôliers, éprouvait les mêmes difficultés à accomplir ses corvées journalières, comme
d'éplucher les patates, balayer les couloirs ou net-
toyer sa cellule. Et s'il avait maintenant le droit de
lire quelques heures par jour, il lui était toujours
interdit d'écrire. Mais cela ne représentait toutefois
que peu de chose encore, au regard de cet autre malheur qui, trois mois après son arrivée à Reading,
vint s'abattre sur lui : la mort, le 3 février 1896, de
sa mère, Lady Wilde, à laquelle, souffrante et alitée, le ministère de l'Intérieur refusa l'autorisation
de voir une dernière fois son fils avant de s'éteindre.
Cette triste nouvelle, qui ne fit que l'accabler davantage encore, le remplissant d'une indicible douleur
ainsi qu'il le répétera à Bosie du fin fond de son
infecte geôle, c'est Constance elle-même qui, deux
semaines plus tard, le 19 février, vint la lui annoncer. Elle s'était pour cela déplacée de Gênes, où elle
vivait désormais et où elle allait, elle aussi, bientôt
mourir, rongée par les séquelles d'une mauvaise
chute dans les escaliers de sa maison :

On me transfère ici. Trois autres mois s'écoulent, et ma mère meurt. [...] Je l'aimais et l'honorais. Sa mort fut si terrible pour moi que [...] je ne trouve pas de mots pour exprimer ma souffrance et ma honte. [...] Ce que je souffris alors, et que je souffre encore, il n'est pas de plume pour l'écrire, ni de papier pour l'y consigner[11].

Mais Wilde, en ces premiers jours de deuil, savait-il, tout absorbé qu'il était par le deuil de sa chère mère, à quel point, seul et malade, il était lui-même proche de sa propre fin, ainsi que Constance, frappée par cet indescriptible état de décrépitude dans lequel se trouvait son mari, l'écrivit, après cette douloureuse visite, à son frère Otho : « Je fus mercredi à Reading et vis le pauvre Oscar. On dit qu'il se porte bien, mais c'est un véritable squelette en comparaison de ce qu'il était[12]. » Ce fut là l'ultime vision que Constance eut d'Oscar puisqu'elle disparut à son tour, deux ans plus tard, le 7 avril 1898.

Heureusement pour Wilde, tout ne fut pas aussi sombre lors de ce séjour à Reading. Un événement d'importance vint même, en ce morne hiver, l'éclairer quelque peu : la première parisienne, le 11 février 1896, au Théâtre de l'Œuvre * et dans une mise en scène de Lugné-Poe, de sa *Salomé*. Bien que ce ne fût pas Sarah Bernhardt qui en interpréta le rôle-titre, trop occupée qu'elle était à soigner son image de marque en ne se compromettant point avec un dramaturge aussi honni en son pays, cette pièce recueillit un tel succès, auprès du public français, que la presse anglaise ne put que s'en faire l'écho. Les geôliers d'Oscar Wilde s'étant enfin

* Son ami Stuart Merrill en était l'administrateur.

rendu compte de l'incontestable génie littéraire qu'ils avaient en face d'eux, commencèrent d'infléchir leur attitude à son égard. Mieux : il fut même autorisé, dans la foulée, à écrire à ses proches, ainsi que l'atteste cette lettre qu'il adressa un mois après, le 10 mars 1896, à Robert Ross : « Voulez-vous écrire à Stuart Merrill à Paris, ou bien à Robert Sherard, pour leur dire combien je suis content de la représentation de ma pièce — et envoyer mes remerciements à Lugné-Poe ; il est précieux qu'en ce temps de disgrâce et de honte je puisse encore être considéré comme un artiste. Je voudrais en éprouver plus de plaisir ; mais il me semble que je sois mort à tout sentiment, excepté ceux d'angoisse et de désespoir [13]. »

De même, d'un commun accord avec le ministère de l'Intérieur, qui lui refusa cependant une remise de peine ainsi qu'un pourvoi en cassation, le directeur de la prison l'autorisa à reprendre la lecture de quelques-uns de ses écrivains favoris, comme les poètes grecs et latins. C'est son ami More Adey qui lui fit parvenir les livres.

Mais ce que l'on apprend surtout dans cette missive que Wilde envoya à Ross, et où il affirme encore, toujours aussi tourmenté, avoir « horreur ici de la mort, avec une horreur encore plus grande de vivre dans le silence et le malheur [14] », c'est que l'indulgente Constance, en qui il y disait avoir « pleine confiance », s'était engagée à lui léguer, le jour où elle mourrait et ainsi que le prévoyait leur contrat de mariage, sa demi-part d'usufruit. Une somme d'argent correspondant à une sorte de pension à vie, si modeste fût-elle au regard de ses besoins, qu'il était censé toucher, dès sa sortie de prison, et cela jusqu'à son propre décès.

Ross, à cette époque-là, ne fit cependant pas qu'apporter de bonnes nouvelles à Wilde ainsi que le prouvent le contenu, et le ton très sec, de cette autre lettre que ce dernier lui adressa, irrité comme il le fut rarement en son existence, le 30 mai 1896. Ce que Ross lui avait annoncé, peu de jours auparavant, ne pouvait que le chagriner : Bosie, toujours aussi soucieux de réapparaître sous les feux des projecteurs mondains plus encore que littéraires, nourrissait un projet tout aussi malvenu que celui qu'il avait naguère envisagé pour *Le Mercure de France* : lui dédier un recueil de poèmes qu'il venait de composer... Une offre que Wilde, de plus en plus déçu par le comportement de celui qu'il appelait à présent du simple nom de Douglas, comme s'il tenait à marquer ainsi une réelle prise de distance vis-à-vis de lui, déclina le plus fermement du monde :

Cher Robbie, [...] vous m'avez dit que Douglas allait me dédier un volume de poèmes. Voulez-vous lui écrire au plus vite pour lui notifier de n'en rien faire. Je ne pourrais accepter ni permettre pareille dédicace. L'offre en est révoltante et grotesque[15].

Il lui demandait instamment, toujours aussi contrarié, que Bosie lui remît, « scellées » avant que d'être « détruites » s'il venait à mourir en prison, toutes les lettres, « sans exception », qu'il lui avait écrites, ainsi que tous les cadeaux qu'il lui avait faits ! Et de conclure, ce qui sonnait comme un acte de rupture définitive :

L'idée qu'il porte ou possède encore quelque chose que je lui ai donné [...] m'est [...] odieuse. Je ne puis [...] me débarrasser des révoltants souvenirs des deux ans où j'eus le malheur de l'héberger chez moi, ni des procédés par lesquels il me précipita dans cet abîme de ruine et de disgrâce pour favoriser la haine qu'il avait pour son père et autres ignobles sentiments. Mais je ne veux pas qu'il reste en possession de mes lettres et de mes cadeaux. Même si je sors de cet odieux endroit, je sais que je ne pourrai plus mener qu'une vie de paria — dans le déshonneur, la misère et le mépris ; mais, au moins, je n'aurai plus aucun lien avec lui ni ne le laisserai m'approcher[16].

Vœu pieux lorsque l'on sait avec quel empressement, sinon quelle frénésie, Wilde, à peine sorti de Reading, retourna se jeter, tel un mouton dans la gueule du loup, dans les bras de celui qui l'avait mené, en effet, à sa perte !

Mais, en attendant, il lui fallait encore passer un an, très exactement, derrière les barreaux. Car aucune des quatre requêtes qu'il introduisit successivement, entre le 2 juillet 1896 et le 22 avril 1897, auprès du ministre de l'Intérieur, Sir Matthew White Ridley, en vue d'obtenir sa libération anticipée, n'aboutit bien qu'elles fussent toutes dictées par un sincère et émouvant *mea culpa* où il avouait, au terme de ce qu'il appelait là une « supplique », sa terreur de sombrer, au terme de cette dégradation morale et physique dont il se disait la proie, dans la folie, sinon la démence.

Car sa cellule de Reading comportait un autre terrible élément de souffrance. Ses murs uniformément blancs, peints à la chaux vive, étant éclairés, toute la nuit durant, par des flammes alimentées par des becs à gaz, Wilde, à force d'épuiser ses yeux sous les réverbérations de cette lumière constante et privé ainsi de tout véritable repos, craignait de devenir aveugle.

À cette interminable série de déconvenues, où vindicte populaire et intransigeance disciplinaire concoururent pour en accentuer toute l'amertume, s'ajouta, le 7 juillet 1896, un événement qui bouleversa Wilde : la pendaison, à l'âge de trente ans, de Charles Thomas Woolridge, cavalier de la Garde royale qui avait été condamné à mort, malgré son repentir, pour avoir égorgé le 29 mars de la même année son épouse adultère. C'est cette exécution capitale qui inspira à Wilde, bien qu'il affirmât plus tard à Ross que cette idée « avait commencé à se cristalliser en lui pendant qu'il se levait au tribunal pour entendre sa sentence [17] », sa *Ballade de la Geôle de Reading*. Sa dernière œuvre mais surtout, malgré sa longueur inhabituelle, l'un des poèmes les plus poignants de la littérature du XIXᵉ siècle, composé entre les mois de juillet et octobre 1897.

Mais s'il est exact que c'est avec cette admirable *Ballade* que Wilde immortalisa, fût-ce pour le pire, la prison de Reading, il est encore bien plus vrai que c'est grâce à un autre texte, écrit du plus profond de cette ténébreuse geôle, qu'il passa à la postérité : son *De profundis*, par sa dimension christique, l'immense piété qui s'en dégage et cette profonde humanité dont il est empreint, est considéré par d'aucuns comme une sorte de « cinquième évangile ». Et ce même si, rédigé sous la forme d'une lettre adressée à cet amant qui ne vint jamais le voir pendant ces deux années d'emprisonnement, c'est à une « épître », plus qu'à une longue confession ou un succédané d'autobiographie, qu'il ressemble. Preuve en est ce fait que son titre original, rédigé en latin, en était *Epistola : In carcere et vinculis*. Ce n'est que bien plus tard, lors de sa publication posthume, en février 1905 et en une version expurgée de ses plus rudes attaques contre Douglas étant donné l'éventuel procès en diffamation que celui-ci aurait pu lui intenter, que Robert Ross, le légataire littéraire de Wilde, lui conféra le titre définitif de *De profundis*. Quant à sa version complète, conforme au manuscrit autographe, elle ne parut qu'en 1962 après bien des péripéties éditoriales, soit soixante-cinq ans après sa rédaction !

C'est le major James Osmond Nelson, nommé, en juillet 1896, directeur de la prison de Reading, qui, sensible à la détresse de certains de ses détenus, permit à Wilde, en lui procurant plume, encre et papier, d'écrire pendant deux mois d'affilée, entre janvier et mars 1897, ce qui allait donc devenir, outre son chef-d'œuvre littéraire, son testament spirituel : *De profundis*.

Bien plus qu'un réquisitoire adressé à l'encontre de son amant d'autrefois, fût-il truffé d'implicites déclarations d'amour, c'est la plus spectaculaire des conversions religieuses — une sorte de *Vita nova* comme, paraphrasant Dante, Wilde la qualifie — que ce texte donne à voir, via cette continuelle imbrication entre apologie du christianisme et éloge de l'individualisme. Car s'y trouve résumée, en fait, la dynamique de son propre parcours existentiel, particulièrement complexe puisqu'il est un mixte, typique du dandysme, d'hédonisme épicurien et d'ascèse stoïcienne. Bien plus : c'est dans la figure du Christ, dont il soutient qu'elle est la forme sublimée, tout en demeurant concrète, de l'Art, que Wilde se reconnaît, jusqu'à s'y identifier, le plus volontiers ! Ainsi y affirme-t-il, synthétisant quelques-unes des idées, dont sa théorie de l'individualisme, contenues en son *Âme de l'homme sous le socialisme* :

C'est l'âme de l'homme que Jésus recherche [...]. Jésus ne fut pas seulement l'individualiste suprême, il fut également le premier individualiste de l'histoire. [...] Dans sa conception de la vie, il est à l'unisson de l'artiste [...] [18].

Quant à la raison pour laquelle Wilde s'y emploie à assimiler cette figure du Christ à celle de l'Artiste, elle trouve son explication dans ce fait que Jésus représenterait, à ses yeux de nouveau converti, le précurseur tout autant que l'incarnation de l'idéal romantique en tant que processus lié à cette éminente faculté intellectuelle qu'est l'imagination : c'est même là ce qui le distingue, ainsi qu'il le spécifia jadis à Gide lors de l'un de ses séjours parisiens, de l'art classique :

J'éprouve un vif plaisir à songer que, bien avant que la douleur ne se soit emparée de mes jours et ne m'ait attaché à sa roue, j'avais écrit dans *L'Âme de l'homme* que celui qui souhaite imiter la vie du Christ doit être entièrement [...] lui-même [...]. Je me rappelle avoir dit à André Gide, alors que nous étions assis ensemble dans un café parisien, que si la métaphysique ne présentait [...] pour moi qu'un faible intérêt, et la morale absolument aucun, en revanche il n'y avait rien de ce qu'avait dit Platon ou Jésus qui ne pût être transféré [...] dans la sphère de l'art [...]. Nous pouvons discerner dans Jésus cette union intime de la personnalité et de la perfection qui [...] fait du Christ le vrai précurseur du mouvement romantique [...]. Le fondement [...] de sa nature était le même que celui de la nature de l'Artiste, à savoir une imagination intense [...] [19].

Reste à savoir comment expliquer ce subit quoique tardif retour de ses anciennes amours, que l'on croyait défuntes au regard de cette vie de débauché qu'il ne cessa de mener avec Bosie. Sans doute faut-il y voir un penchant réel pour ce christianisme, dont il préféra toujours le credo, en ses jeunes années, au détriment, par-delà ses origines sociales, de la vision protestante du monde. Serait-ce que ce sentiment de culpabilité dont étaient friands ses geôliers a finalement réussi à faire son œuvre, au faîte de cette rédemption quasi exemplaire, remettant soudain sur le droit chemin un être pourtant rebelle à toute autorité, à l'esprit longtemps épris de transgression et, comme tel, damné d'entre les damnés ? La réponse est apportée par Wilde lui-même dans une lettre qu'il écrivit à Ross le 1er avril 1897 : cette *Epistola*, en plus d'« expliquer [s]a conduite vis-à-vis de Queensberry et d'Alfred Douglas », « contient aussi certains passages qui traitent de [s]on évolution mentale en prison, de l'inévitable évolution qui s'est produite dans [s]on caractère et dans [s]on attitude envers la vie [20] ». C'est un fait, les lectures que le brave Nelson l'autorisa à faire ne furent certes pas étrangères à cette conversion, unique dans les annales de la littérature universelle, puisque c'est surtout la *Vie de Jésus* d'Ernest Renan, plus encore que ses poètes favoris (parmi lesquels émerge Dante, dont il lut là, en italien, *La Divine Comédie*), qu'Oscar Wilde se mit alors à étudier avec assiduité, en plus d'une biographie de ce grand mystique que fut saint François d'Assise.

Bien d'autres lectures, nettement plus profanes celles-là, vinrent encore illuminer les derniers jours que Wilde passa en prison : les journaux que lui apportait chaque matin Thomas Martin, ce modeste mais bon gardien de Reading qui le prit en sympathie, ainsi que des essais et des romans que More Adey lui envoyait toujours, à sa demande, sans jamais faillir à sa tâche, excepté pour les livres de Swinburne et de Huysmans qui, jugés « inopportuns », lui furent systématiquement refusés par le ministère de l'Intérieur. Wilde pria également Adey de lui faire parvenir la correspondance de Rossetti, dans laquelle malgré ces années passées dans la « Maison de la Douleur » comme il définit Reading en son *De profundis*, il apprit avec un plaisir non dissimulé que ce peintre préraphaélite qu'il aimait tant avait jadis apprécié le *Melmoth ou l'Homme errant* de son grand-oncle maternel par alliance, Charles Maturin.

Wilde, durant les dernières semaines qu'il passa à Reading, se montra encore choqué qu'on y fouettât un détenu, dont il entendit résonner les cris, pour cette seule raison qu'il avait simulé la folie, ou qu'on osât y enfermer trois enfants pauvres parce qu'un garde-chasse les avait surpris en train de braconner quelques lapins sauvages. Autant de scandales qu'il dénonça avec vigueur, dès sa libération, dans sa première *Lettre sur la prison*, publiée, le 27 mai 1897, dans le *Daily Chronicle*.

De même Wilde, désormais d'une extrême susceptibilité, s'indigna-t-il, auprès de Ross, de la précarité de sa situation financière. Car un profond désaccord, portant sur l'usufruit de la dot de son épouse, subsistait, malgré cette générosité dont elle avait toujours fait preuve à son égard. Oscar, en cas de décès prématuré de celle-ci, on le sait, était censé bénéficier, jusqu'à la fin de sa vie, de revenus annuels de huit cents livres. C'est en ce sens, du moins, que Ross et Adey, qu'il avait mandatés pour défendre ses intérêts auprès du notaire Hansell, œuvrèrent tout au long de ce litige qui, face au déclin de la santé de sa femme, apparut peu de temps avant sa libération. Constance, qui se sentait suffisamment lésée par le comportement de son mari, prit cependant fort mal la chose. Vexée par pareille ingratitude, elle faillit demander le divorce, ne faisant que suivre là le conseil de ses avocats. Oscar, certes, ne s'y opposait pas, mais cela n'aurait fait, cependant, qu'aggraver sa propre position dans la mesure où ce divorce n'aurait pas manqué de relancer, aux yeux de la société victorienne, les accusations dont l'avait accablé Queensberry. Un compromis à l'amiable fut donc trouvé : Oscar renonçait à un intérêt à vie sur les revenus de sa femme, lesquels iraient naturellement à ses deux enfants, tandis que Constance abandonnait tout projet de divorce. Seule une séparation officielle fut donc prononcée entre les deux époux. Quant à Wilde, il ne recevrait, comme cela avait été initialement prévu dans leur contrat de mariage, qu'une rente annuelle fixée à cent cinquante livres : de quoi subvenir à ses besoins matériels.

Une série de clauses draconiennes furent toutefois posées à ce qui ne ressemblait plus là qu'aux débris d'une vague et froide « entente cordiale » : Wilde devait abandonner ses droits paternels au profit de l'un des cousins de Constance, Adrian Hope ; accepter de quitter le pays et de vivre dorénavant à l'étranger, loin de ses fils, afin que son existence dissolue ne pût exercer sur eux aucune influence néfaste ; promettre, enfin, de ne plus avoir aucune relation que ce fût avec sa femme. Pis : son allocation lui serait immédiatement supprimée si, d'aventure, il renouait avec des « compagnons de mauvaise réputation »… manœuvre, celle-ci, destinée à l'empêcher de revoir Bosie !

C'est ainsi qu'afin d'éviter une situation bien plus pénible encore, comme celle de se retrouver sans le sou, Wilde fut finalement contraint, la mort dans l'âme et en plein désarroi, de signer, le 15 mai 1897, quatre jours seulement avant sa libération, laquelle advint officiellement le 19 mai, cet acte juridique notifiant sa séparation de Constance. Autant dire que, désormais privé de ses droits les plus élémentaires, il avait touché là, avec cette ultime dépossession de ses biens les plus chers, en l'espèce ses deux enfants qu'il n'avait pourtant jamais cessé d'aimer, le fin fond de la déchéance ! Plus cruellement lucide mais aussi plus désespérément seul que jamais, il écrit :

> Dans cette grande prison où j'étais alors incarcéré j'étais seulement le numéro et la lettre d'une petite cellule dans un long couloir, l'un des mille nombres sans vie et l'une des mille vies sans vie [21].

C'est dire, face à une aussi basse condition humaine, si le plus important pour Wilde, en ces jours, fut de s'atteler effectivement, soucieux qu'il était avant tout de corriger son image tout autant que de rétablir la vérité au regard de la postérité, à la rédaction de cette longue et minutieuse *Epistola* adressée à Bosie, et qu'il comptait bien lui expédier, une fois terminée, depuis Reading. Hélas cette nouvelle requête se heurta, elle aussi, à un énième refus de la part du ministère de l'Intérieur ! Le commandant Nelson fut néanmoins prié de conserver ce manuscrit afin de le remettre, intact, à son auteur dès sa sortie de prison. Ordre qui fut, en effet, parfaitement exécuté, le 18 mai 1897, date où Wilde quitta Reading.

Cette libération tant attendue, Wilde, malgré l'importance de ses déboires et sa compréhensible animosité, la prépara méticuleusement. Ainsi, désireux de soigner à nouveau son apparence physique, lui qui se sentait désormais « horrible, abîmé et grotesque », et de retrouver par là cette allure d'esthète qui avait été la sienne avant sa condamnation, demanda-t-il à More Adey de lui procurer, suivant une série d'indications vestimentaires extrêmement précises dont il lui fit part dans une lettre datée du 6 mai 1897, une garde-robe digne de ce nom. Et, de fait, cette sorte de catalogue du parfait dandy qu'il était resté malgré ces deux années d'abrutissement était impressionnante, fourmillant de détails quant au soin à apporter dans la confection de son *look*, sa nouvelle image publique. Mais ce qui tracassait Wilde, c'est qu'il lui semblait avoir « beaucoup grisonné » en prison. Il avait « l'impression d'avoir les cheveux quasiment blancs », confia-t-il à Adey. Aussi, comble de la coquetterie, le pria-t-il de lui procurer, en guise de teinture capillaire, « un produit merveilleux, dénommé *Koko Marikopas* [...] qui fait merveille pour tonifier les cheveux ».

Certes pourrait-on s'étonner, au vu de l'état de misère existentielle où ses juges l'avaient réduit, de cette preuve de frivolité à la veille de sa libération. Il en donne lui-même une explication des plus satisfaisantes : « Je tiens, pour des raisons psychologiques, à me sentir entièrement purifié physiquement des ordures et souillures de la vie de prison, de sorte que tous ces détails — pour futiles qu'ils puissent paraître — ont vraiment une énorme importance[22]. »

Wilde, à cette époque-là, se préoccupa aussi de savoir, en une correspondance qu'il échangea avec Reginald Turner, dans quelle ville étrangère il se rendrait, comme l'avaient exigé les avocats de Constance, au lendemain de sa libération. Aussi, après bien des atermoiements, ce fut Dieppe, localité située en bordure de Manche sur la côte française, qui fut choisi comme première destination.

Le matin du 18 mai 1897, Oscar Wilde, après avoir intégralement purgé sa peine, quitta donc, revêtu d'un vieux costume civil, la prison de Reading, devant la grille de laquelle l'attendaient deux journalistes. Il se vit ensuite conduit en diligence, escorté par deux gardiens, sa précieuse *Epistola : In carcere et vinculis* désormais sous le bras, à la gare de Twyford, d'où, accompagné de ces inséparables factionnaires, il prit le train pour Londres. Arrivé dans la capitale anglaise, il descendit dans une discrète station de banlieue, Westbourne Park, où une seconde voiture l'attendait pour l'emmener au pénitencier de Pentonville, où il passa une dernière nuit en cellule.

C'est en ce lieu entre tous maudit, là même où il s'éreinta à faire tourner son terrifiant moulin à discipline, que les mêmes surveillants qui l'avaient vu débarquer au lendemain de son procès, lui remirent alors, ponctuellement, les habits et objets personnels qu'il y avait laissés, deux ans auparavant, au début de son incarcération. Le lendemain, à six heures et quart du matin, ce 19 mai 1897, la levée d'écrou eut enfin lieu. Wilde était, définitivement, libre !

À sa sortie de prison l'attendaient, dans un fiacre, More Adey et Stewart Headlam, ce pasteur qui s'était proposé de verser la moitié de sa caution. Les retrouvailles furent aussi chaleureuses qu'émouvantes. Puis la voiture se dirigea directement chez Headlam, 31 Upper Bedford Place, dans le quartier de Bloomsbury, où Wilde se plongea aussitôt dans un bain chaud, changea immédiatement de vêtements et prit un copieux petit-déjeuner. Puis ce fut au tour des Leverson de venir le rejoindre, le matin même, dès qu'il arriva chez ce bon pasteur. Voici comment Ada se souvint, bien des années après, de cet instant où Wilde, qui n'avait rien perdu là ni de sa verve ni de sa galanterie, lui réapparut soudain, comme s'il revenait d'un long voyage, avec son habituel panache :

> Il entra en parlant, en riant, fumant une cigarette, les cheveux flottants, une fleur à la boutonnière et l'air nettement mieux portant, plus svelte et plus jeune que deux ans auparavant. Ses premiers mots furent : « Sphinx, comme il est merveilleux que vous ayez exactement su quel chapeau il convenait de porter à sept heures du matin pour accueillir un ami au terme de son absence » ! [...] Il tint quelque temps des propos légers, puis écrivit une lettre et la fit porter en fiacre à un monastère catholique voisin, demandant s'il pourrait y faire retraite pendant six mois. [...] Le messager revint et lui remit la réponse. [...] On ne pouvait l'accepter dans ce monastère sur une impulsion d'un moment. [...] En réalité, on le refusait. Alors il s'effondra en sanglotant amèrement [23].

C'est dire, à la lecture de cet exposé, si cette désinvolture qu'il afficha en cette circonstance était, en vérité, feinte, comme guidée par, outre son indéfectible besoin de plaire, la seule pudeur.

Wilde, rejeté désormais de toute part, y compris par ces institutions censées être les plus charitables, mais désavoué également par la plupart de ses pairs, y compris des esprits pourtant aussi subversifs que Whistler ou Pater, et donc irrévocablement mis au ban de la société, quitta, le jour même, l'Angleterre, qu'il ne reverrait plus jamais, pour se réfugier en France, dès l'aube de ce 20 mai 1897, où il mourra trois ans plus tard dans le dénuement le plus total. De ces premières et dramatiques heures de voyage vers ce définitif exil, plus qu'une illusoire liberté, c'est Robert Ross qui fit le récit le plus fidèle et le plus touchant :

Comme le vapeur entrait en glissant dans le port, la haute silhouette de Wilde, qui dominait les autres passagers, nous fut aisément reconnaissable, du grand Crucifix de la jetée où nous étions juchés. Cette balise avait pour nous une portée symbolique frappante. Nous nous élançâmes tout de suite vers le débarcadère : Wilde nous reconnut, nous fit un signe de sa main levée et ses lèvres décrivirent un sourire. Son visage avait perdu toute rudesse et il avait de nouveau l'air qu'il devait avoir eu à Oxford, au début, au temps où je ne le connaissais pas encore et qu'on ne lui vit plus que sur son lit de mort. Bien des gens, ses amis mêmes, trouvaient son aspect presque repoussant, mais la partie supérieure de son visage était extraordinairement intelligente et belle. Nous dûmes attendre la fin des irritantes formalités habituelles ; puis, de cette singulière allure éléphantine que je n'ai jamais vue à un autre, Wilde descendit majestueusement la coupée. Il portait à la main une grande enveloppe cachetée. « Voilà, mon cher Robbie, l'important manuscrit dont vous connaissez le contenu. » [...] Le manuscrit était évidemment celui du *De profundis* [24].

Ross fit ensuite une brève description, sans s'y attarder tant cet important détail lui fut pénible à relever, des bagages de Wilde. Ils étaient beaux et neufs certes, mais néanmoins marqués des douloureuses et indélébiles initiales suivantes : S. M. Celles-là mêmes de Sebastian Melmoth, son nouveau nom d'emprunt… à la fois « juif errant » et « martyr chrétien », tel cet éphèbe quasiment nu, le corps transpercé de flèches et les mains liées à son calvaire, qu'il avait jadis admiré, à l'orée de sa jeunesse, dans ce sublime mais cruel tableau de Guido Reni, *Saint Sébastien*.

Car c'était bien cela — un martyr errant, déchu

de son état civil même — qu'Oscar Wilde, alors âgé d'un peu plus de quarante-deux ans seulement, s'apprêtait à être, désormais, pendant les trois dernières années qu'il lui restait, confronté à l'opprobre et au bannissement, à vivre.

Fin de partie :
l'exil de Sebastian Melmoth

> *Je sais qu'au jour de ma libération je ne ferai que passer d'une prison à l'autre et, à certains moments, le monde entier me paraît aussi exigu que ma cellule et tout aussi terrifiant pour moi.*
>
> OSCAR WILDE,
> Lettre à Robert Ross [1]

L'un des gestes les plus tragiquement significatifs qu'Oscar Wilde, alias Sebastian Melmoth, accomplit, lorsqu'il débarqua à Dieppe, sa première terre d'exil, fut d'aller s'agenouiller, éploré, devant un arbuste qu'il enlaça, sans se rendre compte de son pathétisme, en l'embrassant. Une attitude qui, pour attendrissante qu'elle fût aux yeux de ses amis venus l'accueillir, ne faisait que leur révéler le profond état de détresse morale dans lequel il se trouvait au sortir de Reading. Preuve en est ce fait que Robert Ross, d'ordinaire si clément envers lui, ne le trouva pas, en la circonstance, « très drôle », notant au passage son « esprit puéril », fruit d'une « nature artificielle [2] ».

C'est la conjonction de ces deux traits de caractères, auxquels il convient d'ajouter sa propension à l'affabulation, qui fit que Wilde, tout absorbé qu'il était à savourer cette liberté retrouvée, put embellir à ce point son ancienne prison, ainsi que Ross, poursuivant sur sa lancée, tient à le souligner :

> Il prit plaisir à retrouver les arbres, l'herbe, les odeurs et les bruits de la nature, à un point que je ne lui connaissais pas auparavant, tout comme un gamin des rues s'ébat le jour où il arrive à la campagne. [...] Durant ce jour et plusieurs des jours suivants il ne parla que de la prison de Reading qui était déjà devenue pour lui une sorte de château magique dont le major Nelson était la fée bienfaisante. Les affreuses tours à mâchicoulis étaient converties en minarets, les gardiens mêmes en bienveillants mameluks et nous autres en paladins accueillant Richard Cœur de Lion au retour de sa captivité[3].

Certes ce tableau sciemment idéalisé de Reading n'empêcha-t-il pas Wilde, une semaine plus tard, de dénoncer, ému par le renvoi du gardien Martin, jugé trop laxiste par ses supérieurs, ses terribles conditions de détention puisque c'est le 27 mai 1897 que Wilde fit publier, dans le *Daily Chronicle*, sa première *Lettre sur la prison*. Le titre en était explicite : *Le Cas du gardien Martin — De quelques cruautés de la vie en prison*. Et, préconisant une réforme du système pénitentiaire, de fustiger à nouveau, dans une lettre qu'il fit paraître moins d'un an après, le 23 mars 1898, dans ce même journal, la vie carcérale. « Ne lisez pas ceci si vous désirez être heureux aujourd'hui », y mettait-il en garde, en guise d'introduction à son réquisitoire. Car ce dont, fort de son expérience personnelle, il accusait les autorités, lui dont cette sensibilité toute christique qu'il s'était découverte avait désormais pris le parti des opprimés, c'était de vouloir anéantir le moral des détenus, sinon leur individualité : « Le système carcéral actuel donne presque l'impression d'avoir pour objectif la destruction et la ruine des facultés mentales. Entraîner la folie n'est peut-être pas son objectif, mais c'est certainement son résultat[4] », y vitupérait-il. Ce dernier article paraissait d'autant plus crédible qu'il était écrit par l'auteur de *La Ballade de la geôle de Reading*.

S'il n'était certes pas un homme fini après ces deux ans de détention, Wilde s'avéra néanmoins très diminué, rompu, comme cassé. Hormis ces *Lettres sur la prison*, lesquelles eurent une réelle incidence sur la réforme pénitentiaire, ainsi que cette *Ballade de la geôle de Reading*, Wilde n'écrivit plus rien de substantiel, sur le plan littéraire, pendant les trois années qu'il lui restait à vivre. Au contraire, oubliant les bonnes résolutions de cette *Vita nova* qu'il avait pourtant appelée de ses vœux en son *De profundis*, il renoua rapidement, toujours aussi faible et velléitaire, avec ses anciens vices, dont le plus redoutable était incarné, telle la plus irrésistible des tentations comme l'aurait dit Lord Henry dans *Le Portrait de Dorian Gray*, par celui-là même qui l'avait précipité en enfer, Bosie, dont il continuait à craindre l'« influence maléfique » ainsi qu'il le confia à Ross.

Ainsi, moins d'une semaine après son arrivée sur la côte française, Wilde quitta-t-il Dieppe, morne petit port où l'on croisait encore trop d'Anglais à son goût, pour aller s'installer, dès le 26 mai 1897 et sous son nom d'emprunt de Sebastian Melmoth toujours, quelques kilomètres plus loin, dans le joli et bien plus accueillant Hôtel de la Plage de Berneval-sur-Mer, où, aidé financièrement par les rares amis qui lui étaient restés fidèles malgré cette persistante odeur de soufre qui semblait se répandre dans son sillage, il reprit alors, quoique pendant quelques semaines seulement, ce dispendieux train de vie, en plus d'une abondante correspondance, qui avait jadis fait sa légende. Ainsi y donna-t-il à nouveau des dîners, où, toujours aussi sensible au charme masculin, il invita quelques jeunes artistes britanniques, échoués comme lui sur cette plage, dont le poète Ernest Dowson, le musicien Dalhousie Young et l'aquarelliste Charles Conder. Wilde, dans ce calme lieu de villégiature, organisa également, le 22 juin 1897, date où fut célébré le jubilé de diamant de la reine Victoria, une fête grandiose, à ses frais, pour les enfants du village.

Voici ce qu'il raconte, sur un ton badin mais faisant à nouveau preuve là d'une renversante candeur, à Bosie, dont le spectre le hantait inlassablement bien qu'il ne l'eût toujours pas revu, dans cette lettre qu'il s'empressa de lui adresser, dès le lendemain matin, mercredi 23 juin 1897, depuis le Café Suisse de Dieppe, où il s'attablait souvent avec Fritz von Thaulow, peintre norvégien qui l'accueillit, à diverses reprises, dans sa villa des Orchidées :

J'ai reçu quinze gamins en les régalant [...]. J'avais commandé un énorme gâteau glacé, où les mots Jubilé de la Reine

Victoria étaient écrits [...]. Ils ont chanté *La Marseillaise* et [...] joué *God save the Queen*. [...] Je les fis boire à la santé de la Reine d'Angleterre [...] ! Puis je fis acclamer la France, mère de tous les artistes et, finalement, le Président de la République [...]. Alors ils crièrent tous d'un commun accord : Vivent le Président de la République et Monsieur Melmoth ! Je trouvai donc mon nom accouplé à celui du Président. C'était amusant pour moi qui étais sorti de prison depuis à peine plus d'un mois[5].

De cette fête qu'il offrit en l'honneur de la reine d'Angleterre, cette souveraine qui ne daigna pourtant jamais intercéder en sa faveur lorsqu'il croupissait dans sa cellule, Wilde, qui ne connaissait pas la rancune, parla encore longuement, non sans émotion, à André Gide lorsque celui-ci vint lui rendre visite, quelques mois plus tard, à Berneval. Cette nouvelle mais douloureuse rencontre, voici comment Gide se la rappelle. Elle est tissée de mélancolie :

Dès qu'il fut sorti de prison, Oscar Wilde revint en France. À Ber***, discret petit village aux environs de Dieppe, un nommé Sébastien Melmoth s'établit : c'était lui. [...] Comment Wilde avait-il pu choisir B*** ? C'était lugubre. [...] L'hôtel, propre, agréablement situé, n'hébergeait que quelques êtres de second plan, d'inoffensifs comparses [...]. Triste société pour Melmoth ! [...] Devant les autres [...] il ne veut pas paraître ému. Et mon émotion presque aussitôt retombe à trouver Sébastien Melmoth si simplement pareil à l'Oscar Wilde qu'il était : non plus le lyrique forcené d'Algérie, mais le doux Wilde d'avant la crise ; et je me trouve reporté, non pas de deux ans, mais de quatre ou cinq ans en arrière ; même regard rompu, même rire amusé, même voix... Il occupe deux chambres [...] et se les est fait aménager avec grand goût. [...] Je remarque [...] que la peau du visage est devenue rouge et commune ; celle des mains encore plus, qui pourtant ont repris les mêmes bagues. [...] Ses dents sont atrocement abîmées. Nous causons. Je lui reparle de notre dernière rencontre à Alger. Je lui demande s'il se souvient qu'alors je lui prédisais presque la catastrophe et qu'il me répondait en riant et d'un ton de défi : — Vous croyez[6] !

Puis, après avoir planté cet émouvant quoique sordide décor, Gide y évoque cette manière quasi évangélique, emplie de charité chrétienne tout autant que de compassion humaine, dont Wilde lui parla, sans en vouloir à Bosie, de ces deux ans de réclusion qui l'avaient marqué à jamais. C'est là, du fin fond de sa misère et aux confins parfois de la folie, qu'il lut, lui avoua-t-il comme pour lui révéler le secret, touché qu'il fut par la grâce, de sa conversion, *La Divine Comédie* de Dante :

> J'ai lu le Dante tous les jours ; en italien ; je l'ai lu tout entier ; mais ni le *Purgatoire,* ni le *Paradis* ne me semblaient écrits pour moi. C'est son *Inferno* surtout que j'ai lu ; comment ne l'aurais-je pas aimé ? L'enfer, nous y étions. L'enfer, c'était la prison[7]...

Wilde, raconte encore Gide, ne s'arrêta pas là. Il lui expliqua également, après lui avoir redit son amour pour la grande littérature russe, dont il appréciait le sens de la pitié, qu'il comptait bien mener à terme, isolé dans « une charmante petite maison, à deux cents mètres de l'hôtel, qu'il [avait] louée[8] », deux nouveaux projets d'écriture, aussi vastes qu'ambitieux : un drame sur Pharaon et un conte sur Judas. Il en avait même déjà imaginé, insista-t-il, les titres respectifs : *Pharaon* pour le premier, et *Achab et Jézabel* pour le second. Autant d'idées qui, pour passionnantes qu'elles fussent, n'aboutirent, comme tant d'autres à partir de cette tragique époque de son existence, jamais !

Tout, à ce moment-là, n'était cependant pas encore perdu, sur le plan de la création littéraire, pour Wilde. Bien au contraire, puisque c'est installé dans le Chalet Bourgeat de Berneval, son deuxième lieu d'exil, qu'il composa, de début juillet à fin août 1897, ce qui restera, aux yeux de la postérité, comme son chef-d'œuvre en matière de poésie : *La Ballade de la geôle de Reading*. Cette longue et bouleversante méditation funèbre n'est pas sans rappeler, par ses accents comme par sa thématique, la *Ballade des Pendus* de François Villon.

Que Wilde fût conscient d'avoir accompli là une œuvre maîtresse, c'est ce qui ressort des lettres qu'il adressa à ses amis, ainsi qu'à son éditeur Léonard Smithers, qui publiera son texte six mois plus tard.

Cette période de créativité littéraire, pour essentielle qu'elle fût, ne dura cependant pas longtemps. Elle sembla même n'être au fond, chez cette âme en peine, cet être dépossédé de tout et désormais condamné à l'exil, qu'un vague et timide sursaut, comme une borne censée repousser de façon provisoire, pour mieux en indiquer ensuite l'orientation définitive, les chemins de son errance à venir. Car une seule chose, à l'époque, l'obsédait, jusqu'à le torturer : revoir Bosie, son cruel et bel amour d'antan ! D'autant que Wilde, incorrigible païen, malgré ses élans vers le christianisme, s'ennuyait à un tel point, en cette terne cité de province qu'était Berneval, qu'il songea, comme autrefois à Reading, au suicide. Le 28 mai 1897, il écrit à Ross, alors reparti pour Londres :

Je commence à me rendre compte de mon horrible isolement [...], mon cœur [...] plein de révolte et d'amertume. N'est-ce pas triste ? Je croyais que j'accepterais [...] mon sort ; mais des accès de rage sont venus bouleverser ma nature [...]. Je suis hanté par l'idée que beaucoup de ceux qui vous aiment vont me trouver [...] égoïste d'admettre, de souhaiter même que vous veniez me voir de temps à autre. Ils devraient pourtant voir la différence qui existe entre votre présence auprès de moi aux jours de mon infamie dorée — de mes heures néroniennes, riches, dévergondées, cyniques, matérialistes — et votre venue pour réconforter l'homme esseulé, déshonoré que je suis devenu, plongé dans la disgrâce, l'obscurité, la pauvreté[9].

Dans cette autre missive, plus désespérée encore, envoyée le 6 septembre 1897 à Carlos Blacker, après qu'il eut fui Berneval pour rejoindre Rouen :

Il faisait à Berneval un temps tellement affreux que je suis venu ici, où le temps est bien pire. Je ne peux rester dans le nord de l'Europe : son climat me tue. Cela m'est égal d'être seul lorsque j'ai du soleil et de la joie de vivre autour de moi ; mais ma dernière quinzaine à Berneval fut sombre, horrible, [...] propice au suicide. Je n'ai jamais été si malheureux. J'essaie de me procurer quelque argent pour aller en Italie et j'espère trouver le moyen de pousser jusqu'en Sicile[10].

Ce que Wilde omet sciemment de préciser, dans cette lettre écrite depuis le Grand Hôtel de France de Rouen, c'est que, sa *Ballade de la geôle de Reading* terminée, il y retrouva, ayant fini par céder à la tentation, Bosie ! C'est là ce qu'atteste ce mot, à peine moins pathétique que les précédents, que Wilde s'empresse de faire parvenir à son terrible amant, en réponse à l'une de ses dépêches, le matin du mardi 24 août 1897 :

> Mon ami chéri tout à moi,
>
> J'ai reçu votre dépêche il y a une heure et je vous envoie juste un mot pour vous dire que vous retrouver est, je le sens, mon seul espoir de refaire une belle œuvre artistique. [...] Combien je souhaite que, lorsque nous nous retrouverons à Rouen, nous ne soyons jamais plus séparés ! Il est entre nous de si vastes abîmes d'espace et de terre ! Mais nous nous aimons l'un l'autre. Bonsoir, chéri.
>
> Pour toujours vôtre,
> Oscar[11].

C'est donc le 28 ou 29 août 1897, une semaine avant de s'être adressé à Blacker, que Wilde, toujours aussi amoureux malgré sa rancœur, revit contre l'avis de ses amis Bosie ainsi que ce dernier le spécifia, une trentaine d'années plus tard, en son *Autobiographie*, parue en 1929 :

> Le pauvre Oscar pleura quand je le retrouvai à la gare. Nous passâmes toute la journée à nous promener à pied, au bras l'un de l'autre ou en nous tenant par la main et nous fûmes parfaitement heureux[12].

Et c'est avec Bosie, encore, que Wilde projette immédiatement de partir pour l'Italie ! C'est dire si l'auteur du *De profundis* avait vite fait d'oublier les nombreux reproches dont il avait pourtant accablé son amant peu de temps auparavant. Bosie à peine revenu dans sa vie, Wilde reniait déjà le serment qu'il venait de faire à Robert Ross, dans une lettre qu'il lui avait adressée le 28 mai 1897, trois mois plus tôt et dans laquelle il confiait, « sentant en ce pauvre garçon une influence néfaste », « espérer ne jamais le revoir[13] » ! Et de conclure par ces mots durs : «Être avec lui serait retomber dans l'enfer dont je veux me croire libéré[14].»

En effet, ce sont les portes de l'enfer, bien plus que celles du paradis, qui se refermèrent alors, mais définitivement cette fois, avec cette énième mais fatale réconciliation, sur Wilde. Car, répétant à l'envi les mêmes erreurs et retombant sans cesse dans les mêmes travers, ce sont ses vieux démons, à défaut de ses anciennes habitudes (ruiné, il n'a plus d'argent), qu'il retrouva alors sous l'emprise de celui qu'il savait pourtant être son âme damnée.

Mais n'était-ce pas là ce paradoxe existentiel dont est traversée son œuvre littéraire, ce que Wilde lui-même, voyant son destin désormais prêt à s'abattre sur lui, avait tenté d'expliquer, dans cette lettre qu'il adressa, le 4 août 1897, à Carlos Blacker lorsque, venant d'apprendre que Constance était irrémédiablement gagnée par cette paralysie spinale qui allait bientôt l'emporter, il lui écrivit cette sorte de chant du cygne ?

> J'ai le cœur [...] brisé par ce que vous me dites. Il m'est égal que ma vie soit détruite — cela devait être — mais, quand je songe à la pauvre Constance, j'ai [...] envie de me tuer. Je suppose que je dois pourtant vivre et me résigner. Cela m'est égal. Némésis m'a pris dans sa nasse : lutter serait stupide. [...] Ma vie est répandue sur le sable — du vin rouge sur le sable — et le sable la boit parce qu'il est assoiffé, pour nulle autre raison. [...] Les dieux tiennent le monde sur leurs genoux. [...] Dans mon berceau, ce sont les Parques qui m'ont bercé. Dans la fange, seulement, je peux trouver la paix[15].

Certes cette ultime lettre ne vient-elle qu'illustrer de manière exemplaire, par-delà son aspect dramatique et sa veine romantique, cette thèse où Robert Merle disait percevoir la « destinée » de Wilde comme tout entière vouée, via cette sorte d'« enivrement du malheur », à une inextinguible « pulsion d'autopunition ». Et, pourtant, c'est un esprit en totale opposition avec le Wilde qui, tout en faisant allusion à Bosie, se confia à Gide, lors de sa retraite de Berneval, qu'elle donne à voir là :

> La prison m'a complètement changé. Je comptais sur elle pour cela. — X*** est terrible ; [...] il ne peut pas comprendre que je ne reprenne pas la même existence ; il accuse les autres de m'avoir changé... Mais il ne faut jamais reprendre la même existence... Ma vie est comme une œuvre d'art ; un artiste ne recommence jamais deux fois la même chose [...]. Ma vie d'avant la prison a été aussi réussie que possible. Maintenant c'est une chose achevée [16].

Se désavouant lui-même dès lors qu'il ne parvient pas à tenir ses propres engagements, l'existence d'Oscar Wilde à partir de cet instant où il renoua avec Alfred Douglas, et pendant les trois années qu'il lui restait à vivre, fut tout sauf une œuvre d'art, à moins de considérer cet exil déchirant comme une œuvre d'art tragique.

Il fallut à Wilde, alias Melmoth, près de trois semaines depuis ses funestes et clandestines retrouvailles avec Bosie, qu'il affubla alors du pittoresque mais ridicule nom d'emprunt de Jonquil du Vallon, pour récolter les fonds nécessaires afin d'entreprendre, à l'insu de tous, ce nouveau voyage vers le sud de l'Italie, qui le mènera jusqu'à Naples, déjà rejoint par son amant.

Mais, avant de partir, Wilde se rendit tout d'abord, le 15 septembre 1897, à Paris, où, ayant réservé une chambre à l'Hôtel d'Espagne, rue Taitbout, il revit deux de ses meilleurs amis anglais, homosexuels eux aussi : Edward Strangman et Vincent O'Sullivan. C'est ce dernier qui, après que Wilde l'eut invité à déjeuner, dès le lendemain, dans un modeste restaurant du boulevard Montmartre, où il savait que personne ne le reconnaîtrait, lui procura de bon cœur, admiratif qu'il était du grand écrivain exilé, l'argent nécessaire pour pouvoir réaliser ce périple à travers le sud de l'Europe ainsi qu'il l'écrivit dans *Aspects of Wilde*, livre qu'il lui consacra quarante ans plus tard :

> La difficulté principale était que les amis et parents de son épouse voulaient l'empêcher d'aller rejoindre Lord Alfred Douglas, lequel était à Naples. [...] À la sortie du restaurant, nous nous fîmes conduire à la Banque de Paris et des Pays-Bas, rue d'Antin, où j'avais un compte. Il resta dans le fiacre et je lui apportai la somme qu'il désirait. [...] Je crois qu'il quitta Paris le soir même [17].

C'est donc au soir de ce 16 septembre 1897 que Wilde partit pour Naples, où il arriva, quatre jours après. Depuis sa chambre de l'Hôtel Royal des Étrangers, où il s'installa pendant une dizaine de jours en compagnie de Bosie, il expédia, dès le lendemain de son arrivée, une lettre à Ross dans laquelle il tentait de justifier cette attitude aussi problématique que contradictoire :

> Retrouver Bosie était pour moi psychologiquement inévitable [...], le monde m'a imposé ce revoir. Je ne peux pas vivre

sans l'atmosphère de l'amour : il faut que j'aime et sois aimé, quelque prix que j'aie à payer. [...] J'ai passé mon dernier mois à Berneval dans un tel esseulement que je fus sur le point de me tuer. Le monde me ferme ses portes, tandis que celle de l'amour me reste ouverte. Si les gens me reprochent de revenir à Bosie, dites-leur qu'il m'a offert l'amour et que, dans ma solitude et ma disgrâce, après avoir lutté trois mois contre un ignoble monde philistin, il est tout naturel que je revienne à lui. Certes, je serai souvent malheureux, mais je l'aime encore : le simple fait qu'il ait ruiné ma vie me porte à l'aimer. [...] Faites donc comprendre aux gens que mon seul espoir de vie ou d'activité littéraire était de retourner au jeune homme que j'aimais avant qu'un résultat aussi tragique ait entaché mon nom [18].

Ces lignes, s'immisçant dans le tréfonds de l'âme humaine, stigmatisaient, avec raison, l'attitude de toute une société ! Une deuxième lettre de Wilde, écrite deux jours après et adressée à Blacker, complète, par le biais d'une série de reproches adressés à Constance, dont celui de l'avoir injustement privé de ses deux enfants, les justifications avancées dans la précédente :

Il faut que je reconstruise sur mes propres bases ma vie brisée. Si Constance m'avait laissé voir mes fils, ma vie aurait été [...] différente. Mais elle ne le fera pas. Je ne me permettrai jamais de la blâmer pour son action, mais toute action a des conséquences. J'ai attendu trois mois. À l'expiration de cette longue période, de cette longue solitude, j'ai dû refaire ma vie moi-même. [...] Ce n'est point par plaisir que je suis ici [...] : je suis venu ici pour essayer d'atteindre le perfectionnement de mon tempérament d'artiste et celui de mon âme [19].

Reste à savoir ce que Wilde entendait, au risque de se voir sans cela accusé de n'avoir cherché là qu'un piètre alibi, par cette dernière expression de

« perfectionnement de [s]on tempérament d'artiste ». Réponse immédiate, là aussi, puisqu'elle est explicitement contenue dans ces missives : se remettre à écrire au plus vite, inspiré par la présence de Bosie, pour redevenir à nouveau, fût-ce dans la douleur, le grand écrivain qu'il était avant sa chute et parfaire ainsi cette œuvre littéraire pour laquelle il se savait depuis toujours né.

Hélas pour lui, comme pour l'histoire de la littérature, ce ne fut encore là, quoiqu'il persistât à vouloir se persuader du contraire, que des vœux restés à jamais, bercé qu'il était désormais de ses seuls rêves, lettre morte ! Ainsi ce livret qu'il se proposa alors de rédiger pour un opéra, intitulé *Daphnis et Chloé*, qu'aurait dû composer Dalhousie Young, ce musicien dont il s'était épris à Berneval, ne dépassa pas le stade de l'ébauche.

L'argent, de plus, commençait, comme toujours, à manquer. C'est ainsi que Wilde et Bosie finirent par quitter leur hôtel, dont les tarifs étaient exorbitants, pour aller s'installer, à partir du 1er octobre 1897, dans une maison, villa Giudice, située sur la corniche du Pausilippe, au nord du golfe de Naples. C'est dans ce décor de rêve que Wilde, auquel le jeune Rocco donnait des leçons d'italien, apporta les dernières modifications, ainsi que l'indique la correspondance qu'il entretenait avec Smithers, à sa *Ballade de la geôle de Reading*.

Puis arriva la fin de l'été, et un nouvel événement d'importance vint assombrir encore une fois ces jours pourtant ensoleillés en ce début d'automne méditerranéen. Constance, qui avait appris que son mari avait repris sa relation avec Bosie, le

345

menaçait à présent, estimant qu'il avait enfreint les accords prévus dans leur contrat de séparation, de lui retirer la pension qu'elle lui avait octroyée : « Je vous interdis de revoir Lord Alfred Douglas. Je vous interdis de reprendre votre vie crapuleuse et insensée. Je vous interdis de vivre à Naples[20] », le somma-t-elle, furieuse d'avoir été trahie dans sa confiance. La réaction de Wilde ne se fit pas attendre : « Comment peut-elle se croire autorisée à influencer ou contrôler mon existence[21] ? » demanda-t-il, révolté, à Ross. Pour calmer ses nerfs et oublier ce genre de tracas, Wilde ne trouva rien de mieux à faire alors, dès la mi-octobre de cette même année, que de s'en aller visiter pendant trois jours, en compagnie de Bosie, Capri, où il s'était promis, parmi bien d'autres distractions, de fleurir la tombe de l'empereur Tibère, cet autre grand amateur d'éphèbes.

Bien mal lui en prit ! Car Constance, que certains des membres de la *jet-set* anglaise n'avaient certes pas manqué d'informer quant à cet imprudent séjour de son mari sur cette île mondialement célèbre, lui retira alors effectivement, à partir du mois suivant, sa modique mais précieuse pension. Pire encore : le marquis de Queensberry, prévenu que son fils avait repris ses relations avec l'infréquentable Wilde, menaçait de lui couper les vivres !

Ainsi la tension due à ces incessants problèmes d'argent, quand ce n'était pas de purs et simples chantages affectifs, devenait-elle de plus en plus tangible, et l'atmosphère de plus en plus pesante, entre Wilde et Bosie. Les ennuis s'accumulant et les difficultés grandissant, ce dernier finit, en désespoir de cause, par quitter définitivement, le 3 décembre 1897, le pauvre Wilde, lequel, tenaillé par l'incertitude du lendemain et rongé par l'angoisse de la misère, resta seul à Naples.

Wilde et Bosie ne se revirent désormais que très rarement, même lorsqu'ils habitèrent, en des logements séparés, à Paris. L'existence de Wilde, enfin débarrassée de Bosie, s'avéra-t-elle, pour autant, plus lumineuse et fertile ? Non ! Car elle ne fut plus alors, excepté lors de la parution de sa *Ballade de la geôle de Reading*, un peu plus de deux mois plus tard, qu'une suite ininterrompue d'anecdotes dénuées du moindre intérêt, tant sur le plan littéraire qu'existentiel, faite d'errances sans fin et où il se mit même parfois à vivre, bien que sa rupture avec Bosie fît que Constance consentit à lui reverser une rente mensuelle de dix livres, aux crochets de quelque riche bienfaiteur.

Ainsi Wilde se rendit-il, en ce mois de décembre 1897, à Taormina, en Sicile, où un vieux mais fortuné homosexuel d'origine russe, lui-même ami du désœuvré et douteux baron Wilhelm von Gloeden, l'avait invité à partager sa tout aussi misérable solitude. Puis quand Wilde, à la mi-janvier 1898, revint à Naples pour se réinstaller, vaille que vaille, à la villa Giudice, il s'aperçut, le destin semblant s'acharner contre lui, que le domestique avait disparu en emportant ses vêtements. C'est alors que, découragé mais feignant l'indifférence, et toujours aussi stoïque, il laissa également cette villa, y abandonnant ses livres tant ils lui apparaissaient désormais inutiles, pour emménager dans un endroit plus sobre et moins coûteux : au numéro 31 de la via Santa Lucia.

À ce moment-là, une seule chose, hormis cette tendresse mêlée de pitié que lui prodigua alors le jeune et beau Salvatore, le maintenait encore, sinon debout, du moins en vie : la perspective de voir enfin publiée sa *Ballade de la geôle de Reading*, dont, à en croire les nombreuses lettres qu'il continuait à écrire à son éditeur Smithers, il supervisa les moindres détails quant aux modalités de sa parution. Publiée à Londres le 13 février 1898, elle recueillit immédiatement un succès à ce point énorme qu'elle connut, en l'espace d'un an à peine, cinq tirages, auxquels s'ajouta en 1899, à New York, l'édition américaine.

Une ombre, et de taille, subsistait pourtant au tableau : ni sur sa couverture ni sur sa page de titre ne figurait, afin de ne point heurter la sensibilité du public, son nom, Oscar Wilde, ni même celui de son pseudonyme, Sebastian Melmoth, mais bien le seul et anonyme numéro de son horrible matricule lorsqu'il était emprisonné à Reading... C.3.3 ! Ce n'est qu'un an et demi plus tard, lors de la huitième édition, celle du 23 juin 1899, que fut enfin écrit en toutes lettres, lui assurant ainsi cette gloire éternelle qui sera effectivement la sienne, son véritable nom.

Quant à ce titre désormais universellement connu — *La Ballade de la geôle de Reading* —, c'est Robert Ross qui le lui suggéra, comme il s'occupa également de la publication de son *De profundis*, avec un rare et subtil esprit d'à-propos.

Rien d'étonnant, dès lors, si, impatient d'en savoir un peu plus sur la réception, tant dans la presse qu'auprès de ses lecteurs, de cette œuvre capitale pour lui, Wilde se décida alors à quitter Naples, le 10 février 1898, pour se rendre sans plus attendre à Paris, plus proche de Londres. Arrivé le jour même où parut son texte, il descendit, incognito toujours, dans une petite pension de la rue des Beaux-Arts, l'Hôtel de Nice, situé à deux pas du non moins humble et désuet Hôtel d'Alsace, là même où, ironie du sort, il mourra pratiquement seul, dans d'atroces souffrances, un peu moins de trois ans plus tard.

Car le cauchemar de Wilde, loin de s'atténuer avec ce succès quasi inespéré de cette *Ballade*, ne fit, au contraire, que s'intensifier inexorablement. Ainsi, abandonné de tous et se cachant de ses pairs tant il se sentait couvert de honte, son existence ne fut-elle plus alors qu'une interminable mais vertigineuse descente aux enfers.

La première, mais la plus cuisante aussi, de cette nouvelle série de déconvenues lui fut procurée, une fois encore, par Constance, à laquelle il avait envoyé, espérant l'attendrir et revoir peut-être ainsi ses fils, un exemplaire dédicacé de sa *Ballade de la geôle de Reading*. Car, bien qu'elle se montrât touchée par la beauté du geste, allant même jusqu'à avouer à son frère Otho qu'elle se sentait « terriblement bouleversée par ce magnifique poème d'Oscar[22] », elle n'accéda guère, intransigeante, à son souhait, pourtant réel, se contentant de prier Carlos Blacker, qui l'avait recueillie, avec ses deux enfants, chez lui, à Bâle, de lui transmettre, en guise de seule et unique réponse, ses félicitations, assorties de ses meilleurs vœux, pour cette « *Ballade* exquise ». Tout au plus s'inquiéta-t-elle de savoir s'il était exact que Lady Queensberry avait versé à son mari la somme de deux cents livres à condition qu'il rompît avec Bosie : ce dont, ayant tenu parole, elle s'acquitta en effet.

Mais cet argent que Wilde avait reçu lorsqu'il se trouvait encore à Naples avait fondu, lui aussi, comme neige au soleil. Quant à Bosie, qui louait alors un appartement situé sur la très chic avenue Kléber, il ne l'aidait guère, préférant dépenser, sans vergogne, des sommes folles en s'évertuant à parier, folâtrant d'un hippodrome à l'autre, sur les courses de chevaux. C'est dire si Wilde, qui, chemin faisant en cette pénible existence, devenait de plus en plus aigri et misanthrope, avait toutes les raisons de se dire déçu, sinon dégoûté, par ses semblables... surtout Bosie, qu'il n'avait désormais plus envie de revoir tant il le « remplissait d'horreur[23] » comme il le déclara à Ross. Ainsi, faute d'attention et de tendresse, de simple compréhension et de chaleur humaine, il finit, désespéré, par se jeter, en ce début de printemps 1898, dans les bras du premier venu : Maurice Gilbert, marin de profession, gentil et beau garçon certes, mais à la cervelle aussi vide que l'étaient les poches de son amant.

Devant un tel désastre existentiel et, parallèlement à une telle impuissance face à l'écriture, cette lettre, emplie de pressentiments aussi funestes que fondés, écrite à la fin du mois de février 1898 et adressée, pour remonter cette pente toujours plus glissante, à Frank Harris, est particulièrement poignante :

J'ai perdu le ressort de l'art et de la vie, la joie de vivre : c'est épouvantable. J'éprouve encore du plaisir, des passions, mais la joie de la vie m'a quitté. Je m'effondre, la morgue ouvre pour moi son gouffre. Je vois déjà la couche de zinc qui m'attend. Après tout, ma vie fut merveilleuse ; je la crois finie [...] [24].

Et que dire de cette autre lettre, qu'on dirait calquée sur la précédente, mais encore plus sombre, envoyée à la même époque à Carlos Blacker, auquel il confie avoir hâte de lui offrir la traduction française, à paraître en avril, dans *Le Mercure de France*, de sa *Ballade de la geôle de Reading* :

Ce poème [...], c'est mon chant du cygne et je regrette de partir sur un cri de douleur — un chant de Marsyas, non un chant d'Apollon ; mais la vie que j'ai tellement aimée — trop aimée — m'a déchiré comme aurait fait un tigre. Aussi, quand vous viendrez me voir, constaterez-vous que je suis devenu la ruine, l'effondrement de ce que j'eus naguère de merveilleux, de brillant et de terriblement invraisemblable. [...] Je ne pense pas que je me remette jamais à écrire : la joie de vivre s'est enfuie et, avec la volonté, c'est la base de l'art [25].

Certes, le tigre blessé qu'était devenu Wilde se révéla encore capable, malgré ces blessures quasi mortelles que lui avait infligées la vie, de se rebiffer, de donner de sérieux coups de griffe même, lorsqu'il s'agissait de défendre, sinon sa propre cause, du moins celle des autres et, de manière plus spécifique depuis son expérience carcérale, celle des opprimés. Ainsi se réjouit-il, dans une nouvelle lettre (la troisième) adressée, le 23 mars 1898, au directeur du *Daily Chronicle*, de voir enfin abrogé, notamment grâce à ses protestations, le *Criminal*

Law Amendment Act concernant l'homosexualité. Comme il se montra également ravi d'avoir fait la connaissance, en cette même période, d'artistes aussi importants que Diaghilev, Rodin, Jarry, Alphonse Allais ou Toulouse-Lautrec.

Sa rencontre, ces jours-là, avec l'infâme Esterhazy, celui-là même qui accusa injustement le capitaine Dreyfus de collaboration avec l'ennemi, lors de cette célèbre mais scandaleuse « affaire » du même nom, fut toutefois moins glorieuse. Car, loin de le condamner, il le fréquenta quelque temps, lui trouvant même, comble de la maladresse, des circonstances atténuantes. « Esterhazy m'a avoué être l'auteur du bordereau. Il est bien plus intéressant que Dreyfus, lequel est pourtant innocent. Car, pour être criminel, il faut du courage et, surtout, de l'imagination. Mais il est tout de même regrettable qu'il ne soit jamais allé en prison[26] », eut-il l'impudence de déclarer à Henry Davray et Rowland Strong, lequel, correspondant à Paris du *New York Times* et de l'*Observer*, ne manqua pas de colporter à travers le monde, au grand dam de Wilde puisqu'il se vit alors épinglé jusque dans *Le Siècle* du 4 avril 1898, ces propos * indignes de son intelligence et, surtout, de sa sensibilité envers les victimes de l'appareil judiciaire.

C'est dire, à lire cette seule mais idiote réaction de Wilde, effet là d'une provocation purement gratuite, l'état de perdition dans lequel se trouvait alors celui qui avait pourtant été l'un des esprits les

---

* Sans doute avait-il cru percevoir chez Esterhazy une sorte de vague personnification de l'un de ses propres personnages littéraires — Wainewright, le cynique héros de *La Plume, le Crayon, le Poison*.

plus éclairés de son temps. C'était de continuelles et toujours plus abondantes vapeurs d'absinthe, voire d'alcool frelaté lorsque l'argent lui manquait pour se procurer des boissons à la hauteur de son rang, dont son esprit ivre de malheur était alors imbibé, tout comme l'avait été celui de son ami Verlaine, avec lequel il s'attabla quelquefois au Café d'Harcourt, et qui était mort lui aussi dans la misère, deux ans plus tôt.

Devenu « une épave à bout de nerfs » comme il se qualifiait lui-même, sans le sou et parfois la faim au ventre, il dut laisser, le 28 mars 1898, jusqu'à son modeste Hôtel de Nice pour emménager, ses valises toujours frappées des initiales S.M., à l'Hôtel d'Alsace, nettement moins cher malgré le fait qu'il y disposât de deux chambres relativement confortables : « une pour écrire et l'autre pour l'insomnie », aimait-il à préciser.

Le patron de cette petite pension, Jean Dupoirier, relata, quelque trente ans après, cette première rencontre avec celui qu'il croyait vraiment être, à voir les initiales incrustées sur ses maigres bagages, Sebastian Melmoth. Il vit soudain arriver, tard dans la soirée, un homme dont la corpulence le frappa. Puis, après avoir inscrit son nom dans le registre de l'établissement, il lui prit poliment ses deux valises ainsi que son parapluie, et le conduisit, serpentant à travers l'étroite cage d'escalier, au premier étage. Melmoth, essoufflé tant il s'était empâté, le suivit sans mot dire. Dupoirier reconnut qu'il n'avait pas alors trouvé son nouveau client très avenant… Leur conversation ne porta que sur des questions de stricte intendance : il lui fallait impérativement telle marque de cognac (Courvoisier), qu'il consommait à raison de quatre bouteilles par semaine, et, invariablement, le même menu (une côtelette de mouton et deux œufs durs), toujours servi, lui aussi, à la même heure (deux heures de l'après-midi). Quant à son emploi du temps, il n'était guère susceptible, lui non plus, de modifications : il fainéantait dans son lit jusqu'à midi, se levait laborieusement, se sustentant de café chaud avec des tartines de pain beurrées, et tentait de griffonner quelques lignes sur du mauvais papier, puis sortait systématiquement, après avoir fait une brève sieste, en fin d'après-midi. Chose étrange : déambulant souvent seul, la nuit, dans les rues sombres et désertes de Paris, il ne rentrait jamais, fourbu, avant deux heures du matin. Et pour cause : c'était, le vague à l'âme, en de louches rencontres nocturnes, le plus souvent de passage et au gré du hasard, parfois même dans les gros bras de dangereux voyous, qu'il allait s'efforcer de noyer, jusqu'à s'en étourdir, son intarissable chagrin !

Bientôt, sur cette détresse grandissante vinrent se greffer de graves ennuis de santé. Ainsi, le 28 mars 1898, fut-il sérieusement blessé, lors d'un accident de fiacre, aux lèvres et à la bouche : motif pour lequel, bien que cette blessure fût bénigne, on dut néanmoins l'hospitaliser puis l'opérer jusque dans la gorge, moyennant de fortes doses de cocaïne pour atténuer ses souffrances, suite aux infections contractées pendant ses deux années de prison. Se trouvant dans l'incapacité de payer cette intervention chirurgicale, c'est Robert Ross qui, une fois encore, le tira d'affaire.

Puis arriva au matin du 12 avril 1898, fracassante et comme pour l'achever, la pire des nouvelles, quoiqu'il s'y attendît à lire les missives alarmantes de Carlos Blacker : la mort, cinq jours auparavant, le 7 avril, à Gênes, où elle était en cure pour soigner sa colonne vertébrale, de Constance, alors âgée de quarante ans.

Le choc, malgré les déboires passés et un soupçon d'amertume resté coincé au fond du cœur, fut terrible pour Wilde ainsi qu'en témoigne le télégramme, véritable appel au secours, qu'il envoya aussitôt, en ce 12 avril 1898, au précieux Ross :

Constance est morte. Je vous prie, venez demain et descendez à mon hôtel. Je suis plongé dans la plus grande douleur[27].

Et, encore, cet autre mot, gorgé de tristesse et ourdi de regrets éternels, qu'il adressa, le même jour, à Blacker :

Ce qui m'arrive est [...] atroce. Je ne sais ce que je vais devenir. Que n'avons-nous pu nous voir une fois encore et nous donner le dernier baiser ! C'est trop tard. Quelle horreur est la vie ! [...] Je suis sorti car je n'ose plus rester seul[28].

Car c'est à ce moment-là, sous le coup de l'émotion, que Wilde, dont la rancœur à l'égard de l'existence atteignit son sommet, prit alors véritablement conscience de cet immense échec, hormis sur le plan littéraire, que représentait sa vie familiale et sentimentale. Il avait, à jamais, tout perdu : son nom, sa réputation et son honneur, depuis bien longtemps ; la gloire, et l'argent qui l'accompagne, également ; sa patrie et sa maison, avec les trésors culturels et les perles artistiques qu'elle contenait ; mais aussi son amant chéri, dont il restait encore secrètement amoureux ; et puis, maintenant, sa femme, envers laquelle il ne cessait d'éprouver, outre d'insistants et cruels remords, un encore plus effroyable sentiment de culpabilité ; enfin, et surtout, ses deux fils adorés, lesquels, en plus d'avoir été obligés d'adopter comme patronyme le second prénom de leur oncle maternel, furent alors confiés, sur décision de justice, à leur tuteur légal, Adrian Hope. Tout cela était décidément trop pour un seul homme, surtout si on y ajoutait la lente mais inéluctable détérioration de sa santé physique.

Wilde, que la joie de vivre et jusqu'à son art semblaient avoir définitivement abandonné, était aux abois. N'en pouvant plus, pétri d'angoisse et perclus de douleur, au bord du suicide et parfois en pleurs, il reprit alors, tel un chien errant, ne sachant plus où aller ni donner de la tête, ses pérégrinations à travers la nuit parisienne. Ses beaux mais vieux habits de dandy étaient désormais râpés et ses précieux tissus du temps jadis, lustrés. Ses chaussures mêmes, que ses longues promenades solitaires avaient usées jusqu'à la semelle, paraissaient, à présent, fatiguées, prêtes, tout comme lui, à lâcher prise. Un soir, tandis qu'il était attablé, seul, à une terrasse de café quelque part sur les Grands Boulevards, il vit passer André Gide, qu'il interpella alors devant tout le monde à haute voix, criant son nom, afin de l'inviter à venir s'asseoir, au risque de le mettre mal à l'aise, à ses côtés. Voici comment Gide relate cette pathétique rencontre :

Un soir, sur les boulevards, où je me promenais [...], je m'entendis appeler par mon nom. Je me retournai : c'était Wilde. Ah ! combien il était changé !... [...]. Il rôdait. Des amis, à plusieurs reprises, avaient tenté de le sauver ; on s'ingéniait, on l'emmenait en Italie... Wilde échappait bientôt ; retombait. Parmi ceux demeurés le plus longtemps fidèles, quelques-uns m'avaient tant redit que « Wilde n'était plus visible »... Je fus un peu gêné, je l'avoue, de le revoir et dans un lieu où pouvait passer tant de monde. — Wilde était attablé à la terrasse d'un café. [...]. J'allais m'asseoir en face de lui, c'est-à-dire de manière à tourner le dos aux passants, mais Wilde, s'affectant de ce geste, qu'il prit pour un élan d'absurde honte (il ne se trompait, hélas ! pas tout à fait) :

— « Oh ! mettez-vous donc là, près de moi, dit-il, en m'indiquant, à côté de lui, une chaise ; je suis tellement seul à présent ! »

Wilde était encore bien mis ; mais son chapeau n'était plus si brillant ; son faux-col avait même forme, mais il n'était plus aussi propre ; les manches de sa redingote étaient légèrement frangées.

— « Quand, jadis, je rencontrais Verlaine, je ne rougissais pas de lui, reprit-il avec un essai de fierté. J'étais riche, joyeux, couvert de gloire, mais je sentais que d'être vu près de lui m'honorait ; même quand Verlaine était ivre... »

[...]. Mon souvenir reste ici abominablement douloureux. [...] J'allais lui dire adieu quand il me prit à part et, confusément, à voix basse :

— « Écoutez, me dit-il, il faut que vous sachiez... je suis absolument sans ressources [29]... »

Ainsi le grand Oscar Wilde, écrivain autrefois si fortuné et dandy naguère si flamboyant, s'était-il même mis, suprême humiliation, à mendier pour pouvoir, sinon subvenir à ses besoins immédiats, du moins manger à sa faim ; il n'était pas rare de le voir quémander fébrilement à quelque passant impatienté une simple cigarette, et Gide lui-même lui fit, ce jour-là, l'aumône !

Mais, surtout, Wilde, malgré les encouragements de la petite poignée d'amis qu'il lui restait, ne parvenait pas à recouvrer la force nécessaire, trop abattu qu'il se sentait désormais, pour se remettre, sérieusement, au travail. De cette incapacité à écrire, sinon à s'atteler à quoi que ce fût de solide, c'est à nouveau Gide, lequel le croisa, une ultime fois, quelques jours après, qui en fournit, poursuivant sur sa lancée, l'explication la plus édifiante, par-delà sa cruauté, sur le plan psychologique :

Quelques jours après, pour la dernière fois, je le revis. Je ne veux citer de notre conversation qu'un mot. Il m'avait dit sa gêne, l'impossibilité de continuer, de commencer même un travail. Tristement je lui rappelais la promesse qu'il s'était faite de ne reparaître à Paris qu'avec une pièce achevée :

— «Ah ! pourquoi, commençais-je, avoir si tôt quitté B***, quand vous deviez y rester si longtemps ? Je ne puis pas dire que je vous en veuille, mais... »

Il m'interrompit, mit sa main sur la mienne, me regarda de son plus douloureux regard :

— «Il ne faut pas en vouloir, me dit-il, à quelqu'un qui a été frappé [30]. »

Tout était dit : il n'y avait, de fait, plus rien à faire, de son propre aveu, pour Wilde, si bien qu'il n'est pas exagéré de penser que, se sentant proche là de la fin tant il se voyait dépossédé de toute énergie intellectuelle plus encore que de ses forces physiques, il se laissa alors, littéralement, mourir.

Mais si, las de vivre, Wilde avait fini par perdre le goût de toutes choses, cela ne l'empêcha cependant pas de continuer à vivoter, fût-ce chichement et sans plus aucun port d'attache tant il avait également perdu tout point de repère, pendant un peu plus de deux ans encore. Ainsi, après avoir momentanément quitté l'Hôtel d'Alsace, dont, devenu trop pauvre désormais, il ne pouvait plus payer les notes, il alla louer de juin à juillet 1898, à nouveau aidé financièrement par Frank Harris, une discrète quoique coquette villa, qu'il baptisa du joli mais bizarre nom de « L'Idée », à Nogent-sur-Marne. Dans l'incapacité d'honorer le loyer, il en fut aussitôt expulsé, chassé comme un malotru, par son propriétaire. Ainsi, toujours plus démuni, alla-t-il s'installer, en août de cette même année, dans une bicoque située à Chennevières-sur-Marne, où, travaillant à la publication de *L'Importance d'être constant*, que Leonard Smithers édita en février 1899, il passa le reste de l'été ainsi que tout l'automne avec, pour seule société, ses inévitables amourettes de passage, dont un certain Herbert Pollitt, médiocre danseur professionnel. Il se rendit ensuite, à partir du 15 décembre, dans le midi de la France, où, invité et entretenu par Frank Harris toujours, il séjourna, pendant une grande partie de l'hiver, à l'Hôtel des Bains de La Napoule, sur la Côte d'Azur. Son instabilité chronique, oisive et chaotique, ne s'arrêta cependant pas là, bien que, ayant continué à prendre de l'embonpoint, il commençât également à souffrir de la goutte. S'étant senti négligé par Harris, lequel, malgré ses fréquentes absences, s'était pourtant montré généreux envers lui, il descendit quelques jours à Nice, d'où, ayant rencontré là Harold Mellor, jeune mais riche homme d'affaires anglais, il partit alors, en sa compagnie et à ses frais, pour la station touristique de Gland, dans les montagnes suisses, où son protecteur du moment possédait un chalet. C'est lors de ce séjour, où il passa la première moitié du printemps en s'adonnant à la lecture, celle de Dante et de Maupassant en particulier, que Wilde apprit la mort, le 13 mars 1899, de son frère aîné Willie, alors âgé de quarante-six ans, devenu lui aussi, après un mariage tout aussi raté que celui de son cadet, alcoolique au dernier degré. Cette disparition le laissa toutefois, contrairement à ce qu'il advint pour Constance, relativement indifférent : il ne s'était jamais bien entendu avec son frère.

Wilde, toujours aussi versatile, ne se plaisait guère cependant, malgré les attentions que lui prodiguait Mellor, sur les hauteurs vaudoises, dont il n'appréciait que très modérément la rudesse du climat. Lui reprochant injustement son inhospitalité, sinon sa prétendue avarice, il réussit même à se disputer avec son hôte ! Ainsi, pensant que le temps était enfin venu d'aller se recueillir sur la tombe de sa femme, laquelle était enterrée dans le cimetière protestant de Gênes, à Steglieno, il quitta Gland, le 1er avril 1899, pour rejoindre, grâce à l'argent que lui avait donné son ami anglais, la Riviera italienne.

Mais là, dans ce petit cimetière marin, Wilde, qui commençait tout juste à se remettre de la mort de Constance, fut confronté à une autre humiliation, plus cruelle encore, au regard de son amour-propre : dans le marbre de sa pierre tombale n'était gravé, au-dessus d'un verset de l'Apocalypse, que son seul nom de jeune fille — « Constance Mary, fille de Horace Lloyd, Q. C. » —, comme si lui, en tant que mari, n'avait jamais existé !

Déconfit, il quitta Gênes, où il avait logé, pendant quelques jours seulement tant il était de son propre aveu malfamé, à l'Albergo di Firenze, situé sur les quais de la ville. Puis, accompagné à nouveau par un de ses gigolos, l'athlétique et fringant Edoardo Rolla, dont il ne pouvait décidément pas se passer, il longea alors une bonne partie de cette côte italienne en prenant le temps de visiter quelques-uns de ses lieux les plus resplendissants : Santa Margherita, Rapallo, Portofino. Mais la girouette qu'était devenu désormais Wilde, dont l'irrésolution tout autant que l'irritabilité n'avaient fait qu'empirer, s'ennuya bien vite également, en dépit de ces merveilles, en Italie. Il voulut donc retourner à tout prix à Paris, où, désargenté, il revint au début du mois de mai 1899. C'est Robert Ross, une fois encore, qui vint le recueillir à la gare, pour le conduire ensuite à l'Hôtel de la Néva, rue Montigny, d'où, après quelques jours, il partit pour aller s'installer à l'Hôtel Marsollier, qu'il fut cependant contraint de quitter bien vite là aussi, en y laissant la plupart de ses vêtements en guise de gage, à cause de cette impossibilité dans laquelle il se trouvait, comme toujours, de régler sa note.

Mais il n'empêche, là, dans cette ville qu'il aimait tant, bien qu'il y « mangeât de la vache enragée [31] », il se sentit revivre quelque peu. Il renoua avec Maurice Gilbert, fit la connaissance d'autres jeunes gens, dont un Russe âgé de dix-huit ans (Maltchek Perovinski) ainsi qu'un poète (Michael Robas) « d'une beauté à couper le souffle », et, surtout, revit quelques-uns de ses amis écrivains, dont Jean Moréas. L'été 1899, Wilde le passa, du 23 au 26 juin, sur les plages de Normandie, à Trouville et au Havre, puis, pendant le mois de juillet, à nouveau dans sa masure de Chennevières-sur-Marne, non loin des guinguettes, avant de regagner en août, ne supportant plus l'air de province, Paris, où, après que le brave Dupoirier eut lui-même réglé le solde de l'Hôtel Marsollier tant son propriétaire le harcelait, il réintégra, ayant récupéré ses habits, sa miteuse chambre de l'Hôtel d'Alsace.

C'est un événement important qui le poussa, en cette période-là, à regagner la capitale française, à défaut de pouvoir retourner dans l'anglaise : la parution, fin juillet 1899 et chez Smithers toujours, d'*Un mari idéal*, son dernier texte publié de son vivant.

Wilde, épuisé et de plus en plus malade, criblé de dettes et miné par ses excès, croulant sous le poids de l'infamie tout autant que de la désespérance et ne sachant plus à quel saint se vouer pour sauver sa peau, allait, effectivement, bientôt mourir, comme le marquis de Queensberry lui-même, son pire cauchemar et son ennemi juré, qui disparut, dans l'indifférence générale, le 31 janvier 1900.

Certes Wilde, que seule une invincible dose d'orgueil à l'égard de ce tragique destin maintenait encore timidement en vie, tenta-t-il bien, en guise d'ultimes mais dérisoires rebuffades, quelques nouveaux et brefs voyages, en ce printemps de l'année 1900, vers le sud de l'Europe. Mais ce ne fut toutefois là que comme un adieu aux beautés géographiques et artistiques du monde.

Ainsi partit-il une nouvelle fois, entre les mois d'avril et mai, pour la Suisse, chez Harold Mellor, et, surtout, pour sa chère Italie, où, comme en une ultime course, à bout de souffle, il parvint à rejoindre, malgré son piteux état, la Sicile, Palerme et les splendeurs de Monreale. Là, comme autrefois à Ravenne, il s'extasia encore devant les myriades de mosaïques, avant que de devoir soudain rebrousser chemin, trop esquinté qu'il était désormais pour poursuivre sa folle route, pour Rome, où il trouva néanmoins le moyen de se faire bénir une dernière fois, non plus certes en audience privée mais perdu parmi la foule amassée sur la place Saint-Pierre, par Léon XIII.

C'est donc au début du mois de juin 1900, en pleine « Belle Époque » et alors que Paris accueillait, dans l'effervescence et la gaieté, les airs d'accordéon et les flonflons, l'Exposition universelle, que Wilde, seul comme un animal traqué, regagna définitivement, au bout de ce dramatique exil, la Ville lumière, qu'il ne quittera plus, sinon, six mois après et dans son cercueil, pour le petit et anonyme cimetière de Bagneux, là où on l'enterra faute d'avoir prévu une place, pour sa dépouille, au plus romantique et illustre Père-Lachaise.

Requiem pour un génie sans nom

> *Je viens d'être très malade, au lit [...], souffrant d'un mal au nom hybride, mâtiné de grec, qui affecte la gorge et l'âme.*
>
> Oscar Wilde,
> Lettre à Leonard Smithers[1]

L'agonie d'Oscar Wilde, sur le lit de mort de son misérable Hôtel d'Alsace, situé au numéro 13 de la rue des Beaux-Arts, fut terrible : l'une des plus effroyables, avec celle de Baudelaire, que l'histoire de la littérature mondiale ait à raconter.

Certes Wilde, la veille de son départ pour La Napoule, avait-il déjà confié à Robert Ross, dans la lettre qu'il lui écrivit le 14 décembre 1898, comme pour se défendre là des griefs que Frank Harris ne cessait de lui adresser quant à son manque de motivation dans l'écriture, qu'il souffrait alors de ce qu'il appelait, non sans une macabre dose d'humour, un « ramollissement cérébral » :

Frank tient à ce que je sois toujours intellectuellement sous pression. C'est épuisant [...], mais, quand nous serons arrivés à

La Napoule, je lui découvrirai ce qui est à présent un secret de Polichinelle, c'est-à-dire que j'ai un ramollissement cérébral et ne puis être à perpétuité un génie[2].

Mais c'est dans cet autre billet qu'il lui fit parvenir un peu plus d'un an après, le 28 février 1900, de la chambre de ce même hôtel, où il était cloué au lit depuis deux jours, qu'il décrivit le mieux, avec une précision quasi clinique, les symptômes de cette maladie, à laquelle s'ajouta un empoisonnement aux moules, qui allait bientôt l'emporter :

Je suis vraiment malade et le docteur essaie toute sorte de traitements. Ma gorge est un foyer râpeux, ma cervelle un brasier, mes nerfs un nœud de vipères en furie. [...] Je vois que vous êtes devenu, comme moi, neurasthénique. Je l'ai été quatre mois, quasiment incapable de me lever avant l'après-midi, d'écrire la moindre lettre. Mon docteur a tenté de me soigner à l'arsenic et la strychnine, mais sans grand succès. Là-dessus je me suis empoisonné pour avoir mangé des moules. Aussi vous voyez quelle vie éprouvante et tragique j'ai menée[3].

Et puis, plus lapidaire, mais plus explicite encore, cet extrait de la lettre qu'il lui écrivit, depuis Rome, deux mois plus tard, le 16 avril 1900, sept mois et demi avant sa mort :

Je ne puis réellement plus écrire. C'est trop horrible, non *de* moi, mais *pour* moi. C'est une sorte de paralysie — un *cacoethes tacendi* — sous la forme que prend en moi cette maladie[4].

Quant à Bosie, qui continuait à dilapider sa fortune en jouant sur les champs de course plutôt que d'aider son ancien amant, pourtant si généreux envers lui au temps de sa splendeur, il fit de Wilde, lorsqu'il le vit à ce retour d'Italie, un portrait qui, pour cruel qu'il fût au regard de sa personne, n'en recelait pas moins un fond de vérité, tant sur son apparence physique que sur son aspect psychologique :

Oscar ne cesse de mendier. Il me dégoûte. Il est de plus en plus gros, bouffi, et est toujours à demander, encore et encore, de l'argent. Il devient fainéant, de plus en plus paresseux. Il boit, en outre, beaucoup trop. Il me fait penser à une vieille pute obèse[5].

Wilde, à qui l'un des ses amis rapporta maladroitement ces propos, en fut terriblement peiné. « Bosie m'a insulté. Il m'a dit des choses affreuses. Je ne pensais pas qu'il était possible de souffrir autant, plus encore que lorsque j'étais en prison. Car lui, Bosie, me laisse exsangue[6] ! » confessa-t-il, dévasté par le chagrin, à Frank Harris. Celui-ci, du reste, fut le premier à s'étonner, ébahi, lorsque, lui ayant rendu visite à l'improviste dans sa chambre de l'Hôtel d'Alsace, il se rendit compte de l'extrême négligence, plus encore que de la pauvreté, dans laquelle Wilde vivait désormais :

Il avait deux pièces : un minuscule salon et une chambre adjacente encore plus petite. Lorsque je suis entré, il était allongé sur son lit, à moitié déshabillé. Ces pièces me firent une impression fort désagréable. Ce qui me frappa, surtout, fut le désordre qui y régnait partout : des livres éparpillés sur la table ronde, les chaises et le plancher. Et puis, çà et là, pêle-mêle, des chaussettes, un chapeau, une canne et, même, par terre, son pardessus. Manifestement, il n'habitait pas là. Il y existait, simplement, sans perspective ni projet[7].

De cet état de misère auquel il était désormais réduit, seul Wilde, qui se savait devenu une épave, en connaissait, bien sûr, la cause profonde et le véritable prix. « Quelque chose est mort, tué, en moi. Je ne ressens plus aucun désir, pas même celui d'écrire. Il est clair que la première année que j'ai passée en prison m'a détruit corps et âme [8] », avoua-t-il, repensant à l'inhumaine dureté de ses travaux forcés, son terrifiant « moulin de discipline » en particulier, à Robert Ross.

La comtesse Anna de Brémont, naguère proche de Lady Wilde, sa mère, ne fut guère plus clémente, à son égard, que Douglas et Harris, puisque, l'ayant un jour croisé sur un des quais de Paris, où il continuait à errer seul et sans but, elle fit elle aussi semblant de ne pas le reconnaître, tout comme Gide, tant elle fut choquée par son état de délabrement. Wilde, qui avait vu son manège, l'apostropha cependant, attristé plus que froissé, sans lui laisser le temps de changer de trottoir. Aussi, navrée, lui demanda-t-elle alors, tout en le saluant enfin, pourquoi il n'écrivait plus. La réponse d'Oscar Wilde, désolé, fut sans appel, tranchante :

Je n'écris plus parce que j'ai écrit tout ce qu'il y avait à écrire. J'écrivais lorsque je ne connaissais pas encore la vie. Mais, maintenant que j'en connais le sens, je n'ai plus rien à écrire. La vie ne peut être écrite. Elle ne peut qu'être vécue. Et j'ai assez vécu [9] !

Et, de fait, Wilde, devenu presque vagabond, n'en avait plus pour longtemps à vivre. Sa santé se détériorait de jour en jour. Ses forces déclinaient. Le 20 novembre 1900, dix jours avant sa mort, il prit son courage à deux mains pour dicter à Maurice Gilbert, trop faible qu'il était pour même prendre une plume en main, une ultime lettre adressée à Frank Harris — la dernière de sa correspondance —, où il lui annonçait, entre autres choses, qu'«extrêmement malade», cela faisait maintenant «près de dix semaines» qu'il était «au lit [10]».

C'était le tympan de son oreille droite, celle-là même avec laquelle il avait heurté, en s'évanouissant, le coin de l'un des bancs de la chapelle du pénitencier de Wandsworth, qui lui faisait, à présent, atrocement mal. Car, faute de moyens financiers, il ne se l'était jamais fait correctement soigner. Aussi, souffrant le martyre, à bout de forces et criant parfois de douleur, ne s'en fit-il opérer finalement, mais trop tard, que le 10 octobre 1900, cinq ans après son accident, et encore : dans son inconfortable et froide petite chambre de l'Hôtel d'Alsace, où le chirurgien, le Dr Paul Kleiss, ne disposait bien évidemment pas de toute l'assistance nécessaire pour procéder à ce que l'on appelle aujourd'hui, dans le langage médical, une «paracentèse».

Le lendemain, 11 octobre, Wilde, sentant la mort s'approcher, fit envoyer un télégramme à Ross dans lequel il le priait de venir au plus vite à son chevet. Et son fidèle Robbie, de fait, arriva le 16 octobre, date exacte du quarante-sixième anniversaire de l'écrivain, à Paris. À partir de ce moment-là, Ross ne le quitta quasiment plus. Il lui consacra tout son temps, prenait ses repas avec lui dans sa chambre, et lui amenait souvent, pour le distraire et le réconforter, des amis, tels Reginald Turner ou même son propre frère, Aleck Ross, qui était accouru lui aussi dans la capitale française. Il n'est pas jusqu'au bon Dupoirier, le propriétaire de l'hôtel, qui ne se démenât comme un beau diable pour lui rendre service et le soulager autant que possible. Puis, alertée par Carlos Blacker, arriva également, accompagnée de son nouveau mari, Alexander Teixeira de Mattos, la veuve, Lily, de son frère Willie. C'est à cette occasion que le sympathique convalescent qu'il tâchait d'être malgré ses douleurs incessantes lança ce mot à ce point spirituel, par-delà sa tragédie, que la postérité le retint, gravé encore aujourd'hui sur une stèle ornant la façade de son ultime demeure, comme l'un des plus célèbres de cet incomparable créateur d'aphorismes que fut Oscar Wilde : « Je meurs au-dessus de mes moyens [11] ! »

Wilde, qui n'avait pratiquement vécu que d'expédients et de l'aumône de quelques proches depuis sa libération de prison, trois ans plus tôt, n'avait alors plus un seul franc en poche. Certes essayait-il bien de récupérer, parfois d'un ton acrimonieux, l'argent qu'il avait prêté lui aussi à quelque ami, par le passé, mais sans grand succès. Si bien qu'il ne put jamais payer, non seulement sa chambre d'hôtel, mais aussi son pharmacien ainsi que l'infirmier, un certain Hennion, qui, chaque jour, venait lui panser sa plaie, laquelle, s'étant infectée à cause de son état de faiblesse, continuait invariablement à saigner et même, malgré ces soins quotidiens, à suppurer de façon alarmante.

Puis vint lui rendre visite également, sous l'insistance de Ross toujours, sa vieille amie Claire de Pratz, dont il avait publié autrefois, lorsqu'il était directeur du *Woman's World*, à Londres, quelques articles. C'est pour elle que, regardant l'horrible papier peint de sa chambre se détacher du mur décrépit et partir, à l'instar de sa propre vie, en lambeaux, Wilde eut cet ultime mais tout aussi brillant trait d'esprit, passé lui aussi, depuis, à la postérité : « Ce sera lui ou moi : nous nous livrons désormais, ce papier mural et moi, un duel à mort [12]. »

Wilde eut toutefois, en ces derniers jours d'automne, une courte rémission. Il semblait aller mieux, et son médecin, le Dr Kleiss, constata, de fait, une légère amélioration. Ainsi, un peu plus de deux semaines après cette opération chirurgicale, le 29 octobre, Wilde, éprouvant quelques difficultés à cause de sa goutte, demanda à Ross de l'accompagner, en le soutenant par le bras, dans un café tout proche, situé entre Saint-Germain-des-Prés et le Quartier latin. Là, essoufflé, il insista pour boire, contre l'avis du médecin, de l'absinthe : « Vous allez vous tuer, Oscar ; Vous savez bien que le docteur a dit que l'absinthe était un poison pour vous [13] ! » lui fit alors observer, de plus en plus inquiet pour sa santé, Ross. Ce à quoi Wilde, fataliste plus encore que résigné, lui rétorqua aussitôt, les yeux humides et la voix enrouée : « Et pourquoi devrais-je donc vivre [14] ? »

Ross constata aussi, effaré, combien Wilde était

voûté et vieilli, si fatigué, si las. Aussi ne se montra-t-il pas surpris, le lendemain matin, de le trouver enrhumé, toussotant et grelottant, avec, à nouveau, de violents maux, aigus et lancinants, au fond de l'oreille droite. Néanmoins, le Dr Maurice Tucker, médecin de l'ambassade de Grande-Bretagne, qui vint alors l'ausculter à la demande de Ross, sans que celui-ci lui divulguât la véritable identité du patient, continua d'affirmer que Mr Sebastian Melmoth, malgré le mal dont il souffrait, pouvait sortir à l'air libre, pour respirer un bon coup et s'aérer les poumons, s'il le souhaitait ! Ainsi Wilde, l'après-midi suivant, 31 octobre, profita-t-il de la relative douceur du temps pour faire une promenade en fiacre, en compagnie de Ross toujours, dans le Bois de Boulogne. Il ne put toutefois s'y attarder, car, souffrant de vertiges et victime parfois d'étourdissements, il dut rentrer au plus vite, vers seize heures trente, à son hôtel.

Quelques jours après, le 3 novembre, Ross eut une conversation avec l'infirmier Hennion. Celui-ci lui demanda s'il connaissait bien Mr Melmoth, ou sa famille, car, poursuivit-il, sa maladie étant beaucoup plus grave que ce que prétendait le Dr Tucker, et l'infection de cette oreille purulente n'étant selon lui que le symptôme d'un mal bien plus pernicieux, il n'en avait plus que pour trois ou quatre mois, grand maximum, à vivre. Ross mit alors Tucker au courant de ce verdict, mais ce dernier, manifestement incompétent, rétorqua, d'un ton évasif et quasi méprisant, que ce patient ne mettait sa vie en danger que parce qu'il buvait trop. Il est vrai que Wilde, même malade, ne buvait presque plus, à cette époque-là, que de l'absinthe, du cognac ou du champagne ! Lorsque, le lendemain soir, Ross se rendit au chevet de son ami pour lui parler plus ouvertement de son état de santé, celui-ci, très agité, presque hystérique malgré son anxiété, le pria de ne rien lui révéler de ce que lui avait confié Tucker, car il savait pertinemment, insista-t-il, qu'il ne lui restait guère longtemps à vivre et cela, au fond, lui importait peu.

Préférant changer de sujet, il aborda alors une question qui désormais le taraudait : le montant exorbitant de ses dettes, lesquelles s'élevaient, à en juger par la liste qu'il en dressa, à un peu plus de quatre cents livres. C'est ainsi que, soudain pris de remords envers ses nombreux créanciers, il demanda à Ross, qu'il avait désigné comme son légataire littéraire ainsi que son exécuteur testamentaire, de les payer, autant que possible, après sa mort. Ce dont, ponctuellement, son ami se chargea, afin de ne point entacher davantage encore sa mémoire, au lendemain de ses obsèques.

C'est à ce moment que, cet aparté entre les deux amis terminé, Reginald Turner arriva également, au grand soulagement de Ross, dans la chambre de Wilde, lequel leur dit alors, toujours aussi prémonitoire, qu'il avait fait, la nuit précédente, un affreux rêve : il avait « dîné avec des morts [15] » ! Et Turner, dont l'humour noir était presque aussi légendaire que les brillants aphorismes de Wilde, de lui répondre alors, du tac au tac : « Mon cher Oscar, vous fûtes probablement la vie et l'âme de la fête [16] ! »... Ce qui, Wilde éclatant soudain de rire à cette superbe repartie, eut certes le mérite de détendre quelque peu l'atmosphère. Puis, de manière tout aussi impromptue, Wilde se rembrunit, se préoccupant de savoir, avant tout, si Ross était bien allé au cimetière du Père-Lachaise afin de lui choisir un emplacement pour sa tombe et, surtout, quelle épitaphe il conviendrait d'y inscrire.

Arriva enfin, le 12 novembre 1900, le jour du départ pour Robert Ross. Car il devait se rendre impérativement, dès le lendemain matin, sur la Côte d'Azur afin d'y installer sa vieille mère, paralysée. Accompagné de Reginald Turner, qui le relayait autant que faire se peut pour assister le moribond, Ross vint alors faire ses adieux, tard dans la soirée, à Wilde, lequel, terriblement angoissé mais ayant désormais perdu tout ancrage dans la réalité tant la fièvre commençait à le gagner, ne lui parla encore, dans un début de délire, que de ses seules mais énormes dettes. Puis, soudain, alors que Wilde s'agitait de plus en plus, Dupoirier fit irruption dans sa chambre. Il apportait une lettre. C'était un mot de Bosie, étonnamment affectueux, auquel était joint, après que Ross l'eut informé de cette misère dans laquelle vivait son ancien amant, un chèque de dix livres. Wilde, ému par ce geste, versa quelques larmes, puis se ressaisit aussitôt et, bondissant soudain joyeusement de son lit, se mit alors à déclamer d'un ton surexcité, arpentant sa chambre de long en large, une série de vers de ses poètes préférés. Puis, vers vingt-deux heures trente, il se recoucha, en nage, déshydraté, dans son lit, recommençant à tenir des propos saugrenus, incohérents, et se remit, à nouveau, à se lamenter, à gémir puis à pleurer. Wilde avait mal, terriblement mal, au cœur comme à la tête ! Ses oreilles bourdonnaient. Sa gorge sifflait. Sa bouche, remplie d'aphtes, s'asséchait. Sa langue s'épaississait. Ses ganglions, sur lesquels s'étaient greffés de multiples abcès, grossissaient. Son cou enflait. Ses paupières gonflaient. Ses yeux, enflammés, paraissaient sortir de leurs orbites. Son cerveau semblait en feu ; son crâne tout entier, en bouillie. Il était oppressé, assoiffé, les lèvres crevassées. Le mal croissait, inexorablement. L'infection — une septicémie — se généralisait. Les lésions s'étendaient. Sa peau était recouverte déjà, s'y imprégnant comme des taches d'encre imbibant un buvard, de pustules mauves, de tumeurs brunâtres et de boursouflures violettes. Il se mordait les doigts et se tordait, la mâchoire raidie, les muscles atrophiés et les pores dilatés, pour ne pas hurler de douleur.

Ross, effondré mais ne se doutant pas qu'il voyait là pour la dernière fois Wilde conscient, se leva alors pour l'embrasser et partir. Mais, tandis qu'il posait sa main sur la clenche de la porte afin de sortir, Wilde, rassemblant une ultime fois ses maigres forces, eut encore le courage de lui murmurer ces mots, mal articulés déjà, mais déchirants comme la mort : « Robbie, cherchez un petit coin dans les montagnes près de Nice où je puisse aller en convalescence, et où vous viendrez me voir souvent[17]. » Wilde, même au seuil de sa mort, rêvait ! Ce furent là les dernières paroles, à peine audibles, que Ross lui entendit prononcer.

Lorsque Ross fut parti, au soir du 13 novembre, c'est Turner qui prit la relève au chevet du moribond. Wilde, fiévreux et délirant, secoué par des spasmes et respirant à un rythme saccadé, était de plus en plus faible. Il tremblait, transpirait, suait, haletait, divaguait, se plaignait, sanglotait, sursautait, se débattait, toussait, suffoquait, vomissait, bavait, avait de l'écume aux commissures des lèvres, crachait du sang noir. C'est à ce moment-là que le Dr Kleiss, spécialisé en maladies infectieuses et vénériennes, diagnostiqua chez son patient une otite aiguë, laquelle, suite à une syphilis parvenue au stade tertiaire de son évolution, était en train de dégénérer de façon fulgurante, ainsi que l'attesta le certificat de décès, en méningite, doublée d'une encéphalite : une méningo-encéphalite, donc.

Aussi craignit-il que son cerveau ne fût ainsi, même en cas de rémission, irrémédiablement atteint. Wilde, en somme, devenait fou ! Les antibiotiques n'avaient aucun effet. Les piqûres de morphine et les doses d'opium que l'infirmier lui injectait pour calmer sa douleur ne servaient plus à rien. Il était même inutile de l'hospitaliser. On ne pouvait plus le sauver. Il était perdu !

Le 26 novembre, quatre jours avant sa mort, les médecins, Kleiss et Tucker, déclarèrent qu'il n'y avait plus d'espoir. Pis : il n'avait plus que deux jours, tout au plus, à vivre, insistèrent-ils tout en affirmant qu'il ne comprenait déjà plus, à demi conscient qu'il était désormais, ce qu'on lui disait ! Dupoirier s'adressa alors à Turner pour s'enquérir des formalités à remplir en cas de décès de Mr Melmoth. Avait-il une femme ? Des enfants ? De la famille ? Et, si oui, fallait-il les prévenir ? Mais où, dans quelle ville et quel pays ? Était-il catholique ou protestant ? Fallait-il un prêtre pour lui administrer l'extrême-onction ou un pasteur pour lui lire l'Évangile ? Turner, qui ne connaissait pas Wilde aussi intimement que Ross, ne savait que répondre. Ainsi, désemparé, finit-il, le 27 novembre, par envoyer, de toute urgence, un télégramme à Ross : « état presque désespéré [18] ». Ross, qui n'écouta encore une fois que son cœur, prit aussitôt le train et arriva dès le lendemain matin, à dix heures trente, à Paris. Arrivé précipitamment dans la chambre, à l'Hôtel d'Alsace toujours, Ross fut alors pris d'effroi à la vue de son ami, dont l'aspect extérieur, en quelques jours à peine, avait déjà terriblement changé : « tout amaigri, livide, à bout de souffle [19] ». En plus d'un cataplasme placé sur sa plaie, on lui avait appliqué de chaque côté du front, pour faire baisser sa pression sanguine, des sangsues ainsi qu'une poche de glace sur la tête afin d'atténuer sa douleur et faire chuter sa température.

Wilde, cependant, continuait parfois encore, en ces heures-là, à recouvrer de temps à autre, malgré tout, des bribes de relative conscience. Aussi, devinant dans son demi-sommeil que Ross était là et sentant confusément que plusieurs personnes s'affairaient tout autour de lui, tenta-t-il alors, désespérément, de parler. Mais aucun son ne parvenait plus, comme s'il étouffait, asphyxié, à sortir de sa bouche. Et lorsque Ross lui demanda s'il le comprenait, il ne put que lui adresser, les yeux révulsés et les lèvres bleuâtres, un vague signe, en guise de réponse, en lui serrant la main. Ross se rendit alors compte que Wilde, trempé, brûlant, exténué, était en train de rendre l'âme.

Ainsi, voyant que la mort de son ami était imminente, Ross, qui était catholique, partit-il chercher immédiatement, en ce 29 novembre 1900, un prêtre, qu'il ne trouva cependant pas tout de suite tant on rechignait encore à donner au sulfureux Oscar Wilde, même dans l'agonie, les derniers sacrements. Nombreux alors, même parmi les hommes d'Église, furent ceux qui, ayant peut-être mal lu le pourtant très chrétien Dostoïevski, jugèrent son prétendu châtiment à la mesure de ses crimes supposés !

Ross parvint cependant, au prix de grands efforts et d'énormes difficultés, à trouver un volontaire : le père Cuthbert Dunne, originaire, tout comme Wilde, de Dublin, et à présent rattaché à l'Église passionniste de Saint-Joseph, avenue Hoche. C'est lui qui, bien que le moribond ne pût recevoir l'eucharistie, administra le baptême sous condition et, simultanément, l'absolution en même temps que l'extrême-onction à Wilde, qui, après bien des tergiversations tout au long de sa vie, finit donc ainsi par mourir lui aussi, tout comme Baudelaire, auréolé, conformément à ses désirs de jeunesse, de la foi catholique.

Ce jour-là, l'avant-dernier de Wilde, Ross et Turner décidèrent, pour le veiller jusqu'à la fin, de prendre eux aussi une chambre, à l'étage supérieur, à l'Hôtel d'Alsace. Ils firent venir également, pour rester continuellement à son chevet, une garde-malade, laquelle, par deux fois en cette nuit, vint les réveiller, croyant que Mr Melmoth trépassait. Puis, le 30 novembre 1900, vers cinq heures du matin, l'agonie proprement dite d'Oscar Wilde

commença, alors qu'il était déjà dans un état coma-
teux avancé. Elle dura, jusqu'à l'après-midi, neuf
éprouvantes heures ! Voici comment Robert Ross,
témoin oculaire de cette abominable mort, la
relate, dans la longue et poignante lettre qu'il
adressa deux semaines après, le 14 décembre 1900,
à More Adey :

Reggie et moi passâmes la nuit à l'Hôtel d'Alsace dans une
chambre à l'étage supérieur. La garde vint nous y chercher
deux fois, croyant qu'Oscar rendait le dernier soupir. Vers cinq
heures du matin, il changea complètement. Ses traits s'éma-
cièrent et je crois que commença ce qu'on appelle le râle de la
mort. Mais je n'avais jamais rien entendu de pareil. Ce bruit
ressemblait à l'horrible raclement d'une manivelle et il ne cessa
jusqu'à la fin. Ses yeux ne voyaient plus la lumière. Il fallait être
tout le temps debout près de lui pour essuyer l'écume et le sang
qui coulaient de sa bouche. À midi, je sortis prendre un peu de
nourriture, laissant Reggie monter la garde. Lui-même sortit à
midi et demi. À partir d'une heure nous ne quittâmes plus la
chambre. Le pénible raclement de gorge devint de plus en plus
fort. [...] À 1 h 45, le rythme de sa respiration changea. Allant à
son chevet, je lui pris la main. Son pouls devint irrégulier. Il
poussa un profond soupir : le seul soupir normal que je lui
entendis depuis mon arrivée. Il étira ses membres comme indé-
pendamment de sa volonté. Son souffle s'affaiblit. Il mourut
exactement à deux heures moins dix de l'après-midi[20].

C'est ainsi donc que, le 30 novembre 1900, le
génial et flamboyant Oscar Wilde, l'un des plus
grands écrivains du XIXe siècle, sinon de l'histoire
de la littérature tout entière, mourut, à l'âge de
quarante-six ans seulement, dans les pires souffrances, l'anonymat le plus total et la misère la
plus absolue, en une petite chambre, délabrée et
glacée, d'un sordide hôtel parisien.

Mais le calvaire de Wilde, même dans la mort, ne semblait pas encore fini. Car, à peine eut-il expiré, que des humeurs jaillirent de tous ses orifices. Son corps, que la pourriture avait déjà commencé à envahir, suintait de toutes parts. Ross et Dupoirier durent même se boucher le nez, tant la puanteur qui se dégageait de ses entrailles était insupportable, pour laver le cadavre, faire sa toilette et le revêtir, en guise d'habit mortuaire, d'une simple chemise de nuit blanche dès lors que même les vêtements, en cet état d'extrême indigence, lui manquaient désormais. Un comble pour l'impeccable dandy qu'il fut, toujours tiré à quatre épingles, avant cette déchéance !

Mais, heureusement, une fois sa dépouille nettoyée, parfumée et apprêtée, Wilde retrouva-t-il, instantanément, toute sa dignité, sa beauté et sa jeunesse, peut-être sa grâce, à l'image de Dorian Gray lui-même lorsqu'il se suicida, expiant alors d'un seul coup, mais pour l'éternité, ses péchés et ses crimes, après avoir détruit, tenaillé par le remords et poussé par le repentir, son propre portrait : « J'ai le plaisir de reconnaître que le cher Oscar avait le visage calme et digne, tout comme à sa sortie de prison, et que son cadavre, une fois lavé, n'avait plus rien de terrifiant[21] », tint en effet à spécifier Ross, après cette morbide mais nécessaire description de son agonie, dans la lettre qu'il adressa à Adey.

Puis, conformément au rite funéraire catholique, Dupoirier, Turner et Ross ensevelirent le défunt, ainsi que Robbie le relata encore un peu plus loin à Adey :

Nous lui avions passé autour du cou le chapelet béni que vous m'aviez donné. Une des religieuses avait posé sur son cœur une médaille de saint François d'Assise. J'avais mis près de lui des fleurs et un ami anonyme en avait apporté d'autres au nom des enfants, bien qu'ils n'aient pas appris, je suppose, la mort de leur père. Il va sans dire qu'on avait disposé le crucifix, les bougies et l'eau bénite de tradition [22].

Le père Dunne plaça un rosaire entre ses doigts croisés sur sa poitrine, appliqua le saint chrême, symbole de pardon pour les péchés du mort, sur ses mains et ses pieds, puis, tout en récitant un dernier *Ave Maria* et un ultime *Pater Noster*, joncha la dépouille, que l'on avait recouverte d'un drap blanc, de rameaux, symboles de paix et de virginité.

Vint alors le moment le plus pénible de tous : la mise en bière du cadavre, laquelle, selon Gesling, l'entrepreneur des pompes funèbres de l'ambassade de Grande-Bretagne, ne devait pas tarder étant donné le précoce état de décomposition du corps. Le soir même, à vingt heures trente, deux croque-morts arrivèrent pour visser le cercueil. Maurice Gilbert, submergé par l'émotion, eut tout juste le temps de prendre, à la demande de Ross, un ultime cliché de Wilde, lequel demeurera cependant à jamais flou et obscur. Car même ce dérisoire flash, au faîte de cette sombre tragédie, ne parvint pas, soudain tombé en panne, à l'éclairer une dernière fois, lui qui, naguère si lumineux sous le feu des projecteurs et l'incessant crépitement des photographes, fut pourtant « drapé d'or et de pourpre », ainsi qu'il se décrivit un jour lui-même, en ce temps révolu où il n'était que gloire, éclat et splendeur.

Quand Ross et Dupoirier se rendirent à la mairie pour accomplir la sinistre besogne de la déclaration de décès, celle-ci s'avéra plus compliquée que prévue. Car se posa alors l'embarrassante question de la véritable identité de cet encombrant personnage ! Fallait-il le déclarer, dans le registre de l'état civil, sous le nom d'emprunt de Sebastian Melmoth, le seul que connût Dupoirier, ou celui officiel d'Oscar Wilde, le seul que reconnût Ross ? L'on opta bien sûr, pour d'évidentes raisons d'ordre biographique, sinon encore historique, pour celui d'Oscar Wilde. D'où, lorsque les employés de l'administration entendirent prononcer ce nom encore pestiféré de l'ancien repris de justice, la volonté, de la part de la brigade criminelle, de pratiquer, soupçonnant un suicide ou même un assassinat, une autopsie du cadavre : ce que Ross, ayant réussi à soudoyer les inspecteurs de police après d'interminables palabres et tractations en tout genre, le tout arrosé d'alcool, évita de justesse.

Ainsi n'est-ce que le lundi 3 décembre 1900, par un gris et maussade matin d'automne, qu'eurent enfin lieu les funérailles de Wilde : un enterrement de « sixième classe », le dernier, avant la fosse commune, dans la hiérarchie sociale de ce genre d'événement pour le moins lugubre !

C'est à neuf heures, très exactement, que le maigre cortège funèbre s'ébranla de la rue des Beaux-Arts pour un court trajet en direction de l'église de Saint-Germain-des-Prés. Un corbillard que suivirent lentement, à pied et sous le crachin, neuf personnes seulement : Ross, Turner, Dupoirier, un certain Jules Patuel (le seul domestique qu'il y eût à l'Hôtel d'Alsace), deux infirmiers (dont Hennion), Maurice Gilbert, ainsi que deux inconnus. Dans l'église, dont l'assistance était à peine moins clairsemée, attendaient, en tout et pour tout, quarante-six personnes (y compris curés, vicaires et sacristains), dont Alfred Douglas, enfin réapparu, l'épouse de Stuart Merrill, Henry Davray, Léonard Sarluis et, à la grande surprise de Ross, Paul Fort, unique représentant du monde littéraire français. Seule une messe basse, qui fut prononcée devant l'autel de l'abside, ainsi qu'une brève lecture d'un passage de la Bible par le père Cuthbert, furent à l'ordre du jour lors de ce qui ne ressembla là que de très loin à un office religieux.

La procession, après une demi-heure à peine, repartit ensuite, sous la bruine et le vent, pour le cimetière de Bagneux, où Ross, faute de pouvoir lui offrir les honneurs du Père-Lachaise, avait loué à son nom, en attendant mieux, une concession temporaire où l'inhumer. Il fallut, de Paris, une heure et demie pour que le corbillard et les trois voitures que Ross avait réservées à cet effet y arrivent. Dans la première se trouvaient le père Cuthbert et son acolyte ; dans la deuxième, Ross, Turner, Dupoirier et Douglas ; dans la troisième, Mme Merrill, Davray, Sarluis et Paul Fort. Un quatrième fiacre, où prirent place quelques inconnus, les suivit. Puis, le cortège parvenu à proximité de la fosse de Wilde, où attendaient les fossoyeurs, furent disposées tout autour de son emplacement, apportées ou envoyées par ses amis les plus proches, vingt-deux couronnes de fleurs naturelles, dont une au nom de ses deux enfants, Cyril et Vyvyan, une à celui du *Mercure de France* et une à celui de Douglas. Dupoirier, qui se dévoua corps et âme, sans jamais se faire payer, pour satisfaire les dernières volontés de Wilde, déposa, quant à lui, une horrible mais émouvante couronne de fausses perles en plastique où il fit écrire ces simples paroles : « À mon locataire [23]. » Ross posa à la tête du cercueil une couronne de lauriers, en souvenir de l'amour que le jeune Wilde vouait à la Grèce antique, portant, en plus du nom de ceux qui lui témoignèrent leur affection lors de son emprisonnement, l'inscription suivante : « En hommage à ses exploits et succès littéraires [24]. »

Une fois le cercueil descendu dans la fosse, les fossoyeurs recouvrirent la tombe de l'écrivain d'une humble dalle verticale dans la pierre de laquelle Ross fit graver, en latin, ce verset, que Wilde avait appris par cœur lorsqu'il était à Reading, extrait du chapitre XXIX du Livre de Job : « *Verbis meis addere nihil audebant et super illos stillabat eloquium meum.* » En français, d'après le texte original hébreu :

> Après mes paroles, on ne répliquait pas,
> Et mes propos se répandaient sur eux tous.

Voilà, Oscar Wilde n'était plus et, pourtant, de cet humble mais abyssal séjour des morts semblait encore retentir sur cette terre ingrate, plus forte que le néant, sa belle et profonde voix, telle celle du Christ en croix. Celui-là même auquel il ne cessa de s'identifier et qu'il se mit à vénérer, lorsqu'il comprit l'indicible prix de la souffrance, l'insondable sens du sacrifice, en son *De profundis*.

Post mortem

*La Mort n'est pas une déesse. Elle n'est que la servante
des dieux.*

OSCAR WILDE,
La Sainte Courtisane[1]

Ainsi Oscar Wilde était-il donc mort et enterré,
foudroyé par une méningo-encéphalite provoquée
par une otite à ce point aiguë, à cause des ravages
de la syphilis, que — nouvelle ironie du sort —
même son propre père, Sir William Wilde, le plus
grand chirurgien, en son temps, de l'appareil audi-
tif, n'aurait rien pu faire, s'il avait été vivant, pour
le sauver. Et, pourtant, s'il avait enfin acquis la
paix de son âme, il ne trouva pas pour autant,
même dans sa tombe, le repos éternel !

Car encore fallait-il lui procurer, pour répondre
à son vœu lors de son agonie, un lieu plus adéquat
à sa grandeur que le modeste cimetière de Bagneux
et, surtout, un monument funéraire plus digne de
son génie.

Huit ans après sa mort, le 1er décembre 1908, à
Londres, dans les salons lambrissés de l'Hôtel Ritz,

où se pressaient plus de deux cents invités pour fêter la première publication de ses *Œuvres complètes* éditées par Robert Ross, fut annoncé, par ce dernier, que la dépouille d'Oscar Wilde serait bientôt transférée, une fois l'édification de son nouveau tombeau terminée, au cimetière du Père-Lachaise, à Paris.

C'est un riche donateur anonyme, dont on ne connut l'identité — Helen Carew — que beaucoup plus tard, qui, déclara encore Ross, finançait cette opération. Et, de fait, ce généreux mécène lui avait remis à cette fin, peu de temps auparavant, un chèque de deux mille livres : somme considérable pour l'époque.

Quelques mois plus tard, Will Rothenstein songea, pour la création de ce mausolée qui se devait d'être une œuvre artistique, au sculpteur Jacob Epstein. Celui, flatté de l'honneur qu'on lui faisait là, accepta l'offre. Connaissant assez bien la poésie de Wilde, dont il pouvait réciter certains passages de *La Sphinge*, et lui-même féru d'égyptologie, il imagina donc un important tombeau orné de cette figure mythique. Ainsi le sculpteur se rendit-il, en septembre 1911, dans une carrière de marbre du Derbyshire, où il se fit tailler un monolithe de vingt tonnes qu'il fit ensuite acheminer, jusqu'à Londres, dans son atelier. Neuf mois plus tard, en juin 1912, son œuvre était terminée. Elle représentait un sphinx ailé dont le visage épousait les traits de Wilde, avec ses lèvres épaisses, sa bouche charnue mais parfaitement ciselée, ses paupières lourdes et son air infiniment songeur. Mieux : il lui avait façonné, nu et parfaitement visible, un sexe masculin, comme pour rappeler l'homosexualité — celle-là même pour laquelle il fut condamné — de l'écrivain !

Une fois ce monument funéraire arrivé au Père-Lachaise, en juillet 1912, il y fit graver, en guise d'épitaphe, ces quatre vers, illustrant de façon exemplaire l'existence de Wilde en ses ultimes années, extraits de *La Ballade de la geôle de Reading*, sa dernière œuvre :

> Les larmes d'autrui rempliront pour lui
> L'urne brisée de la Pitié,
> Car ses pleurs seront des réprouvés,
> Et les réprouvés toujours pleurent[2].

Les restes de Wilde avaient déjà été entre-temps exhumés, le 19 juillet 1909, de la petite tombe du cimetière de Bagneux pour être transférés dès le lendemain, 20 juillet 1909, après bien des péripéties encore, au Père-Lachaise, quoique dans une tombe à peine moins insignifiante.

Mais, comme si le destin ne s'était déjà pas suffisamment acharné sur lui de son vivant, une dernière mésaventure, particulièrement macabre, eut lieu lors de cette exhumation. Il pleuvait et ventait fort, ce jour-là : un de ces orages subits et violents, où les éclairs lacéraient le ciel noir et le tonnerre semblait faire exploser le paysage, comme seuls les étés torrides en connaissent parfois. Lorsque les fossoyeurs déterrèrent la sépulture après avoir ouvert la fosse, un remblai de terre excavée mais gorgée d'eau s'affaissa, faisant ainsi s'écrouler lourdement la pierre tombale sur le cercueil devenu d'autant plus friable, avec le temps, qu'il n'était guère de bonne qualité, dès l'origine, étant donné la pauvreté de son hôte. C'est alors que, le bois du couvercle s'étant fracassé sous le poids de la dalle et le cercueil s'étant éventré sous le choc, le visage décomposé, sinon déjà squelettique, de Wilde, tel un fantôme, apparut brièvement, avant que la terre ne se reversât sur lui, à la vue des personnes venues assister, devant ce trou béant, à cet événement solennel qu'aurait dû normalement représenter, si le sort n'avait pas persisté à se déchaîner contre lui jusque dans la mort, son transfert vers le Père-Lachaise. Ce fut interprété là, par le prêtre qui bénissait ce corps à demi défait, dont les os se disloquèrent et les chairs se démantelèrent alors irrémédiablement, comme un dernier geste de contrition, sinon un ultime acte de pénitence, de la part de cet incorrigible impie, devant l'Éternel ! Puis, ce piètre cercueil ayant été ainsi complètement détruit, les restes de l'écrivain, qu'on enveloppa alors dans un linceul, durent-ils encore être replacés dans un deuxième sarcophage, censé être plus résistant celui-là !

Autre avatar, concernant cette fois le mausolée d'Epstein : les formalités ayant pris plus de temps que prévu, il fallut attendre le mois de septembre 1912, soit deux mois après son arrivée à Paris, pour qu'il pût être enfin installé, après qu'un comité de censure l'eut fait cependant recouvrir d'une bâche afin de cacher l'impudique sexe du sphinx, au-dessus de la nouvelle mais définitive tombe de Wilde.

C'est en ce même tombeau, où Robert Ross

demanda par testament à ce que l'on y déposât, dans une niche spécialement aménagée à cet effet, ses propres cendres à sa mort, survenue le 5 octobre 1918, que repose depuis lors, enfin en paix et pour l'éternité désormais, Oscar Wilde, dont l'ultime vœu aura été ainsi exaucé.

Mais la consécration proprement dite de Wilde survint dès 1905, puisque cette année fut ponctuée de trois événements majeurs : la publication, au mois de février et fût-ce en une édition expurgée, de son *De profundis* ; la première, le 10 mai, à Londres, de la version anglaise de *Salomé* ; la création, le 9 décembre, à Dresde, de l'opéra éponyme de Richard Strauss. La grande actrice de théâtre Eleonora Duse, égérie de Gabriele D'Annunzio, songea également à l'époque, quoique ce projet n'aboutît jamais, à interpréter ce rôle féminin sur les scènes italiennes.

Quant à la réhabilitation définitive de Wilde, elle n'advint véritablement, dans son pays natal, que le 14 février 1995, soit quatre-vingt-dix ans après sa mort et un siècle, jour pour jour, après la première de *L'Importance d'être constant*. C'est à cette date, en effet, que, dans le transept sud de ce sanctuaire sacré entre tous qu'est l'abbaye de Westminster, là même où a lieu le couronnement des rois et des reines d'Angleterre, fut inauguré en grande pompe, tandis qu'y retentissait la voix de Sir John Gielgud récitant des passages de son *De profundis*, un vitrail à son effigie : une manière d'honorer à jamais, au même titre que les plus illustres écrivains du royaume, sa mémoire.

Une mémoire que le docte Jorge Luis Borges sut, mieux que quiconque, saluer à sa juste valeur lorsqu'il écrit, dans *Enquêtes* :

Wilde, un homme qui, malgré l'habitude du mal et de l'infortune, garde une invulnérable innocence[3].

Car, conclut-il en son hommage :

Wilde est un de ces bienheureux qui n'ont pas besoin d'être approuvés par la critique ni même parfois par le lecteur : le plaisir que nous procure [son] commerce est irrésistible et constant[4].

Puisse Oscar Wilde, lui qui avait un jour dit qu'« on devrait vivre comme si la mort n'existait pas et mourir comme si on n'avait jamais vécu[5] », être enfin bienheureux, en effet, là où il repose désormais, aux côtés de ses pairs, pour les siècles des siècles !

ANNEXES

1854. *16 octobre* : naissance, à Dublin, au 21 Westland Row, dans la bourgeoisie protestante irlandaise, d'Oscar Fingal O'Flahertie Wills Wilde, deuxième enfant de William Robert Wilde, éminent chirurgien, et de Jane Frances Elgee, poétesse nationaliste.

1855. Déménagement au 1 Merrion Square. Wilde y fait la connaissance de Shaw et de Yeats.

1864-1871. Élève à la Portora Royal School d'Enniskillen.

1867. *Août* : séjour à Paris. Vacances scolaires dans le domaine familial de Moytura.

1871-1874. Fait ses études à Trinity College, Dublin. Il y suit les cours de lettres classiques du révérend Mahaffy. Lit Byron, Shelley, Keats et Swinburne.

1874. *Octobre* : entre à Magdalen College, Oxford. Il y suit l'enseignement de Walter Pater et de John Ruskin.

1875. *23 février* : entre dans la franc-maçonnerie (*Apollo Lodge* de l'université d'Oxford).
15 juin-24 juin : voyage en Italie.

1876. *19 avril* : mort de Sir William Wilde, père d'Oscar.

1877. *Mars-avril* : séjour en Italie. Voyage en Grèce. Retour par Rome, où, séduit par le catholicisme, il est reçu par le pape Pie IX.

1878. *Février ou mars* : contracte, avec une prostituée londonienne, la syphilis.
28 novembre : diplômé *Bachelor of Arts*, il termine brillamment ses études à Oxford.

1879. *Automne* : s'installe à Londres, au 13 Salisbury Street.

Dandy, il y fréquente de grands écrivains et artistes, dont Whistler. Découvre les préraphaélites.

1880. *2 juin* : fait la connaissance, à Londres, de Sarah Bernhardt. *Août* : déménage au 1 Tite Street, où il écrit sa première pièce : *Véra ou les nihilistes*.

1881. *30 juin* : publication de son recueil de poèmes, intitulé *Poems*.

1882. *Janvier-décembre* : fait une tournée de conférences, portant sur l'esthétisme, en Amérique. Il y rencontre Walt Whitman.

1883. *Janvier-mai* : séjour à Paris, où il rédige *La Duchesse de Padoue*. Rencontre de nombreux écrivains dits « décadents », dont Verlaine et Proust. Se rend chez Victor Hugo, fréquente les impressionnistes.
Juillet : déménage au 9 Charles Street.
20 août : première, à New York, de *Véra*. Échec cuisant.
24 septembre : commence une tournée de conférences en Grande-Bretagne.

1884. *29 mai* : mariage, à Londres, avec Constance Lloyd.
Mai-juin : voyage de noces à Paris. Il y découvre *À rebours* de Huysmans, lit Baudelaire, Gautier, Flaubert, Balzac, Stendhal et Barbey d'Aurevilly.

1885. *1er janvier* : Oscar et Constance emménagent au 16 Tite Street, Chelsea.
5 juin : naissance de son premier enfant, Cyril.

1886. Fait la connaissance de Robert Ross, sa première véritable relation homosexuelle et son futur légataire littéraire.
3 novembre : naissance de son second fils, Vyvyan.

1887. *18 mai* : prend la direction du magazine féminin *The Woman's World*.

1888. *Mai* : publication du *Prince heureux et autres contes*.

1889. *Juillet* : publication de la nouvelle *Le Portrait de Mr W.H.*
Octobre : démission de la direction du *Woman's World*.

1890. *20 juin* : parution, dans le *Lippincott's Monthly Magazine*, de la première version du *Portrait de Dorian Gray*.

1891. *26 janvier* : première, à New York, sous le titre de *Guido Ferranti*, de *La Duchesse de Padoue*. Nouvel échec.
Février : publication de *L'Âme de l'homme sous le socialisme*. Fait la connaissance, à Paris, de Mallarmé.

24 avril : publication, dans sa version définitive et en livre, du *Portrait de Dorian Gray*.

2 mai : publication d'*Intentions*, recueil de quatre essais : *Le Déclin du mensonge* ; *La Plume, le Crayon, le Poison* ; *Le Critique comme artiste* ; *La Vérité des masques*.

Juin : fait la connaissance du jeune Lord Alfred Douglas, dit Bosie, dont il tombe amoureux.

Juillet : publication du *Crime de Lord Arthur Saville et autres contes*.

Juillet-août-septembre : écrit, dans le *Lake District*, *L'Éventail de Lady Windermere*.

Novembre : publication du recueil de contes *Une maison de grenades*.

Novembre-décembre : séjour à Paris, où il écrit, en français, *Salomé*.

27 novembre : fait la connaissance d'André Gide.

1892. *20 février* : première triomphale, à Londres, de *L'Éventail de Lady Windermere*. Wilde est riche et célèbre.

Juin : *Salomé* est censurée, en Angleterre, par le Chambellan de la Cour.

Août-septembre : rédige, sur la côte du Norfolk, *Une femme sans importance*.

Novembre : fait la connaissance, au Café Royal de Londres, du marquis de Queensberry, père de Bosie. S'installe à Babbacombe Cliff. Bosie l'y rejoint.

1893. *22 février* : publication, en français, de *Salomé*.

5 mars : quitte Babbacombe Cliff. Aventures avec de jeunes prostitués dans un bordel clandestin du 13 Little College Street.

19 avril : première, à Londres, d'*Une femme sans importance*. Succès retentissant.

Juin-octobre : s'installe à Goring-on-Thames, où il commence la rédaction d'*Un mari idéal*. Habite, après une rupture provisoire avec Bosie, aux 10 et 11 St James's Place, à Londres, où il achève cette pièce.

1894. *9 février* : publication de la traduction anglaise de *Salomé*.

Mars : séjour à Paris, où, le 30, il se réconcilie avec Bosie.

1er avril : déjeuner des deux amants au Café Royal, à Londres. Queensberry, furieux, profère des menaces à l'encontre de Wilde, qu'il harcèle et fait espionner.

11 juin : publication de *La Sphinge*.

Août-septembre : s'installe à Worthing, où il écrit *L'Importance d'être constant*.

Octobre : séjour à Brighton, où Bosie manque de tuer, après une violente dispute, Wilde.

Novembre : publication de *Quelques maximes pour l'instruction des personnes trop instruites*.

Décembre : publication des *Formules et maximes à l'usage des jeunes gens*.

Wilde et Bosie s'installent au Savoy Hotel de Londres. Wilde refuse de regagner le domicile conjugal.

1895. *3 janvier* : création, à Londres, d'*Un mari idéal*.

Janvier-février : Voyage, en compagnie de Bosie, à Alger et à Blida, où il rencontre Gide.

14 février : première triomphale, à Londres, de *L'Importance d'être* constant.

28 février : trouve à son club privé, l'Albemarle, une carte de visite de Queensberry l'accusant de « poser au sondomite » (*sic*).

1er mars : porte plainte, pour diffamation, contre Queensberry.

9 mars : Queensberry comparaît devant l'Old Bailey, cour d'assises de Londres.

5 avril : Queensberry est acquitté. Les frais du procès incombent à Wilde, insolvable. Queensberry porte plainte contre Wilde, lequel, après avoir été arrêté, est emmené à la prison de Holloway, où il restera enfermé pendant un mois.

6 avril : ouverture, devant le tribunal de Bow Street, du premier procès de Wilde.

24 avril : ses créanciers demandent sa faillite ; vente aux enchères de ses biens.

26 avril : ouverture, devant la cour criminelle de l'Old Bailey, de son deuxième procès.

1er mai : le jury ne peut se mettre d'accord sur sa culpabilité. Le procès est renvoyé.

7 mai : mise en liberté provisoire de Wilde après versement d'une caution.

20 mai : ouverture, à l'Old Bailey, de son troisième et dernier procès.

25 mai : condamnation, pour outrage aux mœurs, à deux ans de prison, avec travaux forcés ; il est transféré à la prison de Newgate.

28 mai : incarcération au pénitencier de Pentonville, où il est soumis au régime du *treadmill*.

Juin : Constance et ses deux fils, Cyril et Vyvyan, se rendent en Suisse, où, après que le nom de « Wilde » eut été conspué, ils sont contraints de changer de patronyme. Ils prennent celui de « Holland », deuxième prénom d'Otho Lloyd, frère de Constance.

4 juillet : transfert de Wilde à la prison de Wandsworth.

25 septembre : le tribunal des faillites prononce la liquidation de ses biens.

13 octobre : Wilde, dont la santé s'est détériorée, s'évanouit et tombe, dans la chapelle de Wandsworth, en se blessant à l'oreille droite.

12 novembre : est emmené au tribunal pour s'entendre notifier sa ruine. Sa tragédie s'accentue.

20 novembre : transfert à la prison de Reading, où il est affublé du matricule « C.3.3 ».

1896. *3 février* : mort de Lady Wilde, mère d'Oscar.

11 février : création, à Paris, de *Salomé*.

7 juillet : pendaison, à la prison de Reading, de Charles Thomas Woolridge. Cet épisode inspirera à Wilde *La Ballade de la geôle de Reading*.

Lit la *Vie de Jésus* de Renan et *La Divine Comédie* de Dante. Conversion au christianisme.

1897. *Janvier-mars* : écrit *Epistola : In carcere et vinculis*, confession épistolaire adressée à Bosie, mieux connue sous le titre de *De profundis*.

Février : Constance renonce au divorce, mais obtient la tutelle, partagée avec son cousin Adrian Hope, de ses deux enfants : ce qui équivaut, pour son mari, à la déchéance de ses droits paternels.

17 mai : signe l'acte de séparation d'avec Constance.

19 mai : libération de Wilde. Il quitte l'Angleterre, où il ne retournera plus. Privé de tous ses droits et biens, banni et exilé, sa détresse est totale.

20 mai : arrive à Dieppe. Il choisit, comme nom d'emprunt, celui de Sebastian Melmoth, personnage d'un roman, *Melmoth ou l'Homme errant*, de son grand-oncle maternel par alliance, Charles Maturin.

26 mai : quitte Dieppe pour s'installer à Berneval-sur-Mer.

Juillet-septembre : écrit, à Berneval, *La Ballade de la geôle de Reading*, sa dernière œuvre.

28 ou 29 août : retrouve Bosie, en partance pour Naples, à Rouen.

15 septembre : Wilde quitte Berneval pour Paris, puis pour l'Italie.

20 septembre : arrivée à Naples, où il retrouve Bosie.

27 septembre : Wilde et Bosie s'installent à la villa Giudice. Wilde y apporte les ultimes modifications à *La Ballade de la geôle de Reading*.

Fin octobre-début novembre : Bosie quitte définitivement Wilde, qui reste, seul, à Naples.

1898. *Février* : retour, épuisé, à Paris.

1ᵉʳ février : publication de *La Ballade de la geôle de Reading*, dont l'auteur, anonyme, porte le matricule « C.3.3 » : celui de Wilde à Reading.

28 mars : s'installe dans le modeste Hôtel d'Alsace. Il n'écrit plus, en proie au désespoir.

7 avril : mort de sa femme, redevenue Constance Lloyd, à Gênes.

1899. *Avril* : séjour sur la Riviera italienne, où il se rend sur la tombe de Constance.

Mai : retour à Paris, où, après avoir regagné l'Hôtel d'Alsace, il vivote, alcoolique et désœuvré. Il rencontre Toulouse-Lautrec, Diaghilev, Rodin et Alfred Jarry.

1900. *10 octobre* : pauvre et malade, il subit, dans sa chambre d'hôtel, une opération au tympan, suite aux séquelles de sa chute à Wandsworth.

Octobre-novembre : la plaie de son oreille s'infecte ; il souffre d'une otite aiguë. Sentant la mort approcher, il livre cet ultime aphorisme : « Je meurs au-dessus de mes moyens ! »

30 novembre : Oscar Wilde, dont l'otite a dégénéré en méningo-encéphalite à cause d'une recrudescence de la syphilis qu'il avait contractée dans sa jeunesse, meurt, à quarante-six ans, après une agonie lors de laquelle il reçoit l'extrême-onction, à l'Hôtel d'Alsace, dans la misère.

3 décembre : est inhumé, après un enterrement de « sixième classe », au cimetière de Bagneux.

1905. *Février* : publication, en version expurgée, du *De profundis*.
       10 mai : première, à Londres, de la version anglaise de *Salomé*.
1909. *20 juillet* : transfert des restes de Wilde au cimetière parisien du Père-Lachaise.
1912. *Septembre* : installation, sur sa tombe, du monument funéraire du sculpteur Jacob Epstein.

RÉFÉRENCES BIBLIOGRAPHIQUES

ŒUVRES D'OSCAR WILDE

En français

Œuvres, Gallimard, coll. « Bibliothèque de la Pléiade », Paris, 1996,
   édition publiée sous la dir. de Jean Gattégno, introd. de Pascal
   Aquien.
Lettres, Gallimard, Paris, 1994.
La Critique créatrice, Complexe, Bruxelles, 1989.

En poche, dans la collection « Folio », chez Gallimard :

La Ballade de la geôle de Reading précédé de Poèmes, trad. de l'an-
   glais par Paul Bensimon et Bernard Delvaille. Textes extraits
   d'*Œuvres*, Gallimard, coll. « Bibliothèque de la Pléiade » ; coll.
   « Folio 2 euros », Paris, 2005.
Le Crime de Lord Arthur Savile et autres contes, trad. de l'anglais par
   Léo Lack, coll. « Folio », Paris, 1975.
Le Crime de Lord Arthur Savile/Lord Arthur Savile's Crime [1994],
   trad. de l'anglais par François Dupuigrenet Desroussilles, préface
   et notes de François Dupuigrenet Desroussilles, Gallimard, coll.
   « Folio bilingue », Paris, 1994.
L'Éventail de Lady Windermere, trad. de l'anglais par Jean-Michel
   Déprats, éd. Gisèle Venet, Gallimard, coll. « Folio théâtre », 2001.
De profundis suivi de *Lettres sur la prison*, trad. de l'anglais par Jean
   Gattégno, introduction et notes de Jean Gattégno, Gallimard,
   coll. « Folio essais », Paris, 1992.

Le Fantôme de Canterville, trad. de l'anglais par Henri Robillot. Dossier réalisé par Magali Wiéner. Lecture d'image par Valérie Lagier, Gallimard, coll. « Folioplus classiques », Paris, 2004.

Le Fantôme des Canterville et autres contes/The Canterville Ghost and Other Short Fictions [1998], trad. de l'anglais par François Dupuigrenet Desroussilles, préface et notes de François Dupuigrenet Desroussilles, Gallimard, coll. « Folio bilingue », Paris, 1998.

Le Portrait de Dorian Gray, trad. de l'anglais par Jean Gattégno, préface et notes de Jean Gattégno, Gallimard, coll. « Folio classique », Paris, 1992.

Le Portrait de Mr W. H./The Portrait of Mr W. H., trad. de l'anglais par Jean Gattégno. Notes du traducteur, préface de Julie Pujos, Gallimard, coll. « Folio bilingue », 2000 ; coll. « Folio 2 euros », Paris, 2009.

Une maison de grenades/A House of Pomegranates, trad. de l'anglais par François Dupuigrenet Desroussilles. Présenté et annoté par le traducteur, Gallimard, coll. « Folio bilingue », Paris, 2004.

En anglais

Complete Works of Oscar Wilde, éd. par Merlin Holland, Harper Collins, Londres-Glasgow, 1970, 1994 et 1999.

The Complete Letters of Oscar Wilde, éd. par Merlin Holland et Rupert Hart-Davis, Holt, New York, 2000.

BIOGRAPHIES ET TÉMOIGNAGES
SUR LA VIE D'OSCAR WILDE

En français

Pascal Aquien, *Oscar Wilde. Les mots et les songes*, éd. Aden, Croissy-Beaubourg, 2006.

Richard Ellmann, *Oscar Wilde*, Gallimard, Paris, 1994.

André Gide, *Journal (1889-1939)*, Gallimard, coll. « Bibliothèque de la Pléiade », Paris, 1940.

— *Oscar Wilde*, in *Essais critiques*, Gallimard, coll. « Bibliothèque de la Pléiade », Paris, 1999.

— *Si le grain ne meurt*, in *Souvenirs et voyages*, Gallimard, coll. « Bibliothèque de La Pléiade », Paris, 2001.

Frédéric FERNEY, *Oscar Wilde ou les cendres de la gloire*, Mengès, Paris, 2007.

Philippe JULLIAN, *Oscar Wilde*, Bartillat, Paris, 2000.

Jacques de LANGLADE, *Oscar Wilde*, Mazarine, Paris, 1987.

Herbert LOTTMAN, *Oscar Wilde à Paris*, Fayard, Paris, 2007.

Robert MERLE, *Oscar Wilde*, Éditions de Fallois, Paris, 1995, (1re édition en 1948).

Isaure de SAINT-PIERRE, *Bosie and Wilde*, Éditions du Rocher, Paris, 2005.

Odon VALLET, *L'Affaire Oscar Wilde*, Albin Michel, Paris, 1995.

En anglais

Alfred DOUGLAS, *My Friendship with Oscar Wilde*, New York, Coventry, 1932.

— *Oscar Wilde and Myself*, New York, AMS Press, 1977.

Frank HARRIS, *Oscar Wilde, His Life and Confessions*, New York, Dell, 1960.

Merlin HOLLAND, *The Real Trial of Oscar Wilde*, New York, Fourth Estate, 2003.

Vyvyan HOLLAND, *Son of Oscar Wilde*, Oxford University Press, 1988.

Neil MCKENNA, *The Secret Life of Oscar Wilde*, Londres, Century, 2003.

Charles RICKETTS, *Recollections of Oscar Wilde*, Londres, Nonesuch, 1932.

Robert SHERARD, *The Life of Oscar Wilde*, Londres, T. Werner Laurie, 1906.

— *The Real Oscar Wilde*, Londres, T. Werner Laurie, 1917.

William BUTLER YEATS, *Autobiography*, New York, 1965.

ESSAIS ET ÉTUDES
SUR L'ŒUVRE D'OSCAR WILDE

En français

Pascal AQUIEN, préface à *Salomé*, Garnier-Flammarion, Paris, 1993.

— Introduction au *Portrait de Dorian Gray*, Garnier-Flammarion, Paris, 1995.

— Introduction au *Portrait de Mr. W. H.* et à *La Plume, le Crayon, le Poison*, Garnier-Flammarion, Paris, 1999.

— Introduction à *L'Importance d'être constant*, Garnier-Flammarion, Paris, 2000.

— Présentation d'*Un mari idéal*, Garnier-Flammarion, Paris, 2004.

Jorge LUIS BORGES, *Sur Oscar Wilde*, in *Enquêtes*, Gallimard, Paris, 1957 et 1986.

Charles DANTZIG, *Oscar Wilde : Aristote à l'heure du thé*, Les Belles Lettres, Paris, 1994.

Jacques FRANCK, *Oscar Wilde ou le festin avec les panthères*, La Renaissance du Livre, Tournai, 2001.

Jean GATTÉGNO, Préface au *Portrait de Dorian Gray*, Gallimard, coll. « Folio classique », Paris, 1992.

James JOYCE, « Oscar Wilde, "le poète de Salomé" » (1909), in *Essais critiques*, Gallimard, Paris, 1966.

Tzvetan TODOROV, *Les Aventuriers de l'Absolu*, Robert Laffont, Paris, 2006.

Gisèle VENET, préface à *L'Éventail de Lady Windermere*, Gallimard, coll. « Folio théâtre », Paris, 2000.

En anglais

Karl BECKSON, *The Oscar Wilde Encyclopedia*, New York, AMS Press, 1998.

Norbert KOHL, *Oscar Wilde. The Works of a Conformist Rebel*, Cambridge University Press, 1989.

ICONOGRAPHIE

Merlin HOLLAND, *L'Album Wilde*, Anatolia-Éditions du Rocher, Paris-Monaco, 2000.

Jean GATTÉGNO, *Album Wilde*, Gallimard, coll. « Bibliothèque de la Pléiade », Paris, 1996.

NOTES

EXERGUE

1. Oscar Wilde, *De profundis*, in *Œuvres*, Gallimard, coll. « Bibliothèque de la Pléiade », sous la dir. de Jean Gattégno, introd. de Pascal Aquien, Paris, 1966, p. 624.

2. André Gide, *Oscar Wilde*, in *Essais critiques*, Gallimard, coll. « Bibliothèque de la Pléiade », Paris, 1999, p. 837.

3. Oscar Wilde, *La Ballade de la geôle de Reading*, in *Œuvres*, *op. cit.*, p. 46.

AU NOM DU PÈRE OU L'HISTOIRE D'UN PATRONYME

1. Oscar Wilde, *De profundis*, in *Œuvres*, *op. cit.*, p. 624.

2. James Joyce, « Oscar Wilde, "le poète de Salomé" » (1909), in *Essais critiques*, Gallimard, Paris, 1966.

3. Oscar Wilde, *Le Portrait de Dorian Gray*, in *Œuvres*, *op. cit.*, p. 389.

4. Oscar Wilde, *La Renaissance anglaise de l'Art*, in *La Critique créatrice*, Éd. Complexe, Bruxelles, 1989.

5. Pascal Aquien, *Oscar Wilde. Les mots et les songes*, Éd. Aden, Croissy-Beaubourg, 2006.

6. Richard Ellmann, *Oscar Wilde*, Gallimard, Paris, 1994.

7. Oscar Wilde, *Un mari idéal*, in *Œuvres*, *op. cit.*, p. 1415.

8. Oscar Wilde, *L'Importance d'être constant*, in *Œuvres*, *op. cit.*, p. 1455.

9. *Ibid.*, p. 1456.

10. Oscar Wilde, *De profundis*, in *Œuvres, op. cit.*, p. 624.

11. *Ibid.*, p. 613.

MÈRE COURAGE ET SON ENFANT OSCAR

1. Oscar Wilde, *L'Importance d'être constant*, in *Œuvres, op. cit.*, p. 1456.

2. Charles Gavan Duffy, *Four Years of Irish History*, Dublin, 1883.

3. Oscar Wilde, *De profundis*, in *Œuvres, op. cit.*, p. 667.

4. Oscar Wilde, *Lettres*, Gallimard, Paris, 1994.

5. Frank Harris, *Oscar Wilde*, Dell, New York, 1960.

6. Pascal Aquien, *Oscar Wilde, op. cit.*

7. Vyvyan Holland, *Son of Oscar Wilde*, Oxford University Press, 1988.

8. Oscar Wilde, *La Ballade de la geôle de Reading*, in *Œuvres, op. cit.*, p. 45.

9. Oscar Wilde, *Le Portrait de Dorian Gray*, in *Œuvres, op. cit.*, p. 357.

10. Oscar Wilde, *The Complete Letters of Oscar Wilde*, Holt, New York, 2000.

11. Oscar Wilde, *Le Portrait de Dorian Gray*, in *Œuvres, op. cit.*, p. 357.

L'ARCHÉOLOGIE DU SAVOIR :
PORTORA ET TRINITY COLLEGE

1. Oscar Wilde, *De profundis*, in *Œuvres, op. cit.*, p. 629.

2. *Ibid.*, p. 575.

3. *Ibid.*, p. 629.

4. Merlin Holland, *L'Album Wilde*, Anatolia-Éd. du Rocher, Paris-Monaco, 2000.

5. Richard Ellmann, *Oscar Wilde, op. cit.*

6. Merlin Holland, *L'Album Wilde, op. cit.*

7. Oscar Wilde, *Lettres, op. cit.*

8. Lady Wilde, *Lettre à Oscar Wilde*, Éd. Clark, 1882.

9. Oscar Wilde, *Le Critique comme artiste*, dans *Intentions*, in *Œuvres, op. cit.*, p. 843.

10. Richard Ellmann, *Oscar Wilde, op. cit.*

11. *Ibid.*

12. Pascal Aquien, *Oscar Wilde, op. cit.*

13. Oscar Wilde, *De profundis*, in *Œuvres, op. cit.*, p. 634.

14. *Ibid.*

15. Gérard-Georges Lemaire, *Les Préraphaélites*, Christian Bourgois, 1989.

OXFORD : LES LAURIERS DE L'HUMANISME

1. Oscar Wilde, *De profundis*, in *Œuvres, op. cit.*, p. 628.

2. Seymour Hicks, *Between Ourselves*, 1930.

3. William Butler Yeats, *Autobiography*, New York, 1965.

4. André Gide, *Oscar Wilde*, in *Essais critiques, op. cit.*, p. 838.

5. Frank Harris, *Oscar Wilde, op. cit.*

6. *Ibid.*

7. Oscar Wilde, *Complete Letters, op. cit.*

8. Oscar Wilde, *De profundis*, in *Œuvres, op. cit.*, p. 628.

9. *Ibid.*, p. 632.

10. Cité par Richard Ellmann, in *Oscar Wilde, op. cit.*

11. Walter Pater, *Essais sur l'art et la Renaissance*, Klincksieck, 1985.

12. *Ibid.*

13. *Ibid.*

14. Oscar Wilde, *Le Portrait de Dorian Gray*, in *Œuvres, op. cit.*, p. 369-370.

15. *Ibid.*, p. 365.

16. Oscar Wilde, *L'Âme de l'homme sous le socialisme*, in *Œuvres, op. cit.*, p. 931-941.

17. *Ibid.*, p. 965-966.

18. Oscar Wilde, *De profundis*, in *Œuvres, op. cit.*, p. 644.

19. *Ibid.*, p. 639.

20. Oscar Wilde, *Lettres, op. cit.*

21. G.T. Atkinson, *Oscar Wilde at Oxford*, dans le *Cornhill Magazine*, LXVI (mai 1929).

22. Oscar Wilde, *L'Âme de l'homme sous le socialisme*, in *Œuvres, op. cit.*, p. 960.

23. Oscar Wilde, *Le Portrait de Dorian Gray*, in *Œuvres, op. cit.*, p. 366.

24. *Ibid.*

25. John Bodley, *Oscar Wilde at Oxford*, New York Times, 20 janvier 1882.

26. *Ibid.*

27. *Ibid.*

28. David Hunter-Blair, *In Victorian Days*, 1939, cité par Merlin Holland, dans *L'Album Wilde, op. cit.*

29. Oscar Wilde, *Le Portrait de Dorian Gray*, in *Œuvres, op. cit.*, p. 493.

30. Oscar Wilde, *L'Âme de l'homme sous le socialisme*, in *Œuvres, op. cit.*, p. 949.

31. Henry James, *Persons and Places*, 1883.

ANNÉES DE PÈLERINAGE :
L'ITALIE, LA GRÈCE, LE VATICAN

1. Oscar Wilde, *En vue de l'Italie,* dans *Poèmes*, in *Œuvres, op. cit.*, p. 8.

2. *Ibid.*

3. Ronald Gower, *My Reminiscences, II*, 1883.

4. Oscar Wilde, *Le Portrait de Dorian Gray*, in *Œuvres, op. cit.*, p. 475-476.

5. Oscar Wilde, *Lettres, op. cit.*

6. Oscar Wilde, *Le Portrait de Dorian Gray*, in *Œuvres, op. cit.*, p. 404.

7. *Ibid.*, p. 473-476.

8. *Ibid.*, p. 524.

9. Oscar Wilde, *Lettres, op. cit.*

10. Oscar Wilde, *Rome non visitée*, dans *Poèmes*, in *Œuvres, op. cit.*, p. 5.

11. Oscar Wilde, *Lettres, op. cit.*

12. *Ibid.*

13. Cité par Richard Ellmann, in *Oscar Wilde, op. cit.*

14. Oscar Wilde, *Le Tombeau de Keats, in* Karl Beckson, *The Oscar Wilde Encyclopedia*, AMS Press, New York, 1998.

15. *Ibid.*

16. Oscar Wilde, *Jours perdus*, dans *Poèmes*, in *Œuvres, op. cit.*, p. 9-10.

17. George Fleming, *Mirage, II*, Londres.

18. *Ibid.*

19. *Ibid.*

20. Oscar Wilde, *Taedium Vitae*, dans *Poèmes*, in *Œuvres, op. cit.*, p. 15.

DE LONDRES À NEW YORK :
UNE ESTHÉTIQUE EN MOUVEMENT

1. Oscar Wilde, *La Renaissance anglaise de l'Art*, in *La Critique créatrice, op. cit.*, p. 78.

2. Charles Baudelaire, *Le Peintre de la vie moderne*, dans *Critique d'art*, in *Œuvres complètes*, II, Gallimard, Paris, 1975, p. 709-710.

3. *Ibid.*, p. 710-711.

4. Neil McKenna, *The Secret Life of Oscar Wilde*, Century, Londres, 2003.

5. Karl Beckson, *The Oscar Wilde Encyclopedia, op. cit.*

6. *Ibid.*

7. Oscar Wilde, *La Renaissance anglaise de l'Art*, in *La Critique créatrice, op. cit.*

8. *Ibid.*, p. 65.

9. Oscar Wilde, *Le Portrait de Dorian Gray*, in *Œuvres, op. cit.*, p. 348.

10. Friedrich Nietzsche, *Par-delà Bien et Mal*, Gallimard, coll. « Idées », Paris, 1971.

11. Oscar Wilde, *La Renaissance anglaise de l'Art*, in *La Critique créatrice, op. cit.*

12. *Ibid.*

13. Oscar Browning, *The Academy*, XX, 30 juillet 1881.

14. Richard Ellmann, *Oscar Wilde, op. cit.*

15. Oscar Wilde, *Lettres*, Gallimard, Paris, 1966, t. I.

16. James Whistler, *The Gentle Art of Making Ennemies*, Londres, 1904.

17. Richard Ellmann, *Oscar Wilde, op. cit.*

18. *Ibid.*

19. *Ibid.*

20. *Ibid.*

21. Richard Ellmann, *Oscar Wilde, op. cit.*

22. Oscar Wilde, *La Duchesse de Padoue*, in *Œuvres, op. cit.*, p. 1054.

23. Helen Potter, *Impersonations*, New York, 1891.

24. Oscar Wilde, *La Renaissance anglaise de l'Art*, in *La Critique créatrice, op. cit.*

25. Pascal Aquien, *Oscar Wilde, op. cit.*

26. Richard Ellmann, *Oscar Wilde, op. cit.*

27. Pascal Aquien, *Oscar Wilde, op. cit.*

28. George Ives, *Journal* (6 janvier 1901), Texas.

29. Karl Beckson, *The Oscar Wilde Encyclopedia, op. cit.*

30. Oscar Wilde, *Le Déclin du mensonge*, dans *Intentions*, in *Œuvres, op. cit.*, p. 778.

31. Richard Ellmann, *Oscar Wilde, op. cit.*

32. Oscar Wilde, *Lettres, op. cit.*

UN ESTHÈTE À PARIS :
DANSE, CADENCE ET DÉCADENCE

1. Oscar Wilde, *Le Portrait de Dorian Gray*, in *Œuvres, op. cit.*, p. 470-471.

2. Karl Beckson, *The Oscar Wilde Encyclopedia, op. cit.*

3. Neil McKenna, *The Secret Life of Oscar Wilde, op. cit.*

4. *Ibid.*

5. Oscar Wilde, *Complete Letters, op. cit.*

6. Neil McKenna, *The Secret Life of Oscar Wilde, op. cit.*

7. *Ibid.*

8. Robert Sherard, *The Real Oscar Wilde*, New York, 1917.

9. *Ibid.*

10. Robert Merle, *Oscar Wilde*, Éd. de Fallois, Paris, 1995.

11. Oscar Wilde, *La Sphinge*, in *Œuvres, op. cit.*, p. 31.

12. Oscar Wilde, *Formules et maximes à l'usage des jeunes gens*, in *Œuvres, op. cit.*, p. 970.

13. Oscar Wilde, *Lettres, op. cit.*

14. *Ibid.*

15. Neil McKenna, *The Secret Life of Oscar Wilde, op. cit.*

16. *Ibid.*

17. Oscar Wilde, *Le Portrait de Dorian Gray*, in *Œuvres, op. cit.*, p. 469.

18. *Ibid.*, p. 470.

19. *Ibid.*, p. 556.

20. *Ibid.*, p. 469.

21. *Ibid.*

22. *Ibid.*, p. 470-471.

23. Cité par Richard Ellmann, *op. cit.*

24. Jean Lorrain, dans *L'Événement*, Paris, 19 mai 1887.

25. Joris-Karl Huysmans, *À rebours*, Garnier-Flammarion, Paris, 1978.

UN MARI NON IDÉAL

1. Oscar Wilde, *L'Importance d'être constant*, in *Œuvres, op. cit.*, p. 1444.

2. Oscar Wilde, *Lettres, op. cit.*

3. Oscar Wilde, *Complete Letters, op. cit.*

4. Oscar Wilde, *Le Ten O'clock de M. Whistler*, in *La Critique créatrice, op. cit.*

5. *Ibid.*

6. James Whistler, in *Wilde v. Whistler, An Acronimous Correspondence on Art*, Londres, 1906, in *La Critique créatrice, op. cit.*

7. Oscar Wilde, *Le Boswell du papillon*, in *La Critique créatrice, op. cit.*

8. Frank Harris, *Oscar Wilde, op. cit.*

9. *Ibid.*

10. Oscar Wilde, *Complete Letters, op. cit.*

11. *Ibid.*

12. Oscar Wilde, *Lettres, op. cit.*

13. *Ibid.*

14. Oscar Wilde, *Complete Letters, op. cit.*

15. Karl Beckson, *The Oscar Wilde Encyclopedia, op. cit.*

16. Oscar Wilde, *Lettres, op. cit.*

17. Oscar Wilde, in *La Critique créatrice, op. cit.*

18. Pascal Aquien, présentation d'*Un mari idéal*, Garnier-Flammarion, Paris, 2004.

19. *Ibid.*

20. Oscar Wilde, *Un mari idéal*, in *Œuvres, op. cit.*, p. 1344.

21. Oscar Wilde, *Complete Letters, op. cit.*

22. André Gide, *Oscar Wilde*, in *Essais critiques, op. cit.*, p. 839.

23. Gisèle Venet, Préface à *L'Éventail de Lady Windermere*, Gallimard, coll. « Folio », Paris, 2000.

24. *Ibid.*

25. Pascal Aquien, présentation d'*Un mari idéal, op. cit.*, p. 325.

26. *Ibid.*

27. Oscar Wilde, *De profundis*, in *Œuvres, op. cit.*, p. 624.

DE DORIAN À BOSIE :
SPLENDEUR ET MISÈRE D'UN DANDY

1. Oscar Wilde, *Le Portrait de Dorian Gray*, in *Œuvres, op. cit.*, p. 354.

2. Oscar Wilde, *Le Critique comme artiste*, dans *Intentions*, in *Œuvres, op. cit.*, p. 856.

3. Jean Gattégno, Préface au *Portrait de Dorian Gray*, Gallimard, coll. « folio », Paris, 1992.

4. Oscar Wilde, *Le Critique comme artiste*, dans *Intentions*, in *Œuvres, op. cit.*, p. 895.

5. Oscar Wilde, *Le Portrait de Dorian Gray*, in *Œuvres, op. cit.*, p. 348.

6. *The Scots Observer*, Londres, juin 1890.

7. *The St James's Gazette*, Londres, 24 juin 1890.

8. *The Daily Chronicle*, Londres, 30 juin 1890.

9. Stéphane Mallarmé, *Correspondance*, IV, Gallimard, Paris, 1973.

10. Jean Gattégno, Préface au *Portrait de Dorian Gray, op. cit.*

11. *Ibid.*

12. Oscar Wilde, *Lettres, op. cit.*

13. *Ibid.*

14. *Ibid.*

15. Oscar Wilde, *Le Critique comme artiste*, dans *Intentions*, in *Œuvres, op. cit.*, p. 871.

16. *Ibid.*, p. 899-900.

17. Oscar Wilde, *Le Portrait de Dorian Gray*, in *Œuvres, op. cit.*, p. 373.

18. *Ibid.*, p. 435-437.

19. *Ibid.*, p. 561-562.

20. *Ibid.*, p. 562.

21. Oscar Wilde, *Lettres, op. cit.*

22. Jean Gattégno, Préface au *Portrait de Dorian Gray, op. cit.*

23. *Ibid.*

24. Alfred Douglas, *Oscar Wilde and Myself*, New York, AMS Press, 1977.

25. Oscar Wilde, *De profundis*, in *Œuvres, op. cit.*, p. 575.

26. *Ibid.*, p. 677.

27. Jean Gattégno, Préface au *Portrait de Dorian Gray*.

28. *Ibid.*

29. *Ibid.*

30. *Ibid.*

31. André Gide, *Oscar Wilde*, in *Essais critiques, op. cit.*, p. 837-839.

32. Oscar Wilde, *Complete Letters, op. cit.*

33. *Ibid.*

34. Oscar Wilde, *Lettres, op. cit.*

35. *Ibid.*

36. Oscar Wilde, *Complete Letters, op. cit.*

37. Oscar Wilde, *Lettres, op. cit.*

38. André Gide, *Journal*, Gallimard, coll. « Bibliothèque de la Pléiade », Paris, 1940, p. 28.

39. Oscar Wilde, *Le Portrait de Dorian Gray*, in *Œuvres, op. cit.*, p. 556.

40. Oscar Wilde, *De profundis*, in *Œuvres, op. cit.*, p. 610.

41. Karl Beckson, *The Oscar Wilde Encyclopedia, op. cit.*

42. Oscar Wilde, *De profundis*, in *Œuvres, op. cit.*, p. 571.

43. *Ibid.*, p. 567-572.

44. Charles Dantzig, *Oscar Wilde : Aristote à l'heure du thé*, Les Belles Lettres, Paris, 1994.

45. *Ibid.*

46. Oscar Wilde, *Lettres, op. cit.*

47. *Ibid.*

48. Oscar Wilde, *Quelques maximes pour l'instruction des personnes trop instruites*, in *Œuvres, op. cit.*, p. 968.

49. Oscar Wilde, *Le Critique comme artiste*, dans *Intentions*, in *Œuvres, op. cit.*, p. 828.

UNE LIAISON DANGEREUSE

1. Oscar Wilde, *De profundis*, in *Œuvres, op. cit.*, p. 662.

2. *Ibid.*, p. 572-573.

3. *Ibid.*, p. 578-579.

4. *Ibid.*, p. 683.

5. *Ibid.*, p. 624-625.

6. *Ibid.*, p. 638.

7. Oscar Wilde, *Lettres*, op. cit.

8. Oscar Wilde, *De profundis*, in *Œuvres*, op. cit., p. 662.

9. Odon Vallet, *L'Affaire Oscar Wilde*, Gallimard, coll. « Folio », Paris, 1997.

10. Karl Beckson, *The Oscar Wilde Encyclopedia*, op. cit.

11. Oscar Wilde, *Lettres*, op. cit.

12. André Gide, *Si le grain ne meurt*, in *Souvenirs et voyages*, Gallimard, coll. « Bibliothèque de la Pléiade », Paris, 2001, p. 303-304.

13. Oscar Wilde, *De profundis*, in *Œuvres*, op. cit., p. 576-577.

14. Cité par Richard Ellmann, in *Oscar Wilde, op. cit.*

15. Oscar Wilde, *De profundis, in Œuvres, op. cit.*, p. 581-582.

16. *Ibid.*, p. 582.

17. Cité par Richard Ellmann, *Oscar Wilde, op. cit.*

18. *Ibid.*

19. Oscar Wilde, *Lettres, op. cit.*

20. André Gide, Lettre à sa mère (28 mai 1894) *in* Oscar Wilde, *Lettres, op. cit.*

21. *Ibid.*

22. Oscar Wilde, *De profundis*, in *Œuvres, op. cit.*, p. 587.

23. Richard Ellmann, *Oscar Wilde, op. cit.*

24. Oscar Wilde, *De profundis*, in *Œuvres, op. cit.*, p. 597.

25. Oscar Wilde, *Complete Letters, op. cit.*

26. Oscar Wilde, *Lettres, op. cit.*

27. *Ibid.*

28. Oscar Wilde, *De profundis*, in *Œuvres, op. cit.*, p. 583.

29. *Ibid.*, p. 587.

30. *Ibid.*, p. 584-587.

31. Oscar Wilde, *Complete Letters, op. cit.*

32. Oscar Wilde, *Formules et maximes à l'usage des jeunes gens*, in *Œuvres, op. cit.*, p. 969-970.

33. Oscar Wilde, *Quelques maximes pour l'instruction des personnes trop instruites*, in *Œuvres, op. cit.*, p. 967.

34. Oscar Wilde, *Complete Letters, op. cit.*

35. André Gide, *Oscar Wilde*, in *Essais critiques, op. cit.*, p. 845.

36. *Ibid.*

37. *Ibid.*, p. 846.

38. André Gide, *Si le grain ne meurt*, in *Souvenirs et voyages, op. cit.*, p. 305.

39. *Ibid.*, p. 307-309.

40. Oscar Wilde, *Lettres, op. cit.*

1. Oscar Wilde, *De profundis*, in *Œuvres, op. cit.*, p. 631.
2. Oscar Wilde, *Lettres, op. cit.*
3. Oscar Wilde, *De profundis*, in *Œuvres, op. cit.*, p. 573-574.
4. Richard Ellmann, *Oscar Wilde, op. cit.*, p. 473.
5. Merlin Holland, *Le Procès d'Oscar Wilde*, Stock, Paris, 2005.
6. Odon Vallet, *L'Affaire Oscar Wilde, op. cit.*, p. 31.
7. Oscar Wilde, *De profundis*, in *Œuvres, op. cit.*, p. 574.
8. Frank Harris, *Oscar Wilde, op. cit.*, p. 115.
9. *Ibid.*, p. 117.
10. *Ibid.*, p. 119.
11. Oscar Wilde, *De profundis*, in *Œuvres, op. cit.*, p. 574-575.
12. Merlin Holland, *Le Procès d'Oscar Wilde, op. cit.*, p. 131.
13. Oscar Wilde, *Le Portrait de Dorian Gray*, in *Œuvres, op. cit.*, p. 347.
14. Merlin Holland, *Le Procès d'Oscar Wilde, op. cit.*, p. 132.
15. *Ibid.*
16. *Ibid.*, p. 147-148.
17. *Ibid.*, p. 148.
18. *Ibid.*, p. 148-149.
19. *Ibid.*, p. 161.
20. *Ibid.*, p. 162.
21. *Ibid.*, p. 319.
22. Oscar Wilde, *De profundis*, in *Œuvres, op. cit.*, p. 592.
23. Oscar Wilde, *Lettres, op. cit.*, p. 210.
24. Karl Beckson, *The Oscar Wilde Encyclopedia, op. cit.*, p. 416.
25. Frank Harris, *Oscar Wilde, op. cit.*, p. 140.
26. *Ibid.*, p. 141.
27. Oscar Wilde, *Lettres, op. cit.*, p. 211.
28. Neil McKenna, *The Secret Life of Oscar Wilde, op. cit.*, p. 515.
29. *Ibid.*
30. *Ibid.*
31. *Ibid.*
32. Karl Beckson, *The Oscar Wilde Encyclopedia, op. cit.*, p. 171.
33. Oscar Wilde, *Lettres, op. cit.*, p. 215-216.
34. *Ibid.*, p. 216.
35. Oscar Wilde, *Complete Letters, op. cit.*, p. 644.

36. Oscar Wilde, *Lettres*, *op. cit.*, p. 218.

37. Karl Beckson, *The Oscar Wilde Encyclopedia*, *op. cit.*, p. 383-384.

38. Oscar Wilde, *Lettres*, *op. cit.*, p. 219.

39. *Ibid.*, p. 222.

40. *Ibid.*

41. Karl Beckson, *The Oscar Wilde Encyclopedia*, *op. cit.*, p. 384.

42. Paul Adam *et al.*, *Pour Oscar Wilde. Des écrivains français au secours du condamné*, Brunet, Rouen, 1994.

43. *Ibid.*

44. *Ibid.*

45. *Ibid.*

46. Karl Beckson, *The Oscar Wilde Encyclopedia*, *op. cit.*

LA GEÔLE DE READING :
DE PROFUNDIS CLAMAVI

1. Oscar Wilde, *La Ballade de la geôle de Reading*, in *Œuvres*, *op. cit.*, p. 46.

2. Oscar Wilde, *De profundis*, in *Œuvres*, *op. cit.*, p. 605.

3. Paul Adam *et al.*, *Pour Oscar Wilde*, *op. cit.*

4. *Ibid.*

5. *Ibid.*

6. Frank Harris, *Oscar Wilde*, *op. cit.*

7. Karl Beckson, *The Oscar Wilde Encyclopedia*, *op. cit.*

8. *Ibid.*

9. Oscar Wilde, *De profundis*, in *Œuvres*, *op. cit.*, p. 606.

10. Karl Beckson, *The Oscar Wilde Encyclopedia*, *op. cit.*

11. Oscar Wilde, *De profundis*, in *Œuvres*, *op. cit.*, p. 613.

12. Oscar Wilde, *Lettres*, *op. cit.*

13. *Ibid.*

14. *Ibid.*

15. *Ibid.*

16. *Ibid.*

17. Richard Ellmann, *Oscar Wilde*, *op. cit.*

18. Oscar Wilde, *De profundis*, in *Œuvres*, *op. cit.*, p. 643-644.

19. *Ibid.*, p. 639.

20. Oscar Wilde, *Lettres*, *op. cit.*

21. Oscar Wilde, *De profundis*, in *Œuvres*, *op. cit.*, p. 607.

22. Oscar Wilde, *Lettres*, *op. cit.*

23. *Ibid.*
24. *Ibid.*

FIN DE PARTIE :
L'EXIL DE SEBASTIAN MELMOTH

1. Oscar Wilde, *Lettre à Robert Ross,* in *Lettres, op. cit.*
2. Oscar Wilde, *Lettres, op. cit.*
3. *Ibid.*
4. Oscar Wilde, *Lettres sur la prison,* in *Œuvres, op. cit.*, p. 704.
5. Oscar Wilde, *Lettres, op. cit.*
6. André Gide, *Oscar Wilde,* in *Essais critiques, op. cit.*, p. 846-848.
7. *Ibid.*, p. 852.
8. *Ibid.*
9. Oscar Wilde, *Lettres, op. cit.*
10. *Ibid.*
11. *Ibid.*
12. *Ibid.*
13. *Ibid.*
14. *Ibid.*
15. *Ibid.*
16. André Gide, *Oscar Wilde,* in *Essais critiques, op. cit.*, p. 848.
17. Oscar Wilde, *Lettres, op. cit.*
18. *Ibid.*
19. *Ibid.*
20. *Ibid.*
21. Oscar Wilde, *Complete Letters, op. cit.*
22. *Ibid.*
23. Oscar Wilde, *Lettres, op. cit.*
24. *Ibid.*
25. *Ibid.*
26. Oscar Wilde, *Complete Letters, op. cit.*
27. Oscar Wilde, *Lettres, op. cit.*
28. *Ibid.*
29. André Gide, *Oscar Wilde,* in *Essais critiques, op. cit.*, p. 853-854.
30. *Ibid.*
31. Oscar Wilde, *Complete Letters, op. cit.*

REQUIEM POUR UN GÉNIE SANS NOM

1. Oscar Wilde, *Lettre à Leonard Smithers*, in *Lettres, op. cit.*
2. Oscar Wilde, *Lettres, op. cit.*
3. *Ibid.*
4. *Ibid.*
5. Frank Harris, *Oscar Wilde, op. cit.*
6. *Ibid.*
7. *Ibid.*
8. Oscar Wilde, *Complete Letters, op. cit.*
9. Charles Ricketts, *Interviews and Recollections of Oscar Wilde*, Nonesuch, Londres, 1932.
10. Oscar Wilde, *Lettres, op. cit.*
11. *Ibid.*
12. *Ibid.*
13. Frank Harris, *Oscar Wilde, op. cit.*
14. *Ibid.*
15. Oscar Wilde, *Lettres, op. cit.*
16. *Ibid.*
17. *Ibid.*
18. *Ibid.*
19. *Ibid.*
20. *Ibid.*
21. *Ibid.*
22. *Ibid.*
23. *Ibid.*
24. *Ibid.*

POST MORTEM

1. Oscar Wilde, *La Sainte Courtisane*, in *Œuvres, op. cit.*, p. 1529.
2. Oscar Wilde, *La Ballade de la geôle de Reading*, in *Œuvres, op. cit.*, p. 60.
3. Jorge Luis Borges, *Sur Oscar Wilde*, in *Enquêtes*, Gallimard, coll. « Folio Essais », Paris, 1967.
4. *Ibid.*
5. Richard Ellmann, *Oscar Wilde, op. cit.*

Remerciements

Ma gratitude à Merlin Holland, petit-fils d'Oscar Wilde, pour son aide dans l'élaboration du cahier photos, issu de ses archives personnelles, de cette biographie.

Ma reconnaissance, aussi, à Gérard de Cortanze, mon éditeur auprès des Éditions Gallimard.

Merci, enfin, à Nadine, ma femme.

ANNEXES

FOLIO BIOGRAPHIES

COLLECTION FOLIO

Dernières parutions

4598. Mark Twain — *Un majestueux fossile littéraire et autres nouvelles.*

4599. André Velter — *Zingaro suite équestre (nouvelle édition)*

4600. Tite-Live — *Les Origines de Rome.*

4601. Jerome Charyn — *C'était Broadway.*

4602. Raphaël Confiant — *La Vierge du Grand Retour.*

4603. Didier Daeninckx — *Itinéraire d'un salaud ordinaire.*

4604. Patrick Declerck — *Le sang nouveau est arrivé. L'horreur SDF.*

4605. Carlos Fuentes — *Le Siège de l'Aigle.*

4606. Pierre Guyotat — *Coma.*

4607. Kenzaburô Ôé — *Le faste des morts.*

4608. J.-B. Pontalis — *Frère du précédent.*

4609. Antonio Tabucchi — *Petites équivoques sans importance.*

4610. Gonzague Saint Bris — *La Fayette.*

4611. Alessandro Piperno — *Avec les pires intentions.*

4612. Philippe Labro — *Franz et Clara.*

4613. Antonio Tabucchi — *L'ange noir.*

4614. Jeanne Herry — *80 étés.*

4615. Philip Pullman — *Les Royaumes du Nord. À la croisée des mondes, I.*

4616. Philip Pullman — *La Tour des Anges. À la croisée des mondes, II.*

4617. Philip Pullman — *Le Miroir d'Ambre. À la croisée des mondes, III.*

4618. Stéphane Audeguy — *Petit éloge de la douceur.*

4619. Éric Fottorino — *Petit éloge de la bicyclette.*

4620. Valentine Goby — *Petit éloge des grandes villes.*

4621. Gaëlle Obiégly — *Petit éloge de la jalousie.*

4622. Pierre Pelot — *Petit éloge de l'enfance.*

4623. Henry Fielding — *Histoire de Tom Jones.*

4624. Samina Ali — *Jours de pluie à Madras.*

Collection Bussière
Impression Maury-Imprimeur
45330 Malesherbes
le 6 mai 2009.
Dépôt légal : mai 2009.
Numéro d'imprimeur : 146576.

ISBN 978-2-07-034098-9. / Imprimé en France.

145505